老科学家学术成长资料采集工程丛书

中国科学院院士传记

[illegible]方叶茂

唐[illegible]传

朱晶　叶青◎著

U0823766

年	1942 年	1946 年	1951 年	1952 年	1980 年	1987 年	2006 年
苏省南汇县	毕业于同济大学	赴美国加州理工学院深造	回国任教于清华大学化学系	院系调整转入北京大学	当选中国科学院学部委员	获国家自然科学奖二等奖	获国家科技发明奖二等奖

老科学家学术成长资料采集工程
中国科学院院士传记
丛书

根深方叶茂

唐有祺传

朱晶 叶青◎著

中国科学技术出版社
上海交通大学出版社

图书在版编目（CIP）数据

根深方叶茂 ：唐有祺传 / 朱晶，叶青著 . — 北京 ：
中国科学技术出版社，2016.5
（老科学家学术成长资料采集丛书）
ISBN 978-7-5046-7138-7

Ⅰ. ①根…　Ⅱ. ①朱…　②叶…　Ⅲ. ①唐有祺－传记
Ⅳ. ① K826.13

中国版本图书馆 CIP 数据核字（2016）第 086663 号

责任编辑	韩　颖　何红哲
责任校对	刘洪岩
责任印制	张建农
版式设计	中文天地

出　　版	中国科学技术出版社　上海交通大学出版社
发　　行	科学普及出版社发行部
地　　址	北京市海淀区中关村南大街16号
邮　　编	100081
发行电话	010-62173865
传　　真	010-62179148
网　　址	http://www.cspbooks.com.cn

开　　本	787mm × 1092mm　1/16
字　　数	320千字
印　　张	21.25
彩　　插	2
版　　次	2016年12月第1版
印　　次	2016年12月第1次印刷
印　　刷	北京华联印刷有限公司
书　　号	ISBN 978-7-5046-7138-7 / K · 197
定　　价	86.00元

（凡购买本社图书，如有缺页、倒页、脱页者，本社发行部负责调换）

老科学家学术成长资料采集工程
领导小组专家委员会

主　任：杜祥琬

委　员：（以姓氏拼音为序）

巴德年　陈佳洱　胡启恒　李振声

王礼恒　王春法　张　勤

老科学家学术成长资料采集工程
丛书组织机构

特邀顾问　（以姓氏拼音为序）

樊洪业　方　新　齐　让　谢克昌

编 委 会

主　编：王春法　张　藜

编　委：（以姓氏拼音为序）

艾素珍　董庆九　胡化凯　黄竞跃　韩建民

廖育群　吕瑞花　刘晓勘　林兆谦　秦德继

任福君　苏　青　王扬宗　夏　强　杨建荣

张柏春　张大庆　张　剑　张九辰　周德进

编委会办公室

主　任：许向阳　张利洁

副主任：许　慧　刘佩英

成　员：（以姓氏拼音为序）

崔宇红　董亚峥　冯　勤　何素兴　韩　颖

李　梅　罗兴波　刘　洋　刘如溪　沈林芑

王晓琴　王传超　徐　婕　肖　潇　言　挺

余　君　张海新　张佳静

老科学家学术成长资料采集工程简介

老科学家学术成长资料采集工程（以下简称“采集工程”）是根据国务院领导同志的指示精神，由国家科教领导小组于 2010 年正式启动，中国科协牵头，联合中组部、教育部、科技部、工信部、财政部、文化部、国资委、解放军总政治部、中国科学院、中国工程院、国家自然科学基金委员会等 11 部委共同实施的一项抢救性工程，旨在通过实物采集、口述访谈、录音录像等方法，把反映老科学家学术成长历程的关键事件、重要节点、师承关系等各方面的资料保存下来，为深入研究科技人才成长规律，宣传优秀科技人物提供第一手资料和原始素材。按照国务院批准的《老科学家学术成长资料采集工程实施方案》，采集工程一期拟完成 300 位老科学家学术成长资料的采集工作。

采集工程是一项开创性工作。为确保采集工作规范科学，启动之初即成立了由中国科协主要领导任组长、12 个部委分管领导任成员的领导小组，负责采集工程的宏观指导和重要政策措施制定，同时成立领导小组专家委员会负责采集原则确定、采集名单审定和学术咨询，委托中国科学技术史学会承担具体组织和业务指导工作，建立专门的馆藏基地确保采集资料的永久性收藏和提供使用，并研究制定了《采集工作流程》、《采集工作规范》等一系列基础文件，作为采集人员的工作指南。截至 2014 年年底，已启动 304 位老科学家的学术成长资料采集工作，获得手稿、书信等实物原件资料 52093 件，数字化资料 137471 件，视频资料 183878 分钟，音频资料 224825 分钟，具有重要的史料价值。

采集工程的成果目前主要有三种体现形式，一是建设一套系统的“老科学家学术成长资料数据库”（本丛书简称“采集工程数据库”），提供学术研究和弘扬科学精神、宣传科学家之用；二是编辑制作科学家专题资料片系列，以视频形式播出；三是研究撰写客观反映老科学家学术成长经历的研究报告，以学术传记的形式，与中国科学院、中国工程院联合出版。随着采集工程的不断拓展和深入，将有更多形式的采集成果问世，为社会公众了解老科学家的感人事迹，探索科技人才成长规律，研究中国科技事业的发展历程提供客观翔实的史料支撑。

总序一

中国科学技术协会主席　韩启德

老科学家是共和国建设的重要参与者，也是新中国科技发展历史的亲历者和见证者，他们的学术成长历程生动反映了近现代中国科技事业与科技教育的进展，本身就是新中国科技发展历史的重要组成部分。针对近年来老科学家相继辞世、学术成长资料大量散失的突出问题，中国科协于2009年向国务院提出抢救老科学家学术成长资料的建议，受到国务院领导同志的高度重视和充分肯定，并明确责成中国科协牵头，联合相关部门共同组织实施。根据国务院批复的《老科学家学术成长资料采集工程实施方案》，中国科协联合中组部、教育部、科技部、工业和信息化部、财政部、文化部、国资委、解放军总政治部、中国科学院、中国工程院、国家自然科学基金委员会等11部委共同组成领导小组，从2010年开始组织实施老科学家学术成长资料采集工程。

老科学家学术成长资料采集是一项系统工程，通过文献与口述资料的搜集和整理、录音录像、实物采集等形式，把反映老科学家求学历程、师承关系、科研活动、学术成就等学术成长中关键节点和重要事件的口述资料、实物资料和音像资料完整系统地保存下来，对于充实新中国科技发展的历史文献，理清我国科技界学术传承脉络，探索我国科技发展规律和科技人才成长规律，弘扬我国科技工作者求真务实、无私奉献的精神，在全社会营造爱科学、学科学、用科学的良好氛围，是一件很有意义的事情。采集工程把重点放在年龄在80岁以上、学术成长经历丰富的两院院士，以及虽然不是两院院士、但在我国科技事业发展中作出突出贡献的老科技工作者，充分体现了党和国家对老科学家的关心和爱护。

自2010年启动实施以来，采集工程以对历史负责、对国家负责、对科技事业负责的精神，开展了一系列工作，获得大量反映老科学家学术成长历程的文字资料、实物资料和音视频资料，其中有一些资料具有很高的史料价值和学术价值，弥足珍贵。

以传记丛书的形式把采集工程的成果展现给社会公众，是采集工程的目标之一，也是社会各界的共同期待。在我看来，这些传记丛书大都是在充分挖掘档案和书信等各种文献资料、与口述访谈相互印证校核、严密考证的基础之上形成的，内中还有许多很有价值的照片、手稿影印件等珍贵图片，基本做到了图文并茂，语言生动，既体现了历史的鲜活，又立体化地刻画了人物，较好地实现了真实性、专业性、可读性的有机统一。通过这套传记丛书，学者能够获得更加丰富扎实的文献依据，公众能够更加系统深入地了解老一辈科学家的成就、贡献、经历和品格，青少年可以更真实地了解科学家、了解科技活动，进而充分激发对科学家职业的浓厚兴趣。

借此机会，向所有接受采集的老科学家及其亲属朋友，向参与采集工程的工作人员和单位，表示衷心感谢。真诚希望这套丛书能够得到学术界的认可和读者的喜爱，希望采集工程能够得到更广泛的关注和支持。我期待并相信，随着时间的流逝，采集工程的成果将以更加丰富多样的形式呈现给社会公众，采集工程的意义也将越来越彰显于天下。

是为序。

总序二

中国科学院院长　白春礼

由国家科教领导小组直接启动，中国科学技术协会和中国科学院等 12 个部门和单位共同组织实施的老科学家学术成长资料采集工程，是国务院交办的一项重要任务，也是中国科技界的一件大事。值此采集工程传记丛书出版之际，我向采集工程的顺利实施表示热烈祝贺，向参与采集工程的老科学家和工作人员表示衷心感谢！

按照国务院批准实施的《老科学家学术成长资料采集工程实施方案》，开展这一工作的主要目的就是要通过录音录像、实物采集等多种方式，把反映老科学家学术成长历史的重要资料保存下来，丰富新中国科技发展的历史资料，推动形成新中国的学术传统，激发科技工作者的创新热情和创造活力，在全社会营造爱科学、学科学、用科学的良好氛围。通过实施采集工程，系统搜集、整理反映这些老科学家学术成长历程的关键事件、重要节点、学术传承关系等的各类文献、实物和音视频资料，并结合不同时期的社会发展和国际相关学科领域的发展背景加以梳理和研究，不仅有利于深入了解新中国科学发展的进程特别是老科学家所在学科的发展脉络，而且有利于发现老科学家成长成才中的关键人物、关键事件、关键因素，探索和把握高层次人才培养规律和创新人才成长规律，更有利于理清我国科技界学术传承脉络，深入了解我国科学传统的形成过程，在全社会范围内宣传弘扬老科学家的科学思想、卓越贡献和高尚品质，推动社会主义科学文化和创新文化建设。从这个意义上说，采集工程不仅是一项文化工程，更是一项严肃认真的学术建设工作。

中国科学院是科技事业的国家队，也是凝聚和团结广大院士的大家庭。早在 1955 年，中国科学院选举产生了第一批学部委员，1993 年国务院决定中国科学院学部委员改称中国科学院院士。半个多世纪以来，从学部委员到院士，经历了一个艰难的制度化进程，在我国科学事业发展史上书写了浓墨重彩的一笔。在目前已接受采集的老科学家中，有很大一部分即是上个世纪 80、90 年代当选的中国科学院学部委员、院士，其中既有学科领域的奠基人和开拓者，也有作出过重大科学成就的著名科学家，更有毕生在专门学科领域默默耕耘的一流学者。作为声誉卓著的学术带头人，他们以发展科技、服务国家、造福人民为己任，求真务实、开拓创新，为我国经济建设、社会发展、科技进步和国家安全作出了重要贡献；作为杰出的科学教育家，他们着力培养、大力提携青年人才，在弘扬科学精神、倡树科学理念方面书写了可歌可泣的光辉篇章。他们的学术成就和成长经历既是新中国科技发展的一个缩影，也是国家和社会的宝贵财富。通过采集工程为老科学家树碑立传，不仅对老科学家们的成就和贡献是一份肯定和安慰，也使我们多年的夙愿得偿！

鲁迅说过，“跨过那站着的前人”。过去的辉煌历史是老一辈科学家铸就的，新的历史篇章需要我们来谱写。衷心希望广大科技工作者能够通过“采集工程”的这套老科学家传记丛书和院士丛书等类似著作，深入具体地了解和学习老一辈科学家学术成长历程中的感人事迹和优秀品质；继承和弘扬老一辈科学家求真务实、勇于创新的科学精神，不畏艰险、勇攀高峰的探索精神，团结协作、淡泊名利的团队精神，报效祖国、服务社会的奉献精神，在推动科技发展和创新型国家建设的广阔道路上取得更辉煌的成绩。

白春礼

总序三

中国工程院院长　周　济

由中国科协联合相关部门共同组织实施的老科学家学术成长资料采集工程，是一项经国务院批准开展的弘扬老一辈科技专家崇高精神、加强科学道德建设的重要工作，也是我国科技界的共同责任。中国工程院作为采集工程领导小组的成员单位，能够直接参与此项工作，深感责任重大、意义非凡。

在新的历史时期，科学技术作为第一生产力，已经日益成为经济社会发展的主要驱动力。科技工作者作为先进生产力的开拓者和先进文化的传播者，在推动科学技术进步和科技事业发展方面发挥着关键的决定的作用。

新中国成立以来，特别是改革开放30多年来，我们国家的工程科技取得了伟大的历史性成就，为祖国的现代化事业作出了巨大的历史性贡献。两弹一星、三峡工程、高速铁路、载人航天、杂交水稻、载人深潜、超级计算机……一项项重大工程为社会主义事业的蓬勃发展和祖国富强书写了浓墨重彩的篇章。

这些伟大的重大工程成就，凝聚和倾注了以钱学森、朱光亚、周光召、侯祥麟、袁隆平等为代表的一代又一代科技专家们的心血和智慧。他们克服重重困难，攻克无数技术难关，潜心开展科技研究，致力推动创新发展，为实现我国工程科技水平大幅提升和国家综合实力显著增强作出了杰出贡献。他们热爱祖国，忠于人民，自觉把个人事业融入到国家建设大局之中，为实现国家富强而不断奋斗；他们求真务实，勇于创新，用科技为中华民族的伟大复兴铸就了辉煌；他们治学严谨，鞠躬尽瘁，具有崇高的科学精神和科学道德，是我们后代学习的楷模。科学家们的一生是一本珍贵的教科书，他们坚定的理想信念和淡泊名利的崇高品格是中华民族自强不息精神的宝贵财富，永远值得后人铭记和敬仰。

通过实施采集工程，把反映老科学家学术成长经历的重要文字资料、实物资料和音像资料保存下来，把他们卓越的技术成就和可贵的精神品质记录下来，并编辑出版他们的学术传记，对于进一步宣传他们为我国科技发展和民族进步作出的不朽功勋，引导青年科技工作者学习继承他们的可贵精神和优秀品质，不断攀登世界科技高峰，推动在全社会弘扬科学精神，营造爱科学、讲科学、学科学、用科学的良好氛围，无疑有着十分重要的意义。

中国工程院是我国工程科技界的最高荣誉性、咨询性学术机构，集中了一大批成就卓著、德高望重的老科技专家。以各种形式把他们的学术成长经历留存下来，为后人提供启迪，为社会提供借鉴，为共和国的科技发展留下一份珍贵资料。这是我们的愿望和责任，也是科技界和全社会的共同期待。

周济

唐有祺

叶青访谈唐有祺

朱晶访谈唐有祺

序

光阴荏苒，转瞬已过耄耋，欣逢盛世，“流年自可数期颐”了。

曾几何时：我还在国家内忧外患频仍的年代（1925—1937）上小学和中学；又在抗战初期的战争年代（1937—1942）上大学；战争结束不久（1946）留学美国；回国时，祖国已进入新中国成立后第二年（1951），而我刚过而立之年。

一

留学期间，我一直在加州理工学院学习和工作。当时第二次世界大战结束不久，美国经济发达，科学技术正处在大发展的前夜。物理学日益成为萌发新技术的先导学科；化学形成创造尼龙等新材料和众多化合物的学科基地，并对原子结合成分子的方式和规律的认识也日趋深入而系统；生物学正在以惊人的步伐跨入分子水平。我 1946 年秋入学后攻读博士，主修化学，副修物理，师从 Linus Pauling 教授，主攻方向为 X 射线晶体学和化学键本质，并旁及量子力学和统计力学。博士论文涉及合金系中形成超结构以及六次甲基四胺与二氯化锰生成复合物的本质。1950 年获学位。博士后期间曾以一些血红蛋白晶体为对象涉足蛋白质晶体学研究。

二

1951 年我绕道欧洲回国，历时三个月，赶上清华大学秋季开学。当时正在进行院系调整，我在化工系讲授物理化学课，并在化学系开了分子结构和化学键本质课程。第二年秋天调来北京大学化学系，着手开设新课并开展科学研究工作。我为开设结晶化学课程编写教材，并为开展 X 射线晶体学研究组建实验室和队伍。三五年后教学和科研工作均见成效。

在大学教书，我要花费不少时间和精力，但是很值得，因为我逐渐对教学相长的道理有了体会。回国后，一直到 20 世纪 80 年代，我担任基础课教学工作很少间断。即使在“文化大革命”中，工农兵学员进校前我要为他们准备教材，进校后还要为他们讲课。在教学工作中，我有很多机会与学生面对面地接触。回想起来，我与他们直接交流思想认识时，大都是愉快、双方都受益的，因为他们的本意是热爱祖国、崇尚知识并渴望掌握知识的，师生之间一般存在着“天然”的默契和好感。我好有一比，比作一种“生态关系”。但当政治运动来临时，我会听到这样的话：“我爱我师，但更爱真理”。我感到困惑，不知道真理为何又突然离我而去。

在长期担任教学工作的过程中，我在物理化学和结构化学领域中编著了一系列讲义。其中已经出版的有《结晶化学》《统计力学及其在物理化学中的应用》《化学动力学和反应器原理》《对称性原理（一）》《对称性原理（二）》和《相平衡、化学平衡和热力学》。我还先后编写了《晶体学》《X 射线晶体学》《物质结构》和《量子力学及其在化学中的应用》等讲义，但还没有来得及订正出版。编著这些书籍和讲义时，我总受到这样两个认识的驱动：首先，我认为从事科学技术事业需要在学科上有一定的基本功，而登上科学殿堂则需要一定的台阶；其次，我对莘莘学子要求掌握系统知识的渴望也留有深刻印象。

大学是培养人才和做学问的场所。大学的这两种作用是互相依存的，绝不可以偏废。大学培养人才和做学问主要是通过教学工作和科研工作来进行的；这两种工作当然也是相辅而行、相得益彰的。我认为，衡量一所大学在一定程度上可以着眼于多数教师的胜任程度，而胜任的教师，除了自身的素养、学识和能力外，必然还能从教学相长以及科研和教学相得益彰等信念中取得力量。一个胜任的教师在传播知识时要着意帮助学生学好学活并学以致用；还应鼓励学生独立思考，并注意培养他们分析问题和解决问题的能力。

三

回国以后，我的科研工作所走的道路要曲折一些。来到新北京大学，首先开展的是以 X 射线晶体学为核心的结构化学研究工作。我精心选定的第一批晶体结构分析对象有：锑的三种无定形硫化物、三硫化四磷、醛的亚硫酸氢钠加合物、无水硫酸钠、二亚硒酸三氢钠、葡萄石、吐酒石和 Grignard 试剂等。短短几年中，这个方向吸引了不少很有才学的学生和教师，他们热爱这个新专业，生气蓬勃，显示了较大生命力。但这种“生态”带来的关系既不符合某些人的心愿，也不容于接踵而至的“大跃进”运动。工作中断了。几年后，1962 年新研究生又进入我的实验室，工作有所恢复。1963 年国家科委实施规划中的重点科研项目，要在北京大学建设物质结构研究基地，第一步将现有实验室和队伍有所扩展。但没有多久，“文化大革命”开始，建设计划夭折。1966 年春，在京郊参加“四清”工作的我被调回参与吴有训先生主持的胰岛素合成工作鉴定会，会上决定开展胰岛素晶体结构测定工作，并委以重任。基地的大部分成员参加了胰岛素晶体结构分析工作。在上级领导下，排除各种干扰，最终在科学院和北京大学的通力合作下，于 1971 年和 1974 年分别完成分辨率为 2.5Å 和 1.8Å

胰岛素晶体结构测定。

1970 年我下京郊各化工厂，为行将入学的工农兵学员准备教材。编写教材时，我夹带了探索科研新方向的目标，竟在下厂期间颇有收获。我编写的新教材联系了实际，更新了内容，但重点还是放在对学生受用不尽的基本概念和原理上。1971 年工农兵学员进学校后，我不但要讲课，还要与其他教员一起带他们到工厂去开门办学。这期间我们还和工业部门的工厂和研究院合作研制催化剂。大家都很有体会：物理化学和结构化学的学科背景对研制催化剂等实践很起作用。在“文化大革命”结束前后，我开始考虑今后的科研工作是否要从固体的体相扩展到表面。后来我们确实这样做了。

“文化大革命”结束后，为了开展晶体结构和结构化学方面的科研工作，设置了金属有机化合物合成和结构分析这个科研方向，也恢复了生物大分子结构分析工作，并开辟了研究药物分子构效关系以及蛋白质分子设计和结构预测的科研方向。这些方向为大、小分子的晶体结构工作配备了上游和下游，并进行了适当的系列化。不论在出成果还是培养人才方面都取得了实效。鉴于生命过程已被认同于化学过程，我认为，我国发展生命科学固不可无化学之参与，而化学在我国为了本身的发展也不可等闲视之。应该说，现在是我国开展化学生物学研究和培养这方面人才的好时机。

另外，设立了研究催化剂、超导氧化物和纳米材料等功能体系的结构、表面和制备的科研方向。这些科研方向都为研究集体积累了成果和水平。结合开门办学时的收获，我的合作者回校后继续努力，我们终于提出了氧化物在载体表面自发单层分散原理，并展开有关的应用研究。根据工作中的心得，我意识到分子工程学作为一个学科，可能对化学是一种越来越重要的补充。我还对分子工程学的学科建设问题进行了分析和阐述。

经过五年的筹备，北京大学 1984 年成立了物理化学研究所。从 1991 年起我们先后发起并为两个攀登项目：生命过程中重要化学问题研究和功能体系的分子工程学研究，承担了科研任务。

四

我的一生是崇尚科学、涉足科学的一生。在少年时代我已萌生对数理化以至科学技术的兴趣。从大学时期以至进入社会以后，我的心目中科学几乎是“正确”和“真理”的同义语。科学作为一个利器是双面开刃的，既可以造福人类，又可以祸害人民，要看掌握在谁的手中。这一点我明白得相当早。因此，我也很重视社会发展规律以及社会科学。同时，我在长时期中形成了一个信念：科学与民主乃孪生兄弟。

上述科学观未必需要太多反思。但由于长期以来人类在实践中没有与自然达成一种和谐的关系，概括了生物相互之间及其与环境之间相互作用的生态关系，问题已经越来越严重。今后，人类及其社会能否长期持续发展或生存，当系于如何与自然相处。科学技术的发展当与社会和经济的发展一起，重视并解决生态环境问题。我有“人定胜天”的思想，并往往会在文字中有所鼓吹。现在看来，对“人定胜天”的理解不能带有片面性。如果人类不遵循客观规律，在自然面前为所欲为，恣意破坏生态，必将在或长或短的时期后受到自然的无情惩罚。我们早应引以为戒了。

科学发现和人才成长也有规律可循，但也有不可预测的一面。发现和成长都涉及人，而人是一个最活跃的因素。在这里偶然性和必然性总是结合在一起的，历史会在这方面给我们以教益。我可以通过一个发生在半个世纪前而影响深远的事例得出有益的启示。

1953 年 James Watson 和 Francis Crick 发表的 DNA 双螺旋模型，对生物学、生命科学以及整个科学来说都是一个重大突破，它所起的巨大推动作用在科学界是有共识的。这个发现在他们二人手中实现，毫无疑问，他们起了主导作用，但他们所处的环境和时代也极为重要。下面我将提示有关的时代背景以及若干当时已经发表和尚未发表的重要成果，时势造英雄和英雄造时势的说法也会在科学发展的历史中显得很实在。

从第二次世界大战结束前后，纸层析法和同位素标记原子法问世。纸层析法者是 1944 年 Archer Martin 等为了分析蛋白质中 20 种氨基酸含量发展而成，当时早已从 Emil Fisher 的工作中得知，蛋白质是由多种氨基酸缩合而成的多肽。1953 年 Frederik Sanger 终于在此基础上测定了胰岛素分子的一级结构，即分子中氨基酸（残基）的序列。后来 Erwin Chargaff 也应用纸层析法用于分析核酸中四种有机碱的含量，并得出重要结果。同位素标记原子法有助于跟踪原子的来源和去处以及微量和快速检测等。这两种方法促使生物化学进入了新的发展时期。在同一时期中，核酸的化学已在 Alexander Todd 手中弄清楚，并在 Oswald Avery 以及 Alfred Hershey 的实验中越来越明确，遗传物质是 DNA，而不是蛋白质。这是个重要发现涌现的时期。

1950 年 Linus Pauling 利用构筑结构模型的方法完成了蛋白质的二级结构—— α－螺旋体的推引工作，这是一个由多肽通过分子内氢键形成的螺旋体。为了这个目标，他在几年前就开始测定了一系列氨基酸和小肽的晶体结构，从而得出了这类化合物的立体化学数据、特征和规律，其中关于氢键的重要性、成键条件以及肽键的双键成分导致周围四个键的共面性的认识最为关键。他还曾建议，DNA 可能是类似的螺旋体。

1951 年 Watson 去剑桥大学，他当时是 23 岁的生物化学博士后，对遗传学有着执着的兴趣和想法。他的思路大体上是这样的：现在既已明确遗传物质是 DNA，那么只要得出它的结构，就可了解遗传的本质；而解决结构问题，现在可以把 Pauling 推引 α－螺旋体的模型法应用于 DNA。他的想法影响了正在剑桥攻读博士、比他年长而学术素养较高的 Crick，并与他一起工作。

为 DNA 构筑结构模型的过程中，Watson 和 Crick 除了采用 Pauling 的指导原则外，也从 Chargaff 发表的关于各种来源的 DNA 试样中四种有机碱含量的关系中受到很大启示。这个结果指明，各种 DNA 试样中含有的四种有机碱的相对含量之间都存在这样的规律性：腺嘌呤残基数与胸腺嘧啶残基数相等（A=T），鸟嘌呤残基数与胞嘧啶残基数相等（G=C）以及嘌呤残基总数等于嘧啶残基总数（A+G=T+C）。他们还从 Maurice Wilkins

的实验室由 Rosalind Franklin 摄取的 DNA 纤维衍射图中得到了非常重要的信息。这些衍射图当时并未公开，而最让他们担心的对手 Pauling 那几年护照被吊销，就没有这种眼福了。这些衍射图指明，DNA 确实具有螺旋体结构，轴向显示了螺旋周期为 34Å、36° 和周期为 34Å 的规则性，而且对有机碱和磷原子的放法也有讲究。根据这些线索，Watson 和 Crick 搭出了现在众所周知的 DNA 双螺旋模型。

作为结尾，我要在这里复述一个年轻时听过的故事：过去有个海港，帆船出海前船长要找牧师为他祈祷。有的船长在险恶的风浪中葬身鱼腹，有的到达了海洋彼岸并写信向他道谢。牧师把这些信件收集起来，当然越积越多，他就会兴致勃勃地对人说，“我的祈祷是多么灵验啊，这么多信，每封信都为我的祈祷向我道谢。”

最后，我要向为编著此书付出巨大精力和辛劳的两位年轻朋友——朱晶和叶青致以真挚的谢意。

唐有祺

2015 年 4 月 10 日于北京大学

目录

图片目录

导 言

科学和技术的地位在今天所处的智识和社会环境可以说是无与伦比的，这与杰出科学家在增加被证实了的知识方面做出的创造性贡献密不可分。

作为“老科学家学术成长资料采集工程”项目之一的成果专著——《根深方叶茂：唐有祺传》，便是致力于在对老科学家学术成长资料进行全面系统地收集整理以及分析研究的基础上，探讨科学家在科学思维、科学方法和科学工具等方面取得创新的基础与方式，考察其学术成长的重要环节和影响因素，为科学家学术思想的发展提供理解。

唐有祺院士主攻物理化学，是中国晶体化学和结构化学的主要奠基人，中国分子工程学的开拓者，中国化学生物学的倡导者。他在 20 世纪 40 年代赴美国加州理工学院，师从诺贝尔奖获得者鲍林（Linus C. Pauling），主攻 X 射线晶体学和化学键本质，旁及量子力学和统计力学工作，研究了合金超结构、配合物晶体结构。1950 年获得博士学位后从事博士后研究工作，成为最早涉及蛋白质晶体学的研究者之一。1951 年，唐有祺去瑞典参加国际晶体学联合会举办的国际学术会议并绕道于 8 月回到清华大学任教。唐有祺为中国的晶体结构和结构化学研究做了奠基和发展工作，回国之初便针对化学界的新兴领域进行了开设课程、建设队伍和筹备实验室等工作，发表了中国首批晶体结构和结构化学论文，为中国化学、物理学、矿物学和生物学等方面培养了首批晶体化学专业人才。接着又筹建了北京大学物质结构研究基地，用于培养 X 射线晶体学和结构化学人才。在生物学以惊人的步伐进入分子水平，生物大分子成为国际学术界的研究前沿时，唐有祺建议中国科学家测定胰岛素结构，开启了中国对生命物质的结构研究之门。20 世纪 70 年代初，唐有祺开始从事催化剂在载体表面分布方式的研究，创立了自发单层分散理论，发现了关于异相催化剂的具有广泛意义的规律。20 世纪 80 年代，唐有祺倡导化学生物学的新概念，通过“生命过程中重要化学问题”攀登项目研究，让中国的化学与生物学联姻，带动中国在分子水平研究生命现象。80 年代末，唐有祺倡导建设分子工程学新学科，通过研制功能体系来带动学科建设，再将功能体系按本质和原理的共性进行归类，分片建设学科。“唐有祺先生以晶体、物化广探化学全貌，极具战略宏图。学广势伟气度非凡，握美晶照亮北大校园。分子工程，精巧绝伦，绘蓝图导向二十一世纪。”[①] 中国科学院化学研究所胡亚东先生的这首小诗，正是唐有祺科学研究的一生写照。

1980 年 11 月，唐有祺被增选为中国科学院学部委员（院士），先后担任过北京大学物理化学研究所所长、中国化学会第二十二届理事长、国际晶体学联合会执行委员会第十四届副主席、分子动态与稳态国家重点实验室主任和学术委员会主任，国家教育委员会科技委员会主任、第三届国家自然科学奖励委员会副主任，中国晶体学会第一届理事长等职务。他在推动中国化学乃至中国科学走向国际化，倡导中国在国家层面重视基础研究、建立科学研究资源和奖励的分配机制、关注科学研究人才的培育等方面做出诸多贡献。

唐有祺在科学研究和科学教育领域获得多项荣誉：1980 年当选为中国科学院学部委员（院士）；1996 年获得何梁何利基金科学与技术进步奖；主持的“晶体体相结构与晶体化学的基础研究”1987 年获国家自然科学奖二等奖；主持的“胰蛋白酶和 Bowman-Birk 型抑制剂复合物系列立体结

① 胡亚东先生赠送的化学家素描，存于采集工程数据库。

构”的工作获得国家自然科学奖三等奖；研制的“使用单层分散型 CuCl/分子筛吸附剂分离一氧化碳技术”获得2006年国家科学技术发明奖二等奖；编写的《统计力学及其在物理化学中的应用》获得全国高等学校优秀教材奖。

唐有祺的求学和研究经历丰富。他从中学时代起便就读名校，后留学美国、师从诺贝尔奖获得者鲍林。他的学术视域非常宽广，研究领域涉及化学、物理学、生物学、数学等诸多学科，时刻关注历史上科学的发展，特别是重要科学成就的取得对化学学科乃至其他学科的影响与推动。他关注人才成长，倡导学术开放，带动了中国化学界乃至整个科学界学术交流的非正式模式，使得专门化的科学家之间逐渐确定的非正式交流出现了一种结构性的适应性变化。他关注科学研究的奖励机制，科学教育的公共政策，积极上书倡导建立培育科学研究人才的激励体制。

正因为此，对唐有祺的学术成长经历，包括唐有祺的求学经历与教育背景、研究与教育经历进行考察，还原科学家之间的师承关系、学术传承，可以发掘对科学家的学术成长起到推进和促进作用的关键人物和因素，探索科学家对教育、研究、创新、人才培养等问题的看法。而对唐有祺学术成长过程中的学术成就、兴趣领域、认知与思维风格、研究动机等方面进行探讨，可以为发掘他在科学思维、科学方法以及科学工具创新等方面的中国特征提供广阔背景。通过这些细致考察，可以对中国科学家进行科学研究，对中国的科学教育与人才培养、中国科学研究政策的制定与管理乃至科学研究的评价与奖励、科学交流的正规与非正规模式等提供借鉴和启示。

关于唐有祺的学术成长经历，我们尽可能全面检索了公开发表的中外文文献和出版物。其中，与唐有祺有关的传记包括《世界科技人名辞典》《中国科学家传略辞典》《中国科学院院士自述》等重要工具书和权威辞典等文献；《中国化学会史》《20世纪中国知名科学家学术成就概览》《九三学社院士风采》《北大名师》等书籍；《物理化学学报》《化学学报》《人物周刊》等刊物；报道包括《光明日报》《科学时报》《中国国门时报》《北京大学校报》等各类报刊。也不乏对唐有祺的访谈，包括中央电视台等媒体节目对唐有祺的专访，《科学与无神论》《中国高等教育》《科技成果管理与研究》等刊物对唐有祺对于学科交叉与创新、对培养高质量高层次专门人才、高教科技如何适应社会主义市场经济等方面的看法的访谈；另外，还有唐有祺的学生来鲁华、王远对他的研究工作的总结。但是，这些材料大都是对唐有祺生平与研究成果的简短介绍，不够翔实，缺乏对唐有祺学术成长经历各个具体环节的细致考证与专门描述。除此以外，迄今尚未出现对唐有祺学术成长特点或科研风格进行的严肃的学术探讨。

在尚未公开出版的出版物中，1999—2000 年北京大学历史系的李宽宽和于浩因“中美文化交流与中国现代化”项目的需要，对唐有祺进行了多次访谈，但是访谈侧重于唐有祺的家庭环境与求学经历，并未涉及唐有祺从 1951 年回国之后的科学研究经历，且他们对唐有祺家庭环境和求学经历的访谈也多是从文化的视角设置的问题，并没有突出唐有祺在求学过程中影响其科学兴趣与思维的诸多人物、环境等因素。

为此，我们通过对唐有祺本人以及相关人物的多次访谈、实物资料的采集来补充、考证唐有祺学术成长的重要历史细节，突显唐有祺学术成长的国际舞台。

对唐有祺及其相关人物进行访谈，是我们启动最早且历时最长的一项工作。在项目尚未启动之前，我们便开始在全面了解已有公开发表和未公开发表资料的基础上，对唐有祺进行了正式和非正式访谈，访谈次数达 20 次之多。另外，我们正式对唐有祺的学生邵美成、林炳雄、王远、来鲁华和杨培增、女儿唐昭华以及胡亚东、中国科学院党委前副书记郭传杰进行了访谈，对目前留校工作以及已经毕业的北京大学化学与分子工程学院的唐有祺的学生、唐有祺高中就读的上海中学现任教师、上海中学校友会的会长邵明祥、中国科学院上海有机化学研究所的陆熙炎院士、戴立信院士等进行了非正式访谈。我们共获得音频资料 1198 分钟，视频资料 1171 分钟。通过访谈，尽可能发掘唐有祺学术成长经历的具体细节，重点厘清了已有文献材料中未记录、记录不详以及有出入的地方。

在档案查阅与采集方面，我们在上海和北京两地进行了采集，包括上海中学档案室、同济大学档案馆、北京大学档案馆、北京大学医学部档案馆、中国科学院档案馆、中国化学会的档案室等，尽可能完整地搜集了唐有祺求学和工作期间的档案材料。胡亚东先生为我们提供了“1956 年中国化学会发函通知”等珍贵史料。

唐有祺家中保存的大量珍贵材料为我们提供了罕见信息，特别是唐有祺与鲍林、佩鲁茨（Max Ferdinand Perutz）、钱学森、周培源、叶培大、张青莲、袁翰青、闵恩泽、游效曾、惠永正等科学家的多次通信，国家“关于编制国家重点科学技术项目计划任务书的通知”、人工全合成胰岛素研究成果国家鉴定书、1978 年关于选报唐有祺同志赴法国考察的报告、关于出席第十一届国际晶体学大会的通知、1993 年唐有祺致温家宝倡议设置新世纪人才工程的信件、1994 年温家宝对国家教委科技委主任唐有祺报告的批示、1995 年 11 位科学家关于进一步加强和保护基础科学研究和教学人才培养的呼吁书的批示等材料，1997 年唐敖庆与唐有祺致信李鹏总理阐述化学学科的地位和作用。

通过采集，我们获得了大量实物资料，其中数字化资料 716 件，实物原件 703 件，总计 11833 页。这些采集工作，不仅呈现出唐有祺学术成长过程的丰富细节，还补充和完善了如下信息：20 世纪 30−40 年代中国初高等教育在江苏和上海的具体状况，包括课程设置、考试要求、学生就业等；20 世纪 40−50 年代中国留美学生出国前的准备、资金筹措、国外学习和生活，以及 50 年代留美学生冲破阻碍回国等具体细节；20 世纪 50 年代中国化学界的科研条件和科研状况，尤其是晶体化学在中国本土化的具体研究工作细节；20 世纪 50 年代中国晶体化学、结晶化学等课程设置和教学状况；20 世纪 60 年代，中国和苏联对共振论批判时期，不同学者对共振论的评价以及基本观点；“文化大革命”时期，中国科学家遭遇的普遍经历及“文化大革命”期间仍然在从事进行的科学研究工作，包括胰岛素的结构测定等细节；“文化大革命”结束后，中国科学家回到研究岗位、组建研究团队的特别方式；中国晶体化学从 20 世纪 50 年代迄今各个不同阶段，中国晶体化学科研条件与国际交流的具体细节，包括仪器设备的引进等；中国对基础研究以及科研人才培育的政策导向转变；中国科学在改革开放之后的国际化进程，特别是在国际化过程中遇到的阻挠与对策等。这些资料有益于考察并呈现世界化学学科发展历程、中国科学与科学教育发展的大背景、中国科技政策变化的国际大背景。我们也期望通过这些资料的研究，深入地理解唐有祺的求学、教育、科学研究与科学思想背景。

在研究报告的形成上，我们将通过对已搜集到的资料进行分析和考证，通过访谈补充和澄清已有文献资料中缺失或者模糊、有争论的细节，细致地还原唐有祺学习、教育与研究经历。

在研究方法上，我们尽可能地借用科学哲学、认知科学、认知心理学、科学史、科学社会学等领域关于科学研究方法、科学创新思维、科学研究工具等方面的概念工具与理论，通过唐有祺在不同时期的学术成长特征，考察唐有祺的科学方法形成的智识环境，唐有祺的研究方法和研究成果对该学科、科学研究和社会生活产生的影响，他在获奖成就之外的领域所做的贡献和关注点，以及这些领域的研究与科学研究之间的相互影响，突显唐有祺学术成长的学科特征。特别是唐有祺对化学学科发展与自主性的独特理念，在担任国家教委科技委主任期间对基础研究和学术开放的独特理解，以及他提出化学生物学新概念、倡导分子工程学新学科等创新思维所基于的科学研究基础。另外，唐有祺在美国留学期间师从两次诺贝尔奖得主鲍林先生，我们将通过学术传承关系的考察，对比科学家谱系，进而探讨不同的科学体制和文化环境对科学家从事研究、培养后续人才的影响，以期在更广阔的意义上探讨了化学研究的社会环境、历史条件、化学研究的建制基础、国家的科学研究政策对唐有祺科学方法与成就的影响。

在研究报告的结构安排上，我们以时间为纵线，以唐有祺学术成长的重要时间节点和阶段作为章节划分的标准，同时，又按照唐有祺学术研究方面的思想脉络与成果类别，以及唐有祺学术组织与交流方面的主要贡献进行系统叙述。

采集小组在一年多的采集工作中，受益于唐有祺院士的充分信任与帮助，唐先生在接受采访时畅所欲言，并在采集工作后期改变主意，欣然同意将他保存多年的珍贵学术资料全部捐赠。采集小组也被唐先生的热忱所感动，主动帮唐先生整理、备份他所有的资料，尤其是照片等，还包括已经捐赠和唐先生家存留的其他材料。这些资料极大地丰富了采集小组的成果。

在采集和研究工作进行的过程中，同济大学档案馆、上海中学档案室等单位的工作人员为我们提供了唐有祺求学期间的各种档案材料。北京大学档案馆（包括医学部档案馆）为我们提供了唐有祺工作期间的档案材料。中国科学院档案馆为我们提供了目录检索。郭传杰、胡亚东、杨培增、邵美成、王远、林炳雄、来鲁华和唐昭华等在百忙之中接受了我们的访谈。没有这些帮助和鼓励，采集工作将难以进行。在此我们一并表示感谢。

第一章
少怀壮志　颠沛求学

文化古镇　江南水乡

江南水乡新场镇，现属上海市浦东新区南汇县，地处西南部，在张江正南约20千米处。新场镇原属江苏省，成陆于唐代中期，处于中心位置，至今有1300多年的历史。新场地区旧称石笋里，原为下沙捍海塘外海滩[①]，是下沙盐场的南场，因宋两浙盐运司署迁至下沙盐场，故得今名“新场”[②]，又有“南下沙”之称。小镇四面碧水，庭院深深，河道纵横交错，穿镇而过；河道上有雕刻精致的千秋桥等石拱桥；两岸有白墙黑瓦的老屋和悠然古寺南山禅寺，老银杏树依傍其间，是一座具有水乡特色的千年古镇。加上新场镇成镇之时，正值下沙盐场的鼎盛期，镇区市面繁华，歌楼酒肆，商贾辐辏，故享有“十三牌楼九环

① 上海市地方志办公室编:《上海辞典》。上海：上海社会科学院出版社，1989年，第23页。

② 段木干主编:《中外地名大辞典》(6–7册)。台中：人文出版社，1981年，第4071页。

龙，小小新场赛苏州，马鞍水桥石驳岸，江南人家枕河情”的美誉[①]，有“浦东十八镇，新场第一镇”之说。《申报》在创办后的第二年，1873年登载了九首描写新场风俗名胜的《笋滩竹枝词》，其中有“绿杨矶边浣轻纱，风景依稀似若耶，郎若有心来过访，桃花篱落是侬家。”[②]1920年7月11日，唐有祺便出生于新场镇洪东街80号。

唐有祺的曾祖父曾做过官，但祖父因为抽鸦片败了家，又早早过世，祖母便将唐有祺的父亲唐宗泰带到娘家养大。唐父因年幼失怙，便辍学经商。唐有祺祖母的娘家家道殷实，靠着向亲戚借的资本，唐父开了药铺——泰山堂药店，因为经营有方，家境慢慢得到改善。唐宗泰晚年得两子，他希望两个儿子将来有所作为，给他们分别取名为唐有祥、唐有祺。兄长唐有祥，年长唐有祺3岁。“祺”在古文中是“吉”的意思。唐有祺的母亲郑玉英（1893—1981），原籍浙江黄岩，出身贫苦，但对孩子非常慈爱，一直鼓励他们学有所成。唐有祺出生时，家道尚属小康。

由于父亲与唐有祺在年龄上相差51岁，且父亲1943年离世时，唐有祺年纪尚轻，故母亲对唐有祺的影响要大得多。哥哥唐有祥聪颖、坦诚，数理文史兼通，对唐有祺的学习和品性更是影响深远。唐有祺与母亲、哥哥感情笃深。哥哥从小除了学习好、品性好，对唐有祺也特别照顾，而且要求很高。唐有祺认为，他从比他大三岁的哥哥那里学到了可做什么、不可做什么。正因为此，年幼的唐有祺打小就清楚地知道要做可为之事。

新场镇不仅独具江南水乡特色，还有着深厚的文化底蕴，素来重教尚学，明清两朝中举人进士50余人，有“科第两朝称盛”之誉。新中国成立后，小镇走出三位院士，除了化学领域的唐有祺，还有通信领域的叶培大[③]

① 严伟:《南汇县续志》。上海：上海书店，1993年，第561页。

② 《申报》，同治十二年六月十日。

③ 叶培大（1915–2011），上海浦东新区新场镇人，1938年毕业于北洋工学院，1945–1946年赴美国哥伦比亚大学深造，是中国微波通信与光纤通信的开拓者之一。先后为恢复新中国的无线电广播事业、开展微波通信和光纤通信专业的教学与研究工作、主持“863”计划中通信高技术研究课题的立项论证工作等方面做出了重要贡献。

和电子领域的黄培康[①]。叶培大是唐有祺哥哥唐有祥的同学。新场镇出了这么多有学问的人，这跟小镇的文化、素质有关系。

> 这个镇唐朝就已经有了，是个千年古镇，现在还有古老的庙宇。清朝的时候出了50多位进士，唐朝就更不用说了。不只是进士。[②]

读书嬉戏 喜欢理科

1925年秋，5岁的唐有祺进入新场镇的小学学习。新场镇的小学有着深厚的底蕴，1906年（清光绪三十二年），新场镇小学于新场镇西仓桥南小盘谷王宅建校，名为正明初级小学堂。1911年添设高级，改为公立正明两等小学堂。1916年，学堂在牌楼弄东首特建立平房校舍11间。1916年秋，高级和初级小学同时迁入新校舍。唐有祺在5岁时入读了新场镇的正明初级小学堂。1922年后，南汇县实行高小2年、初小4年学制，新场镇的高级和初级小学堂于1927年合并，更名为新场小学[③]。于是，唐有祺的初小和高小阶段的学习都完成于新场小学。

就读新场小学：课外书、白话文、岳飞与爱迪生

新场的文化教育在20世纪初已经走在前列。新场镇在1902年（清光绪二十八年）已有女子学堂，20世纪初便已有公立小学。除此之外，南汇县从1899年（清光绪二十五年）城厢东门义塾改为肇兴实用学堂

---

① 黄培康（1937-），上海浦东新区新场镇人，1952年考入南京东吴大学就读无线电学，是我国雷达目标特性领域的专家和学术带头人。

② 唐有祺访谈，2012年10月11日，北京。资料存于采集工程数据库。

③ 上海市南汇县县志编纂委员会编:《南汇县志》。上海：上海人民出版社，1992年，第584页。

开始，便有新学，而南汇县 1921 年便开始实施对小学教员的检定，以审查其资质。

南汇县小学的学习课程包括公民、国语，增设了自然、卫生、党义、童子军训练等课程。唐有祺在小学阶段的学习很特殊，一二年级老师授课和课本均用文言文，到了三、四年级开始用白话文。这时，唐有祺对白话文产生了浓厚的兴趣，四年级时用白话文办黑板报、写文章。家里还特意给他定了两种杂志来培养他用白话文进行阅读和写作的兴趣，这两种杂志是《小朋友》①《儿童世界》②。算术也是唐有祺喜欢的科目，学习起来毫不费力，常常拿满分。

唐有祺从小喜欢自然，对动植物有特别的感情，向往野外生活。不过，他也非常热爱学习，除了日常上课，他还喜欢阅读文史和科普方面的课外读物，家里也给他订了相应的杂志。唐有祺自己还购买了两本小书，通过读书，有了自己崇拜的偶像：岳飞和爱迪生。读了连环画《岳传》③，唐有祺感受到做人应该像岳飞一样正直。另外一本写爱迪生的小书，让唐有祺对电产生了极大的兴趣。当时上海很多地方已经通电，家境殷实的唐家，这时已经有了电扇、电灯等电器，于是，唐有祺愈发觉得爱迪生是个了不起的发明家。

不过，唐有祺对手工和画画等方面的兴趣却不大。五年级时，唐有祺生了一场病，童子军训练的课程就跟不上了。回忆起小学阶段的学习，唐有祺认为它是愉快而轻松的。

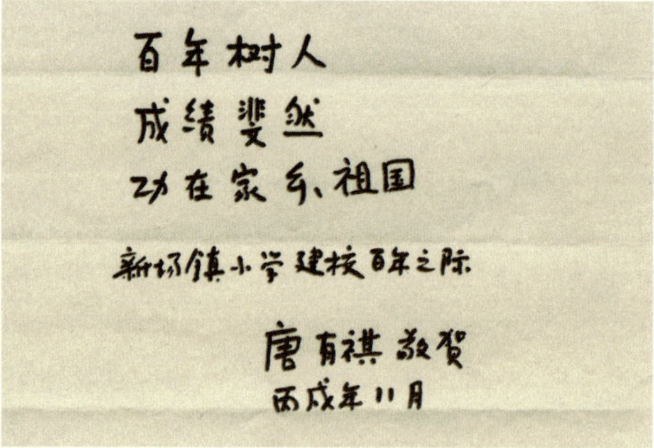

图 1-1 新场小学建校百年之际唐有祺写的贺词（2006 年 11 月）

① 该杂志是中华书局 1922 年创刊。

② 该杂志在 1922 年 1 月 7 日由上海商务印书馆创刊。

③《岳传》是民国时期陈丹旭所绘编，世界书局出版。

就读南汇县立初级中学：划船、自学、林肯、外面的世界

1931 年，在新场镇小学完成小学阶段的学习后，由于新场镇还没有公立中学，私立中学为女中，唐有祺便同镇上的几个伙伴一起到位于周浦镇的南汇县立初级中学学习。周浦镇与新场镇同属南汇县，也是古镇，在北宋时辟盐场，南宋时成镇，明末清初市况繁盛，靠近上海，有“小上海”之称[①]。新场镇虽在明清之际繁盛，但后来盐业衰落，复遭日寇侵扰，在 20 世纪初已失去了昔日的繁盛景象，而周浦在当时算是比较富裕的镇子。周浦镇的南汇县立初级中学是一所公立中学，建于 1925 年秋，学制为 3 年制[②]。

周浦镇离唐有祺家约 12 千米，乘船大约两个小时，汽车不到一个小时。当时周浦县立初级中学只招收男学生，而女生则进入南汇县城的县立女子初级中学学习。除了这两所中学，当时南汇县还有私立维勤中学和浦左女子初级中学，浦左女子初级中学就在唐有祺家附近。谈到初中，唐有祺是这样讲述的：

> 我小的时候在本镇上小学，学得也挺顺利。上初中就住宿出去了，住在南汇县另外一个镇上，每个礼拜都要回家，回家和上学要坐两个小时的轮船。这样，我初中就开始住宿了。[③]

进入初中后不久，1931 年，发生了日本侵占东北三省的“九一八”事变，全校师生节衣缩食，接济抗日义勇军。周浦镇的南汇县立初级中学历来有学生爱国的传统，1927 年夏，该校学生罢课，要求撤销反动校长杜象飞的职务[④]。

“九一八”事变后日本为了转移国际视线，并压迫南京国民政府屈

---

① 崔乃夫:《中华人民共和国地名大词典（第 1 卷）》。北京：商务印书馆，1998 年，第 1343 页。

② 上海市南汇县县志编纂委员会:《南汇县志》。上海：上海人民出版社，1992年，第585页。

③ 唐有祺访谈，2012 年 10 月 11 日，北京。资料存于采集工程数据库。

④ 上海市南汇县县志编纂委员会:《南汇县志》。上海：上海人民出版社，1992年，第20页。

服，于 1932 年初在上海不断寻衅挑起事端。1 月 28 日晚，日本突然向闸北的国民党第十九路军发起攻击，随后又进攻江湾和吴淞，制造了“一·二八”事变。这次事变影响到了周浦，战火烧到了身边。这年的寒假结束后，唐有祺不知道应不应该去上学。新场镇的街巷一纵两横交错，其间有几十条小巷穿梭，加上井字形河道分布，水秀桥多，极具水乡小镇格调。划着小船，可进入市井的枕河人家，品位门前连市井、窗外闻橹声的风情，欣赏千秋夜月的美景，还可徜徉在落英缤纷的原野上，出入豁然开朗的关隘。正因为此，唐有祺在小学四五年级便学会了划船，他贪念划船等好玩的节目，内心存有玩耍的念头。

> 我就是想玩，在春天的水乡里划船。后来日本退兵了，也开学了，我当时想，既然已经小半个学期不上了，接着的课我就不去了。于是我就在家里自学，一面自学一面玩。①

于是，唐有祺做了在家里自习的准备后，休学了一个学期。唐有祺在家一边自学代数、英语、国文等科目，一边和小伙伴玩耍，尤其热衷于赛舟等活动。对赛舟的热情，唐有祺一直保持到在同济读大学时期，他在大学时还参加在昆明举办的大学生划船比赛，是同济大学化学系队的舵手。

初一在家自学，唐有祺的学习也是有目的的。他根据自己的兴趣爱好，为代数和几何、英语打下基础，同时通过看书看报，补充自己的国文知识。在不去学校的这一个学期里，唐有祺收获的不仅是尽情享受大自然带给他的乐趣，更重要的是，他自己摸索出了一套学习方法，体会到了自学的重要性。唐有祺学习不喜欢按照老师的步调一步一步来，尤其反对应付考试式的学习。这段经历不仅对他今后的学习，还对他后来从事教学产生了影响。他后来在教书育人时，特别注重培养学生的自学能力。

1932 年 9 月，初中秋季开学，开学前唐有祺参加插班考试，重新考入初二，回到了原来的班上，继续初中的学习：

---

① 唐有祺访谈，2012 年 10 月 18 日，北京。资料存于采集工程数据库。

那时候都大半个学期了。“一·二八”到1932年初，大概阴历年过了，日本退兵了，学校开学了。到了暑假里我就去考插班。因为我有一个学期没有上学，照当时的制度来说，你可以插班进去。正好我们初中的校长、教员都是苏北的，是扬州这边来的，不是我们本地人，所以他们比较严格。插班我是考上了，可是进去后他们跟我说，你可能将来没有文凭。后来没有那回事。我毕业后考上上海中学，文凭还是有的。不过当时投考时并没有要文凭，你只要考上就可以了。①

初二和初三阶段，唐有祺对数理化非常感兴趣。而此时的南汇，毗邻上海，车水马龙的上海已经一跃成为远东最著名的大都市之一。在新文化运动的召唤下，一批有志青年从上海远涉重洋去异国留学，新思潮开始大量涌入。唐有祺虽在周浦念书，但已经对外面的世界越来越感兴趣，加之初二时有个英语老师对他影响很大，这样他的外语学习也越来越顺利。

我对英文也感兴趣。因为我老是觉得，一个人一定要开一个“窗口”，不能光看中国书，开个窗口以后，可以看到外国的东西。我那时候虽年纪轻，但对英文很重视。②

正因为对理科和英语的兴趣，唐有祺的数理化、英语每次考分都特别高。但是他在学习上花的时间并不是平均分配，历史、地理类学科他则不愿花很多时间去背。而国文水平在初中由于唐有祺不重视，所以长进不大。

我在小学国文作文很好。可到了中学，教我们班国文的老师效率都不高，那个中文教员跑来跟你讲《山海经》，课堂里讲课也不讲别的。另外一个班的中文教员教你怎么写文章。我们那个教员没有教，就让你自己学。我在小学作文很好，可一到了初中，却不是这样。③

---

① 唐有祺访谈，2012年10月18日，北京。资料存于采集工程数据库。

② 唐有祺访谈，2012年10月4日，北京。存地同①。

③ 同①。

初中物理课程的学习，引发唐有祺经常思考“电”在日常生活中的作用和原理。他对电产生疑问，为此还拆过电铃，很快明白了电铃的原理，但是对电风扇和电动机的原理却仍然不明白，而这时，再读关于爱迪生的小书，已经无法解决他的疑问了。

与众不同的是，唐有祺在初中时代便有了自己的相机。

> 我记得读初中时，我让母亲给我钱，买了一个照相机。那时候的相机还不是很小的，不像现在那么小。当时用胶卷照相，我也照了不少。①

爱好摄影的兴趣唐有祺保持了一生，直到今天，他还经常将自己的作品寄给同行和朋友，以此表达情谊和关心。

就读上海中学

1934年秋季，唐有祺通过考试，考上了录取比率很低的江苏省立上海中学。那个时候学校可以跨地区办，所以江苏省将他们的一个省立中学放在了上海市。

条件优越的上海中学

正如上海中学校歌歌词开头第一句“龙门发轫进无疆”所言，上海中学的前身是创设于同治四年（1865年）的龙门书院。到了光绪年间，因废科举、兴学校，龙门书院被改为苏松太道官立龙门师范学校，是上海最早的师范学校，设有简易科和本科，均以培养小学教师为方针。宣统二年

① 唐有祺访谈，2012年10月18日，北京。资料存于采集工程数据库。

（1910 年），龙门师范学校改称江苏省立第二师范学校。1927 年，江苏公立商业专门学校被接受并与第二师范学校合并改组为江苏省立上海中学。此外，并入省立上海中学的学校，还有设在松江的省立三中，设在太仓的省立四中商科以及接受高中部分转学生的南京东南大学附中等。

既然是上海中学，为什么前面会冠以“江苏省立”四个字呢？江苏省何以将它的省立中学放在上海？唐有祺道出了这个特殊校名中的原委。

> 上海中学是江苏省省立中学，当时省立中学都是很好的。可是上海市是一级市，江苏省立上海中学放到上海市，上海市也欢迎。上海中学是什么人办的呢？是由江苏省省级水平上有地位的绅士办的。①

为此，上海中学始终设立在上海市区之内，即使是上海中学在实行迁校计划、另找新校址时，仍然遵守不得迁出市区的约定，在隶属方面，却仍然保持着和江苏省的关系不变。因而它在旧上海的许多中学中，不但和各类私立中学不同，而且和各类公立中学有别。

上海中学的入学考试很难，投考的人很多，极难考上。据国民党中央委员会秘书处档案显示，上海中学每次招生录取名额仅及投考生额的 1/10②，录取比例有时高达 1/20③。能被录取的，大多是各校的第一、二、三名拔尖学生。为何会选择上海中学？唐有祺谈道：

> 上海中学在当时非常有名，因为是省立中学，省里给经费。以前国民党办学校，还是很花钱的。上海中学的办学条件属于国际水平。④

江苏省立上海中学改组之初，分设高中部和初中部，高中部设立在陆

① 唐有祺访谈，2012 年 10 月 11 日，北京。资料存于采集工程数据库。

② 国民党第四次全国代表大会第三次会议通过《依据训政时期约法关于国民教育之规定确定其实施方针案》，国民党中央执行委员会秘书处档案，1931 年 11 月 17 日。见《教育（一、二）》，第 1055–1056 页。

③ 唐盛昌：《史品上中 菁英教育的缩影》。上海：上海教育出版社，2009 年，第 119 页。

④ 同①。

家浜路的商专原址，初中部设立在尚文路的第二师范学校旧址[①]。入学之初的第一个学期，唐有祺还在旧址上课，学堂地处上海南市的商业区，唐有祺和同学们放了学，可以到街上去逛街，给学习之余平添了不少乐趣。唐有祺谈道：

> 上海中学的前身是龙门师范，上海最早的师范，是上海师范的前身。我去的时候，读高中是1934年，初中考高中，它还在上海的龙门师范。初中是另一个地方。[②]

由于一校分设两处，除了教学和学习不便，两处校址都很狭隘。商专校舍虽外观雄伟，但不适合用作学校，而第二师范学校的校舍则大部分已陈旧不堪。当时上海中学的校长郑通和通过多方奔走接洽，募集资金，努力将初中和高中结合在一起，鉴于旧上海市区和郊区的地价相差悬殊，在郊区旧沪闵路吴家巷附近购得土地，兴建了占地很大的新校舍。新校舍于1934年12月29日举行落成典礼，学校从龙门村走进了吴家巷。于是唐有祺到了寒假，学校就搬到新址了。唐有祺感叹，新校舍条件优越，学生生活环境很好。

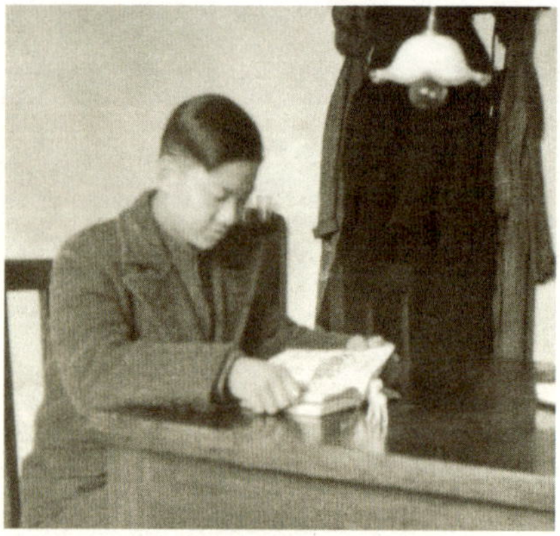

图1-2 1935年在上海中学读高一的唐有祺（摄于上海中学宿舍中）

> 我读中学的时候，宿舍四个人一个房间。房内两侧各放两个床，中间放一张长方书桌供4人自学时占用。宿舍内设有卫生间，有淋浴设备。解放以前，这个中学是条件很好的学校，甚至比当时大学的都要好。[③]

除了宿舍条件优越，学校的教学

① 陈祖怡：《上海各图书馆概览》。北京：中国国际图书馆，1934年，第92–93页。

② 唐有祺访谈，2012年10月11日，北京。资料存于采集工程数据库。

③ 同②。

楼、图书馆、仪器标本室、物理、化学、生物实验室、梯形大教室、大礼堂、膳厅、体育馆、实习场所等一应俱全。成立于1927年的上海中学图书馆，有丰富的藏书，藏书约4万册，包括新书和古书。图书馆有西文书籍3000余册，杂志60余种，画图30余件，新闻报纸7份[①]。

读书要靠理解，学习应当走出书斋

由于上海中学是第二师范学校、商专、江苏省立第三中学、第四中学等学校合并而成，从而一开始就成了一所合科的中学。1934年，学校将高中普通科改为理科，一变而为高中理、工、商三科和初中部的合科制中学。唐有祺入学后就读工科，学习课程包括数学、物理、化学、公民、国文、历史、地理、体育等科目。

当然，上海中学对学习的要求也很高，不然也难以显现如上海中学校歌中所言的"一柱中流海上"。校长郑通和，毕业于南开大学，后赴美国留学，在哥伦比亚大学专攻教育，怀有教育救国的理想，回国担任校长后引入了国外的办学理念。学校实施教师专任制，设立教导主任督促学生的学业。上海中学数理化方面的课本几乎都是采用程度偏高的英美教本，高中所用的代数课本，同若干美国高等院校一年级所用的课本是一样的。上海中学的教与学都很紧张。如果说小学和初中唐有祺是在读书与嬉戏中度过，高中阶段，他则全身心地投入到了学习中。在高中阶段，唐有祺是班上年纪最小的同学，不过，其他同学都以能够帮助他为乐。高中生活虽然紧张，但却充满了欢乐。

高中的物理课和化学课向唐有祺展现出一个看不见摸不着的微观世界，电磁效应和化学反应是那样神秘，而正是这种种神秘之处激发了他的好奇心和浓厚兴趣。高中阶段的物理学习，让唐有祺对电的认识有了透彻的了解，初中常常思考的生活中的"电"的问题，此时已迎刃而解。初中化学接触到的原子和分子，到了高中阶段，唐有祺真正了解了物质是怎样

---

① 陈祖怡:《上海各图书馆概览》。北京：中国国际图书馆，1934年，第92–93页。

由原子和分子组成的。

一次偶然的机会，唐有祺读到一篇文章，里面谈到科学界前辈任鸿隽先生从美国学成归来受到欢迎时曾讲，他向往的不是像爱迪生这样的发明家，而宁愿以一个理论和实践并重的科学家来自勉。这种观点对唐有祺影响很大，大大开阔了他的眼界。高中阶段，当他学了更多的数理化知识，足以理解爱迪生提出的直流电方案远不如后来通用的三相交流电方案时，他对数理基础在应用实践中的指导作用有了更深的体会。这时，他崇拜的对象不再是爱迪生，而是法拉第和麦克斯韦等物理学家。

上海中学的考试很严格。高初中均设立了考试委员会，主持研究考试方法以及监督奖惩办法。考试成绩计有临时考试、月考、学期考试，按期举行。另外还有学科比赛。临时考试与口问、练习、笔记四种，合为平时积分，与月考分数合起来占总分数的 60%，而学期考试成绩占 40%。这样的考试与成绩设置，目的在于注重学生平日的努力。在这种严格要求下，唐有祺仍保持着对数理化和英语的浓厚兴趣，数学和英语是唐有祺的强项，每次考分都很高。但是，唐有祺认为考高分并不是靠死记硬背，而是要理解。

> 我小的时候数理化英文都很好。从小到大，数学题目再难，我都没有做不出来的。数学考试我不用费心，倒不是说比较容易。我高中考上上海中学，考数学的分数很高。主要是因为我对数学、物理、化学这些科目有兴趣。我在高中的时候，背书不行，我只有理解了以后才能记。我不是那种死记硬背的。①

上海中学虽然设置有历史、地理等课程，但是唐有祺在当时已经懂得在不同课程上分配不同的时间，学习生活要有重点。

正是这种对学习要靠理解的感悟，初一在家休学半个学期的真实生活经历，被唐有祺拿来当作在上海中学所写的第一篇作文的素材，并得到了意外的嘉许。

---

① 唐有祺访谈，2012 年 10 月 4 日，北京。资料存于采集工程数据库。

上海中学的中文教学也很认真。我一进去写的第一篇作文迄今难忘。老师洪为法让大家在星期六写了交。星期一我看老师拿了一沓作文来发给大家。我在班上是年纪最小的学生，坐在第一排第一个座位上，看到我的作文摆在第一本。我本来想是不是老师要骂我呢。后来老师说我写得好，说我写的虽然短，可是用词得当，写得比较深刻。我写的是什么呢？是初中第一年有一个学期我没有上学，后来又去插班考试的经过，因为我很有体会，写得很生动，所以被老师欣赏。①

除了课程，上海中学高中对实验和实习很重视，希望学生的学习走出书斋，开阔视野。理科的学生常做物理、化学、生物等科目的实习与实验，还参加课外研究。课外研究有演说会、读书会以及英文、数学、自然科学、社会科学、艺术、音乐等研究会，由各科担任教员分任指导，以兴趣为动力，举行专题研究，并进行竞赛②。

特别的是，由于校长郑通和是南开大学学教育出身，他非常注重通过组织学生听报告和参观工厂来扩展他们的视野。学校经常聘请知名人士来开设讲座，请大学教授来学校授课，以拓展学生的见闻和知识视野，内容包括国内外政治和经济问题、科学知识、艺术与学术讨论等。每周一午前的两节课是全校师生一起听校外名人做报告的时间，唐有祺通过听这些报告，极大地增长了他的见识，了解了当时的名人所从事的工作。另外，每个学期，唐有祺所在的工科班级都会组织数次到市区参观工厂、研究所和学校的机会，还有专车负责接送，参观结束后学生还会提交一份感受深刻的参观报告。

影响颇深的高中老师与理科思维的培养

到了高中时代，唐有祺依然喜欢理科，特别是数学和物理。上海中学的教师，“各坚实教学类多认真，尚得学生信仰”，“对于学生自动研究兴

① 唐有祺访谈，2012年10月18日，北京。资料存于采集工程数据库。

② 唐盛昌:《史品上中 菁英教育的缩影》。上海：上海教育出版社，2009年，第9页。

图 1-3　1936 年在上海中学读高二的唐有祺（拍摄于上海中学新迁宿舍）

趣，颇能注意培养，就课外阅读笔记，课内听讲作答，标记书中要点，摘录要项，及在校自修状况诸端，均觉可信”[①]。

回忆起上海中学的老师，让唐有祺印象最为深刻的是数学老师朱凤豪和物理老师仲子明。朱凤豪是宜兴人，教唐有祺高中二年级所在班级的数学，一年级的数学和物理是另外一个上海交通大学的老师须赞陶讲授。对于朱凤豪的授课，其中细节回忆起来，仍让唐有祺感慨不已。

他这个数学教得真叫人佩服，讲得非常生动，而且很深刻。他的教育经验比较多，考的题目也不是很容易，但是大家的考分都不错。[②]

朱凤豪授课时精神饱满，条理清晰，他的授课不仅让唐有祺至今记忆犹新，在当时其他学校和教学督导眼中，也颇受赞誉。1934 年 4 月教学督导提供的一份《视察省立上海中学报告》中有：

朱凤豪，课高三高等代数“Interpolation”，演算娴熟，讲解透彻，精神饱满，能引起学生注意……朱凤豪对于数学，能为学生详细批改……[③]

1935 年 11 月，也就是唐有祺读高二的那一年，督导唐道海提供的《视察省立上海中学商工两科报告》中也记有“朱凤豪担任工二高等代数，学

① 江铭:《中国教育督导史》。北京：人民教育出版社，1994 年，第 409-410 页。
② 唐有祺访谈，2012 年 10 月 11 日，北京。资料存于采集工程数据库。
③ 同①。

生习作勤奋，改订亦极为认真。”[1] 朱凤豪离开上海中学，后来被扬州中学聘请，扬州中学 1940 届的何平慰是这样形容他的授课：

> （扬州中学）在一星期之后，聘来省立上海中学的数学教员朱凤豪先生来担任我们的代数。方程式论、或然率、高次方程式、无穷级数，都能讲解得很清楚，同学听课的情绪为之一振。[2]

朱凤豪后来编写的《新三角讲义》被上海等地普遍使用。

英语老师张咎士，讲一口苏南话，但是英文很地道，对学生非常严厉。有一次唐有祺将 China 弄成了小写，张老师便生气地质问唐有祺：“你的名字都要大写，怎么这个用小写了呢？”有一次他非常个性地夸奖唐有祺：“你的英文作文写得不错，很有洋味，但写的是天真字，就因为没有认真练字。”化学老师是一位阔少爷，在美国拿到硕士学位回来任教，常常开着汽车穿着西装来上课，唐有祺认为他课也讲得不错。

高一上学期的物理老师须赞陶，讲一口无锡话，上课生动，还常常做示范，数学功底深厚，出考题总会有一两道难题，但唐有祺第一次就考了一百分。不过，这位物理老师教学经验少，有的同学却不喜欢他，将他轰走了。

> 这个物理老师讲课生动，而且都是很深的，结果学生听不出道理来，有的同学考不好，就对这个老师不满意了，学生把他轰走了。轰人的里面没有我，我不轰他。[3]

教英文的张咎士老师为物理老师打抱不平，认为他教物理非常认真。无奈，学校在第二个学期给唐有祺所在班级换了一名在日本留过学的老师，叫仲子明。唐有祺认为这位老师教物理教得非常好，不给学生讲课本里的东西，要求学生自己看英文课本，看不懂就自己查字典，考试

---

① 唐道海：视察省立上海中学商工两科报告。《江苏教育》，1936 年第 7 期，第 144 页。

② 郑万钟，张铨：《扬州中学》。北京：中国大百科全书出版社，2009 年。

③ 唐有祺访谈，2012 年 10 月 11 日，北京。资料存于采集工程数据库。

也用英文出题。在这种学习方式下，唐有祺对电的疑惑在这时迎刃而解了。

谈到中学老师对他的影响时，唐有祺提出了中学理科思维的培养的重点。

考进上海中学，学校当然不错。我这时并不追求分数，我要每门考到八十几分都是很容易的。我喜欢的课都是八十多分，还考一百。数学虽然难，每次考的都没有能难倒我的。所以我觉得，在中学时代理科思维的培养，尤其以数学能力为核心，应该就是这种思维培养的目标。①

唐有祺当时认为，中学主要是培养语言表达能力和数学基础思维能力。后来发现美国的大学教育也是以语言表达和数学思维的能力为基础的。

1937 年 6 月，唐有祺从上海中学毕业，成为上海中学首届工科毕业生。毕业前夕，他参加了上海中学组织的校内数学比赛，唐有祺作为工科班学生参赛，获得全校第四名②。上海中学的教学理念与丰富多彩的校园生活，使得唐有祺在中学时期不仅掌握了学习方法与实验能力，还开拓了眼界，这让他今后在科教实践得以提出一些超前想法，并让他一直保持着对生活的热忱与激情。

颠沛求学在同济

高中毕业时，唐有祺原本要考清华，因为哥哥唐有祥常常给他讲国外的事情，而那时要出国，读清华是最好的选择。后来因为种种原因，唐有祺选择了同济大学化学系，在这里度过了五年辗转求学的时光。2007 年同

① 唐有祺访谈，2012 年 10 月 11 日，北京。资料存于采集工程数据库。

② 1937 年上海中学数学比赛成绩统计表，存于上海中学档案室。

济大学 90 周年校庆时，唐有祺依然觉得，同济大学为他提供了不同凡响的大学教育。

北上不成到同济：学校与专业选择

1937 年唐有祺已经报名考清华大学，连准考证都拿到了，但是到了临考，由于战争原因，清华在上海宣布不招生了，考试被取消。这样一来，要读哪个学校呢？

唐有祺还在读高中时，那是 1937 年的春天，同济建校三十周年校庆，学校组织学生参观。当时同济就给唐有祺留下了很好的印象，德国教员给他们详细讲解仪器设备，观摩了医科解剖学的课程和实验，当时解剖的是牛肉，还通过显微镜观察到了布朗运动。这次参观体验，让唐有祺觉得同济很有特色。特别是，同济是一所学德文的学校，而唐有祺一直对学外文也很感兴趣，今后还可以到德国去留学，所以就选择了同济。

> 这时的同济大学，德国人已经办了三十年。我去参观后，觉得同济很有特色，当时校址在吴淞。我是 1937 年 6 月高中毕业，到"八一三"才打仗。我那年春天在同济三十周年校庆时，曾去参观，看了以后，觉得非常好。我第一志愿是要考清华，准考证都拿到了，结果因为战事已波及上海，入学考试被取消。后来同济招生，我就考了。①

同济大学在 20 世纪 30 年代，医科最有名气，而电机工程等专业也很好。唐有祺最初的想法也是想学电机，报考清华大学时他选择的便是电机工程专业，但是唐有祺后来还是改变了想法，选择了理科，而不是报考清华时的工科。

> 我那个时候不想考工科，一是同济工科要学五六年毕业，二是德

---

① 唐有祺访谈，2012 年 10 月 4 日，北京。资料存于采集工程数据库。

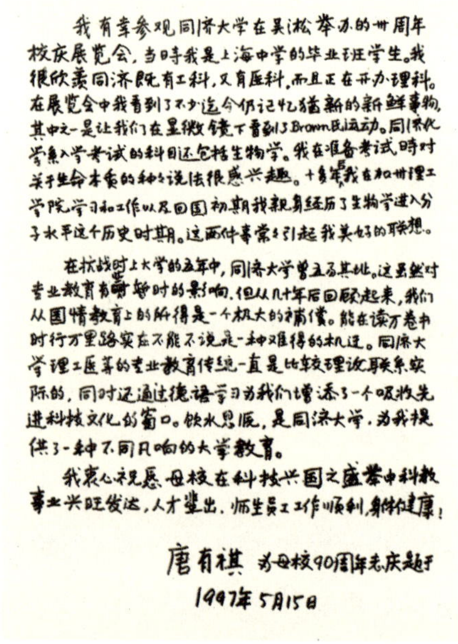

我有幸参观同济大学在吴淞举办的卅周年校庆展览会，当时我是上海中学的毕业班学生。我很欣羡同济既有工科，又有医科，而且正在开办理科。在展览会中我看到了不少迄今仍记忆犹新的新鲜事物，其中之一是让我们在显微镜下看到了Brown氏运动。同济化学系入学考试的科目还包括生物学。我在准备考试时对关于生命本质的种种说法很感兴趣。十多年后我在加州理工学院学习和工作以及回国初期我亲身经历了生物学进入分子水平这个历史时期。这两件事常常引起我美好的联想。

在抗战时期上大学的五年中，同济大学曾五易其址。这虽然对专业教育有暂时的影响，但从几十年后回顾起来，我们从国情教育上的所得是一个极大的补偿。能在读万卷书时行万里路实在不能不说是一种难得的机遇。同济大学理工医等的专业教育传统一直是比较理论联系实际的，同时还通过德语学习为我们增添了一个吸收先进科技文化的窗口。饮水思源，是同济大学，为我提供了一种不同凡响的大学教育。

我衷心祝愿母校在科技兴国之盛业中科教事业兴旺发达，人才辈出，师生员工工作顺利，身体健康！

唐有祺 为母校90周年志庆题于
1997年5月15日

图 1–4 唐有祺为同济大学 90 周年志庆写的贺信

国的化学很好。我想，像我一样进去的人，工科医科毕业比我晚两年。我要当工程师也没必要多在学校里待这两年。①

唐有祺在数学、物理和化学方面都学得不错，他要考物理或者数学都不困难。既然如此，他为什么要选择化学作为专业呢？他谈道：

我那时候为什么学化学，而不学物理、数学？其实我要考物理、考数学也不难。抗战的时候，我们上大学，学物理、学数学的人，每个年级除了清华大学物理系有十几个学生，数学系也有五六个学生，其他学校交大、同济、中央大学，学数学、物理的只有两三个学生。学数学也只有两三个学生。由于当时学了物理只能到中学去当教员，学了化学出路就宽广了，主要是这个问题。②

考虑到毕业之后找工作的现实问题，唐有祺选择了化学专业。

战时辗转求学：五易其址，遍及九省

1937 年底，唐有祺从上海租界坐船到温州，再经丽水到金华，入读同济大学理学院化学系。唐有祺在同济大学的五年，正是同济大学历史上异常艰苦的五年。同济大学五次迁校，唐有祺读书期间跟随学校五次迁移，

① 唐有祺访谈，2012 年 10 月 18 日，北京。资料存于采集工程数据库。

② 唐有祺访谈，2012 年 10 月 11 日，北京。存地同①。

足迹也踏遍了九个省份。

1937 年 8 月 13 日，日本在上海制造了“八一三”事变，接着同济大学在吴淞的教学楼、办公楼以及宿舍等均因日本飞机的轰炸而遭到破坏。于是，同济大学从吴淞迁到上海的公共租界，学校原计划搭建一部分临时房屋，并准备于 10 月 14 日正式上课。但是，战事却变得更为激烈。学校当局决定将学校从上海迁往金华。

1937 年 10 月 20 日，同济大学在金华正式开学上课，比正常学期开学要晚。学校借用金华中学等校舍作上课教室。当时在金华报到的学生有 596 人，其中理学院 11 人。而授课教师一共有 33 人，包括 2 名德国教师[①]。1937 年 11 月 12 日，上海沦入敌手，日军不断空袭金华，在频繁的警报声中，学校已不能正常上课。为了坚持文化抗战，同济大学又开始内迁办学。从上海迁出到金华后，同济大学决定第二次迁校，从金华迁到江西赣州。同济师生先坐火车，费时四五天到南昌后，再从水路乘木船，溯赣江而上，最后到达赣州，1938 年 1 月底正式上课，在赣州时期的大学部学生一共有 455 人。

图 1–5　1938 年唐有祺在江西赣州留影

> 后来到江西赣州，赣州大概上了半年多的课。不过那时候教学质量也不错，因为人少，学生少，老师还是很好的。[②]

在赣州除了上课，由于赣州有江西省最大的河流赣江，唐有祺便与同

① 翁智远:《同济大学史（第 1 卷 1907–1949）》。上海：同济大学出版社，1987 年，第 76–77 页。

② 唐有祺访谈，2012 年 10 月 4 日，北京。资料存于采集工程数据库。

学们在课后畅游赣江，还险些丢了性命。有个星期六考完德语，唐有祺便与同学到赣江旁边去，同学中还有许多从青岛来的同学，均深谙水性。当时赣江夏季水大，水流湍急。唐有祺游了一半到江中间时，感觉到力量不够。同学们也在岸上替他担忧，所幸他意识到，应该顺着水流往下游，而不是拼命直着游。这样，唐有祺慢慢移到了岸边，上岸后，精疲力竭，人都站不直了[①]。

在赣州上课八个月后，1938 年 7 月，九江危急，局势突变。唐有祺和同学们在颠簸中完成了一学年的课程后，同济大学师生第三次迁校，从赣州迁到广西贺县八步镇一个矿业的中心，但是没有上课[②]。

在八步镇，同济大学借到一所中学作临时校舍，正在进行维修准备复课时，1938 年 10 月下旬，日军进攻华南，广州沦陷，原定迁校八步的计划已不能实现。1938 年冬，第一批校产运到八步江边还未来得及卸下，学校决定第四次迁校，从八步迁到昆明。唐有祺所在的由男同学组成的步行队，约半个月到达广西柳州，休息一个月光景，步行至南宁，再乘小轮船到龙州。最后出镇南关借道从河内坐火车到昆明，1939 年春节前，同济大学师生分批到达昆明。

图 1–6　1940 年同济大学在昆明办学时期唐有祺留影

当时日军虽尚未入侵西南，但昆明也频频遭遇空袭。唐有祺所在的理学院师生，在条件极端艰苦的情况下冒着生命危险，照常上课，做实验。在昆明度过两个春秋后，1940 年 10 月，同济大学又从昆明迁至宜宾、李庄，这才最后安定下来。

到了李庄后，李庄是一个拥有不少古老庙宇的老镇，同济大学的各个单位大部分安排在庙宇中，当时的禹王宫

① 唐有祺访谈，2012 年 10 月 18 日，北京。资料存于采集工程数据库。

② 同①。

成了学校的总办公室，祖师殿是医学院，东岳庙是工学院，南华宫是理学院，紫云宫是图书馆，慧光寺是女生宿舍。同济大学被趣称为寺庙大学。东岳庙内，中间为办公室，两边厢房多为教室，后面西部还有食堂。庙里上学是唐有祺西南求学记忆中最特殊的一部分。

同济大学在李庄度过了相对稳定的一段时期。1942 年，也就是同济大学搬到李庄后的第二年，唐有祺从化学系毕业。

恩师王葆仁、顾敬心：授业又解惑

在同济大学读书期间，有两位老师唐有祺一直保持着对他们的鲜活记忆。一位是王葆仁，一位是顾敬心，两位老师都是从国外获取博士学位后回国任教，有独特的教学方法和理念。王葆仁是唐有祺的有机化学启蒙老师。唐有祺第一次上王先生的课是在 1938 年，当时王先生刚出任同济大学第一个理学院院长，更重要的是，这是同济大学历史上第一个中国人出任院长。1936 年，王葆仁回国任同济大学化学教授并筹建理学院，成为当时同济大学首次担任高级职务的中国教授。理学院成立之时，抗日战争已经开始，而同济大学的德国教授当时执掌着教学大权，加上医科和工科在同济大学已有相当名声，在这种情况下王先生建立起理学院，没有一定的才能恐怕是无法做到的。化学系的学制是四年，1937 年化学系正式建系时，王葆仁既担任院长，又兼任化学系系主任。

在唐有祺看来，王先生的很多观点让他印象深刻。如教育要独立自主，而且提倡理论与应用并重。而王先生在教学方面的特点，唐有祺仍记忆犹新。他认为王先生思路清晰，表达严谨，更重要的是，他会针对班上二三十个学生的不同特点因材施教，对每个同学的情况相当清楚。不仅如此，他对实验课程也很负责。唐有祺记得，虽然有机化学实验课有助教负责，但是王先生也时常到现场考察和指导。对于唐有祺，王葆仁也是照顾有加。

化学老师是王葆仁，在我毕业后转到浙江大学任教，新中国成立

后中国科学院请他到北京化学研究所主持有机化学研究。他有机化学教得很好，可我要的方向不是有机，但是在班上他对我是特别好的，有什么事情都让我去做。①

而同在化学系任教、后在昆明办学时期接任化学系系主任的顾敬心老师也有同样的特点。

王葆仁、顾敬心他们在当时都是好老师。王葆仁先生教有机，顾敬心教无机。他们的教学内容都很好，很合适。他们有水平，在同济大学搬迁的过程中，他们让学生需要学的东西没有少学。靠他们的业务水平，靠他们对学生的要求，要帮学生学到东西，这种思想还是相当强烈的。②

王葆仁和顾敬心两位老师不仅在教学授课上有独特的理念和方法，他们还特别注重让学生做实验。同济大学在抗日战争时期多次搬迁的过程中，他们尽其所能保护实验仪器，保证学生能够做实验，保证一到新的地方便能立即恢复实验，迅速开课。同济大学的理学院成立之初，仅设有化学、生物两个系，该院在上海创办时，拥有不少名贵而实用的图书、药品以及仪器设备。“八一三”事变后，学校几次搬迁，在王葆仁的竭力保护下，图书、仪器等损失很少，所以学生在金华、赣州均能照常上课、实验。同济在昆明办学期间，从 1939 年 3 月到 1940 年 10 月，化学系学生仍坚持上课和做实验。同济大学一到李庄，很快便建立起化学实验室和生物实验房。在李庄时期，化学系的设备可以满足当时学生的需要。普通化学实验应用的仪器，每个同学可领一套，自行保管使用，贵重的仪器有微量分析天平、化学分析天平、铂金坩埚等③。唐有祺提到：

---

① 唐有祺访谈，2012 年 10 月 11 日，北京。资料存于采集工程数据库。

② 同①。

③ 翁智远:《同济大学史（第 1 卷 1907–1949）》。上海：同济大学出版社，1987 年，第 76–77 页。

王葆仁、顾敬心都重视实验，他们不是光教书，还强调要动手做实验。在昆明，学生学习过程中应该做的实验他们都保证学生做了。我一年级的时候在江西赣州，后来到昆明去了两年，都做了实验。最后我们要到广西上课，再到李庄，到那里也都做实验了。难能可贵的是那个时候实验项目还是不少，讲义内容也没有减少。①

图 1-7 1941 年同济大学搬迁到四川李庄时，唐有祺在化学实验室做实验

正因为此，在王葆仁先生从事化学工作 60 周年的庆祝会上，唐有祺无限感慨地提到："我们离开大学生时期已有四十多年，但只要一想到那个时期，就一定会联想到王老师留给我们的一个既授业又解惑的好老师的形象。"②

外语学习：德语、英语、世界语

唐有祺在同济大学的第一外语是德语，因为同济大学是德国人开办的学校，要求每个学生都要学习德语，学生考入同济大学后，需要从本科一年级开始，学习一年德语。"1938 年初迁到江西赣州，第一学年我的课程表中有德语和数理化以及文史课等，而以德语为主课。"③

---

① 唐有祺访谈，2012 年 10 月 11 日，北京。资料存于采集工程数据库。

② 唐有祺：授业解惑的好老师。见：《王葆仁先生百年诞辰纪念文集》编委会，《王葆仁先生百年诞辰纪念文集》。杭州：浙江大学出版社，2009 年，第 45-46 页。

③ 同①。

唐有祺在一年级就开始学德文，而且保持着高度的热情，其中缘由是因为他想到将来要到德国留学，德国的化学工业在世界上已声名显赫。德国教授用德文讲课，同济大学对德文的要求很高，每周都要考试。

那时候学德文要口试。德国人跟你讲话，你要听懂回答，要四会。实际上，我看书还是可以，但单词不够。如果我学得好，之后再去德国几年的话，德文可以学得更好。当时很多到德国留学的一般都是到了外国才学德文。①

进一步增长唐有祺对德语学习热情的，是德文老师廖馥君：

德文老师是廖馥君，对他印象很深刻。廖馥君是四川人，去德国留学多年，原来学工科的，回国之后就教德文了。②

廖馥君的德语语法教得特别好，德国柏林大学毕业，曾在 1928 年用

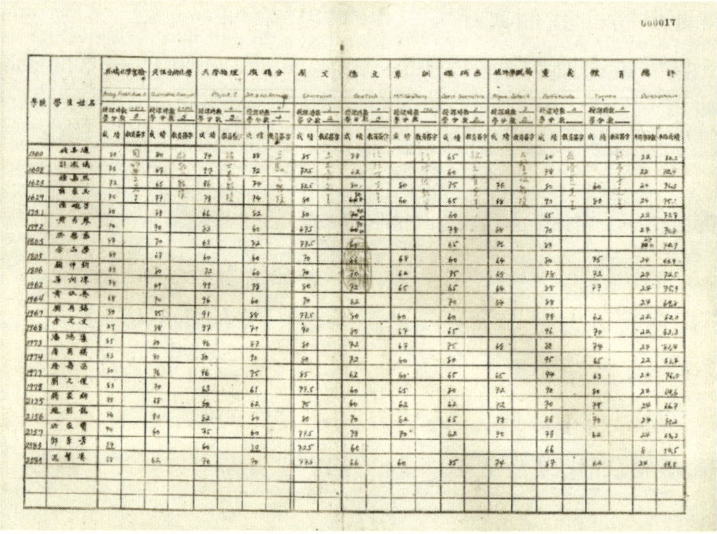

图 1–8　同济大学化学系一年级学生（含唐有祺）第一学期成绩单

① 唐有祺访谈，2012 年 10 月 11 日，北京。资料存于采集工程数据库。

② 同①。

德文翻译过《阿 Q 正传》，但是未出版。他后来出了《德语语法》一书，1979 年由商务印书馆出版，在相当长的时期内是中国德语界很有影响的教材。该书参加了首届全国高等学校优秀教材评奖，并获得了国家教委高等学校优秀教材二等奖[①]。廖馥君教授德语，对学生上学攻读德文教材和日后工作中阅读德文书刊都有很大帮助。同济大学在李庄时期，有专门的新生院是为考入本校未学习过德文的新生设立的，该院学习期限为一年。

正是因为对德语老师及其教学法的欣赏，从中得到莫大的激励，唐有祺外语学习的兴趣大增。唐有祺在德文方面学习效率高，而英语学习也没有中断，同济大学开设英语作为第二外语课程，"在我已有的英语基础上，学习德语进步很快，甚至在两种外语语法的比较下，我的英语水平竟也有所带动。"[②]

唐有祺对外语学习的兴趣不仅停留在德语和英语方面，对外语学习的心得还延续到同济大学学习期间以及此后的研究生涯中。

> 当时我对外语学习兴趣大增，而且感到颇有心得。这种心得曾两次再度发挥作用：我在 1938—1939 年间迁校途中自学了世界语获得成功；回国后，在 1952 年学习俄语时曾既当好了学生又当好了老师，很多人以为我在美国曾学过俄语。[③]

世界语是波兰医生在 1887 年创立的，创立之初希望它成为一门国际辅助语言，世界语诞生后主要在欧洲国家传播，20 世纪初，世界语由俄罗斯商人、日本和西欧的中国留学生传入中国，上海在 1933 年 1 月还成立了世界语协会。唐有祺在同济大学期间，对世界语感兴趣，并在同济大学搬迁的过程中自学。

---

① 国家教育委员会教材和图书情报管理办公室:《首届全国高等学校优秀教材评奖文件资料汇编》。北京：北京大学出版社，1989 年，第 84 页。

② 唐有祺访谈，2012 年 10 月 4 日，北京。资料存于采集工程数据库。

③ 唐有祺：八三自述。见：中国科学院院士工作局,《科学的道路（上）》。上海：上海教育出版社，2005 年，第 506 页。

我又自己学了一个世界语，还写过一篇世界语文章，又到国外的世界语报上发表过一篇文章。世界语其实也是一个人工合成的语言，把欧洲语言语法中字根用上了不少，所以我学起来容易，不是太难。

我在同济大学一次搬家的时候学世界语。我们从江西赣州搬到昆明的时候，一路上要坐汽车。经过越南，也是坐汽车。有时候汽车到一个地方，要停几天，我就晚上学世界语。①

同济印象：独立、民主、重实践

理学院迁到李庄时，有化学、生物和数理三个系。理学院的院长，在李庄时先后为谢苍璃（1940 年接任）、顾葆常（1944 年接任）。生物学家童第周在理学院任生物系教授期间，还邀请了英国著名学者李约瑟博士到学校讲学。

理学院上学特别注重实验，为求理论与实际结合，对实验室的建立和图书设备的购置，均不遗余力。所以，几经迁校，虽遭受不少损失，但都能在短期内恢复实验，迅速开课。例如，一到李庄，很快建立起化学实验室和生物实验房。同时，理学院也重视学术专题讨论，师生之间感情较融洽，教师不仅关心学生的学业，而且关心学生的生活。

在唐有祺看来，由于同济大学是德国人办的学校，学术民主、学生独立、教学上注重实践。

学习上也是这样，更重视实践，虽然分数概念还是有的。到理学院的时候，理学院被中国教师全部包办了，他们倡导学生学习不是靠分数，而是靠实践。同济大学办了一个技师班，不是光念书本。②

同济大学化学系的课程，也体现了对实践的注重。它以培养工业建设中所需要的化学研究与技术人才为目的。我们看到，第一学年，唐有祺修

① 唐有祺访谈，2012 年 10 月 4 日，北京。资料存于采集工程数据库。

② 唐有祺访谈，2012 年 11 月 1 日，北京。存地同①。

习了高等分析化学、有机化学、有机化学实验、大学物理实验、经济学、体育、定量分析化学、物理实验、微分方程、英文、中国通史、经济学、高等无机化学、植物学实验、德文等课程。第二学年修习了无机化学、大学物理、微积分、植物学概论、矿物学、国文、德文、机械画、党义、体育、大学物理、无机化学实验等课程。第三学年修习有机化学、有机定性分析、工业化学、军用化学、中国通史、理论化学、天然产物等课程。第四学年修习国防化学、哲学概论、理论化学实验、论文选读、专题研究等课程[①]。我们可以发现，同济大学开设的课程，既有基础理科的课程，又有所有工科的专业课，而且课程均相应安排有实验课。

在同济大学的这种教学与学术研究氛围的熏陶下，唐有祺在抗日战争时期教学条件特殊的情况下，选择了自学部分课程。同济大学由昆明迁入四川时，化学系的教授曾纷纷他去，到 1942 年，系里只剩下吴兆梓教授。由于没有物理化学老师，而中国的化工科研条件欠缺，在这种特殊的条件下，唐有祺自学了物理化学和化工。

> 物理化学我们当时也是有一个人教，可是后来，基本上我在同济大学的物理化学课，几乎没有人好好教过。没有物理化学老师，当时请不到。我的物理化学完全是自学的，没有老师教过。我有英文书，还有一本德文的教科书，物理化学讲得很深，很详细。[②]

图 1–9　1942 年唐有祺毕业照

多年之后回忆起来，唐有祺认为自己后来在化学方面的基础，在实践方面的能力，在德语和英语方面的收获，都得益于在同济大学期间的学习。

---

① 民国二十七年度、二十八年度、二十九年度、三零年度同济大学化学系学生成绩单，存于同济大学档案馆。

② 唐有祺访谈，2012 年 11 月 1 日，北京。资料存于采集工程数据库。

从志在实业到下定决心做学问

大学毕业后，唐有祺并没有选择留校工作，他最初的志向是从事实业，工业救国。

> 我大学毕业，完全可以留校工作。可是当时留校的工作对我没有什么吸引力。我不想留下来，因为这样给人的感觉好像是因为找不到工作而留在学校，我要出去找机会。那时候我有个想法，要搞点有新意的工业。①

唐有祺抱着工业救国的理想，希望用所学的化学和物理知识、理论和技能，通过对中国特色资源的开发来参与国家经济建设，也希望在实际工作中得到锻炼并留意找到进修和提高的机会。

唐有祺当时甚至对风力发电等有浓厚的兴趣。毕业之初，唐有祺先去昆明一家兵工厂工作了 6 个月。随后转往重庆一家钢铁厂工作。在他考上中央大学研究生的时候，他又与一位从国外回来的人合作，在重庆市区合营一个专做电解铁片的试验厂。为此，他甚至放弃了研究生学业。不过，正是这番经历，使得唐有祺后来发现，他真正的兴趣在于做学问。

1942 年 7 月，大学时期的老师顾敬心在昆明的兵工厂当厂长，让唐有祺去参加制磷厂的筹备工作，但是兵工厂的工作让唐有祺没有感觉到工作很合适。

> 进工厂工作半年，我辞去工作，转到重庆去工作。②

工作了 6 个月后，唐有祺在 1942 年 12 月转到重庆渝鑫钢铁厂，在钢

① 唐有祺访谈，2012 年 10 月 11 日，北京。资料存于采集工程数据库。

② 同①。

铁厂，他做过从白云石提取氧化镁的实验，研究从白云石中提取氧化镁来做碱性耐高温炉砖。但是，没有多长时间，唐有祺就发现自己的真正兴趣并不在此，并看到无尽的人际关系的协调中做工作的无奈。

当时，在渝鑫钢铁厂工作期间，唐有祺考上了钢铁厂附近的中央大学的研究生，1943 年暑假以后，唐有祺进入中央大学研究生院的学习。

> 我在中央大学研究生院读了很短的时间，差不多只有几个月。我要每天去上学，每天住在重庆城里去沙坪坝，很远。其实我另外还有工作。①

事实上，在唐有祺考上中央大学研究生的时候，他正在自行研究通过电解制备铁片。为此，他在进行了不到一个学期的学习之后，放弃了研究生学业。

> 我自己做实验做成了电解铁，把生铁、粗糙的铁，在电解槽中作为一个阳极，阴极另外放一个铁片，然后将很纯粹的电解铁镀到这个铁片上，它的磁性性能很好。我做成了电磁性能很好的电解铁片。②

当时做电机和变压器的矽钢片需要进口，国内没有技术生产，而且进口很困难。德国的化学工业在 19 世纪中期崛起，在化学与化工研究领域仍走在前列。得益于唐有祺在同济大学时期的德文基础，他找到了德文的化学资料，从德文资料上找来制备可替代当时奇缺的矽钢片材料的高纯度电解铁片，来解决制造电机的矽钢片奇缺的问题：

> 电解铁不是一般的铁，是把生铁放在电解液里头，像电解铜一样，通过电解提纯后取得。可能我没有完全掌握好电解液，有些铁片一下就碎了，产率因此大受影响。因为电解时要有温度，电解液是热

---

① 唐有祺访谈，2012 年 10 月 4 日，北京。资料存于采集工程数据库。

② 唐有祺访谈，2012 年 10 月 11 日，北京。存地同①。

> 的，并有氢气等杂质，后来慢慢摸清楚，我应该怎么做可用的电解铁。在一个实验厂中，我曾制出一些很好的电解铁片。但成品率不够高。当时抗战已接近胜利，继续改进电解铁片的时间不够了。我就从重庆返回上海。电解铁的工作没有继续下去。①

毕业之后这番从事实业的曲折经历，使得唐有祺还是决定出国深造，专心从事学术工作。

1945年抗日战争一胜利，唐有祺便辗转从汉口坐船回到上海。同济大学内迁后，留守在上海租界的部分德国教授成立了德国医学院。当时担任同济大学理学院院长的顾葆常教授非常赏识唐有祺，应他的邀请，唐有祺来到已经被同济大学接收的德国医学院教授化学。而在德国医学院的授课经历，更让他坚定了今后以科学研究为业的决心。

> 我的经历，有多样性，对国情也了解了，对国民党也了解了，各种工作我也了解了。比如我到兵工厂做过技术员，到渝鑫钢铁厂当过工程师，后来到实验厂我当过总工程师。再后来我到德国医学院当过教师。不是我各种经历都有了嘛。这种经历过后，我得到什么感想呢？我这个人一生永远不搞工业，不做企业。所以下决心一直做学问。②

唐有祺在德国医学院任教，讲授化学。在医学院工作时，他时常回顾大学毕业后从事应用化学方面的研究工作中遇到的问题，深深地感到将来要在技术方面做些不循常规的事情，还需要较高的学识，而提高这种学识的有效途径是加深基础以增强能力。特别是，要解决涉及固态的问题时，原有的知识技术已经让他力不从心了。他已经从中感受到，关于物质的结构及其性能的关系，是化学中正面临较大发展前景的一个领域③。而后来，唐有祺确实从这里开始了他的基础研究。

---

① 唐有祺访谈，2012年10月11日，北京。资料存于采集工程数据库。

② 唐有祺访谈，2012年10月18日，北京。存地同①。

③ 唐有祺:《我对基础研究的认识和感受》。存地同①。

第二章
为求新知　远渡重洋

唐有祺留学期间一直在加州理工学院学习和工作，师从化学领域的杰出科学家鲍林（Linus Carl Pauling，1901—1994，于 1954 年和 1962 年分获诺贝尔化学奖和和平奖）。第二次世界大战结束不久，美国的物理学日益成为萌发新技术的先导学科，尼龙的发明和制造，使得化学成为创造新材料和众多化合物的基地。物理学开始在原子、分子水平上与化学并肩进行研究工作，化学对原子结合成分子的方式和规律的认识也日趋深入而系统。X 射线晶体学和结构化学发展到 40 年代后期，其水平足以开始对付生物大分子的结构分析问题，生物学以惊人的步伐跨入分子水平。

在加州理工学院攻读博士学位、进行博士后研究，唐有祺开阔了学术视野，他不仅接触到了前沿的研究领域与研究方法，而且学会了如何敏锐地捕捉研究前沿，养成超前的学术意识。

赴美留学求名师

1944 年春，唐有祺参加了考试院举行的派送科技人才去美国进修的选拔考试，并在通过考试两年后踏上了赴美的“梅格斯将军”号轮船。

出国考试与申请学校

图 2-1 出国留学前的唐有祺（摄于 1945 年，上海）

1942 年，唐有祺大学毕业。当时国民党的考试院希望为抗日战争胜利以后的建设工作培养人才，而美国也愿意帮助中国。主要原因是 1941 年 3 月 11 日，美国国会通过了《租借法案》，又于 15 日公开声明，美国将全面援助英国、希腊和中国，美国已答应中国援助的请求。这样，美国按照 1941 年通过的《租借法案》，向国民党政府提供一批资金培训大批技术人员，以期在驱逐日军后协助政府进行经济重建工作。

当时留学，只要参加了考试并考取，就可以出国，不再需要国内教授的推荐。考上了就可以直接选择学校，只要那边老师接受就可以。由于考试方向只有化工，没有化学，唐有祺选择了化工，并获得化工专业唯一的一个留学资格。考虑到出国之后不一定被国民党派出去读书，而是赴美国实习或者工作，所以他并没有着急出国，一直待在上海为同济大学接收的德国医院教授化学。

到了 1944 年末，要去美国留学的大部分人都出国了。如果总待在国内不出去，留学名额就会作废。庆幸的是，同济大学有位老师顾葆常，此时到了经济部当司长。虽然唐有祺不认识他，他在 1944 年到李庄接任理学院院长[①]，但是这时，唐有祺已经毕业离开李庄了。因为唐有祺在同济大学期间的优秀表现，顾葆常对唐有祺有一定的了解。他给唐有祺保留了

① 翁智远:《同济大学史（第1卷 1907–1949）》。上海：同济大学出版社，1987年，第91页。

留学的名额[①]。

在顾葆常老师的帮助下，唐有祺在 1946 年赴美。这年秋天，唐有祺从上海搭乘“梅格斯将军”号轮船从上海去美国旧金山，这是第二次世界大战后第二艘从上海开往旧金山的客轮。同在一条船上的，还有华罗庚、唐敖庆等人。

冲着鲍林进入加州理工学院

唐有祺最初的意向并不是美国，最令他向往的是德国。对德语的喜爱和坚实基础，德国在化学和化学工业领域的领先地位，都让德国成为唐有祺的首选。但是申请的时候为时已晚。考虑到瑞士的大部分学校都学德文，接着，唐有祺给瑞士苏黎世理工学院（Zürich Technische Hochschule）的一个学校写了申请信，该学校也给了回复，同意录取唐有祺。但是此时的德国，希特勒被打败了，瑞士之行也化为泡影[②]。

到了美国，唐有祺最先联系了一个比较一般的学校，加州理工是他到了美国之后才临时联系的。之所以选择加州理工学院，是冲着鲍林，而唐有祺之前也通过王葆仁等充分了解到了鲍林的工作。鲍林对化学的重要贡献涉及面很广，他被尊称为 20 世纪贡献最瞩目的化学家，是美国的化学家和社会活动家，因对化学键的研究获 1954 年诺贝尔化学奖，1962 年又因在禁止核武器和争取世界和平事业上的巨大贡献荣获诺贝尔和平奖，是在两个不同领域两次独获诺贝尔奖的第一人。鲍林是当选美国科学院院士的最年轻的科学家，是伦敦皇家学会的外籍会士，法国科学院的外籍院士，还是挪威、意大利、比利时等多国科学院的荣誉院士。鲍林曾获得一百多枚奖章，包括美国化学会的纯化学奖、尼科斯奖章、吉布斯奖章、理查兹奖章、美国总统奖章、意大利共和国高级功勋职位称号等。1930—1940 年，鲍林把化学从一个主要基于现象的学科转变成一个以扎实的结构和量子力

---

① 唐有祺访谈，2012 年 10 月 11 日，北京。资料存于采集工程数据库。

② 同①。

学原理为基础的学科。

当时有人帮唐有祺介绍了洛杉矶领事馆的总领事江易生，他写了一封信，让唐有祺到加州理工学院去联系。到了美国之后，唐有祺马上从旧金山赶到洛杉矶，在旅馆住了两夜就去找鲍林，此时鲍林是加州理工学院化学系的系主任。

> 我到美国加州理工学院时，直接去找了鲍林。我一见到鲍林就告诉他我原来做过电化学工作，制备过电解铁，用来代替矽钢片。现在我不想再做了，想改学结构和化学键。后来他去加州理工的研究生院给我去申请名额，还帮我选课。①

鲍林如此爽快地答应唐有祺的申请，不仅加州理工学院研究生院的主任没想到，连唐有祺自己也觉得不可思议、喜出望外。在我们看来，鲍林选择唐有祺，有一个重要原因，是唐有祺在物理和化学两方面不仅有浓厚的兴趣，还有很好的基础。能够师从鲍林，是师生之间彼此选择的结果。

一到美国，唐有祺就开始进行课程学习。加州理工学院的课程设置比较独特，基础课程可以自学，不需要参加相应的课程学习，但是要通过考试。

> 加州理工学院的博士生，一进去，比如化学系，要考四门基础课，包括物理化学、无机、分析、胶体。基础课你自己可以去听，不用学，可是你要参加考试。②

不仅如此，加州理工学院对考试的要求很严格，成绩要考到 B 以上才能通过。那些能进去加州理工学院的人，都是考全 A 才被录取③。

由于唐有祺在同济大学期间，王葆仁教授有机化学，他在有机化学方

---

① 唐有祺访谈，2012 年 10 月 18 日，北京。资料存于采集工程数据库。

② 同①。

③ 同①。

面打下了坚实的基础，所以有机化学考试成绩优异。鲍林是诺伊斯的学生，唐有祺在国内就已经学过诺伊斯（Robert Noyce）的《化学原理》。而胶体化学他在国内也已经学过，考试方面没有困难。在同济大学期间，唐有祺自学了物理化学，但是无机和分析化学的学习却遇到了困难。

图 2-2　唐有祺在美国加州理工学院留影（1947 年）

有机我考得很平稳，胶体我念过。无机跟分析一起考，这两个我倒碰到点困难了。无机、分析，它和国内的不一样。所以这个我要花功夫，我要去听课。①

除了这四门基础课，唐有祺还选修了物理，物理也考了 A，这让唐有祺备感高兴。

遨游于科学研究前沿领域

唐有祺在鲍林门下主攻 X 射线晶体学和化学键的本质，旁及量子力学和统计力学。博士后期间曾以血红蛋白晶体为对象涉足蛋白质晶体学，并在留学期间发表了 5 篇学术论文。他在美国期间涉足的研究领域以及研究所用的方法都受到导师鲍林的极大影响，这些影响足以波及他整个一生的研究。在各种场合，唐有祺不止一次地说过：“师从鲍林的五年是我一生中最重要的经历之一。”

---

① 唐有祺访谈，2012 年 11 月 1 日，北京。资料存于采集工程数据库。

研究领域与研究方法受鲍林影响

1913 年布喇格（W. L. Bragg）利用晶体对 X 射线的衍射，测定了氯化钠和金刚石等的晶体结构。自此，X 射线晶体结构分析成为测定晶体和分子结构的主要方法。这个方法利用了晶体中原子或分子在空间分布中具有三维周期性，而且周期很短的特点。一般来说，晶体是三维点阵结构，点阵点所代表的一个单位，称为晶胞。不难推算，晶体例如金刚石中相邻原子之间的距离当以 0.1 纳米或者埃这样的单位来计算。伦琴发现的 X 射线的波长也是以埃计算的。当 X 射线入射晶体时，其中所含原子中的全部电子就会跟着电磁波的电场振动，成为次生 X 射线的波源，并继承入射波的波长和周相，从而产生衍射。晶体以埃为单位计算的周期能使次生 X 射线只在一系列由晶体的周期决定的方向上周相一致而互相加强，形成衍射线。各个衍射按其方向和强度收集在衍射图上成为位置和黑度确定的一系列衍射点，总称衍射谱。衍射点的位置可以给出晶体中原子分布的周期性或晶胞的形状和大小，而它们的强度是由晶胞中各个原子及其位置决定的。结构和结构分析成为化学学科发展中最为活跃的基本因素之一[①]。

唐有祺进入加州理工学院之前，鲍林一直关注原子和分子的结构问题，他巧妙地利用新发现的 X 射线衍射法，并利用推测结构模型来研究晶体结构。猜测晶体结构并通过 X 射线衍射法获得证实，是鲍林用来研究晶体结构、晶胞形状以及原子配位等方面常用的方法，这是他在研究方法上的一个特点。而这种研究方法不仅影响了唐有祺博士期间的研究，还成为他今后从事科学研究的方法特色。

物质的性质，如物理和化学性质，在很大程度上取决于原子之间结合的强度以及由此导致的物质结构。在原子论被人们普遍接受后，化学家需要确定当原子结合成更大的基团，如分子时，原子之间的几何排列，即原子在空间的分布。鲍林的最大贡献在于对化学键本质的研究及其在物质结构方面的应用，特别是复杂分子结构的研究。他提出了化学键理论、共振

① 唐有祺:《唐有祺文集》。北京：北京大学出版社，1998 年，第 1–8 页。

理论、杂化轨道理论，将量子力学应用于分子结构，把原子价理论扩展到金属和金属间化合物，并发展了原子核结构和核裂变过程本质的理论。鲍林将化学从主要观察现象的学科转变为以扎实的结构理论与量子力学理论为基础的学科，其所著的《化学键的本质》《量子力学导论》[①] 至今仍是对化学家有益的经典著作。将量子力学方程引入化学领域，是鲍林在研究方法上的第二个重大创新。20 世纪 20—30 年代，传统的经典分子结构理论出现了一些问题，如 HCl 和 HF 结构的问题。量子力学领域取得了很多新发现，鲍林开始应用量子力学理论来研究原子和分子的电子结构以及化学键的性质。鲍林此时在研究原子结构、离子结构、晶体结构方面结合量子力学所采用的方法，是半经验的方法，即：先提出理论，通过量子力学计算，计算出理论值，与实验数据进行比较后再对理论进行修改。这与他用 X 射线研究晶体结构所用的方法一致。此后，鲍林进一步试图用薛定谔的波动力学得到原子模型，并运用模型来解释分子和晶体中的化学键问题。30 年代，他利用半经验的方法发展了化学键理论，促进了对化学键本质的理解，进一步奠立了化学键本质这个理论化学方向。量子力学原理和概念极大地影响了化学家对化学实验事实的解释。鲍林试图将经典力学和量子力学的概念结合和联系起来，并用于解释原子的成键形式 [②] 。

20 世纪 30 年代，鲍林将化学键本质的基础研究转向独树一帜的化学生物学领域。1932 年，他根据共振论提出了多肽中肽键 C—N 应当具有双键成分，继而从多年积累起来的氨基酸和小肽的晶体结构数据中总结出伸展的多肽在肽键周围的标准键长数据以及氢键的成键条件和结构特征，并根据多肽链折叠后的长度约为伸展时的一半，考虑了折叠后的结构问题。1950 年，他得出了 α - 螺旋模型。

鲍林以富有想象力的工作方法，对结构、理论和实验化学的融会贯

---

① （美）L. 鲍林著，卢嘉锡等译校：《化学键的本质》。上海：上海科学技术出版社，1966 年；Linus Pauling，E. Bright Wilson. Introduction to Quantum Mechanics with Applications to Chemistry. New York：Dover Publications，1985.

② Jack D. Dunitz，Linus Carl Pauling. Biographical Memoirs of Fellows of the Royal Society，1996，42（11）：317-338.

图 2-3　鲍林（摄于美国加州）

通，善于吸取广泛的实验事实来证明他提出的概括的本领，以及生动的文体，他能将枯燥的化学事实编结成一幅有条理的知识织物。在美国期间的学习和研究，唐有祺不仅从鲍林那里学到了结晶化学和结构化学、分子生物学的前沿知识，还了解与从事前沿的研究，掌握了研究方法，学会捕捉问题，这使得他后来看问题做学问，总是处在学术的最高端。在美国，博士毕业答辩有一个环节，是要提出 10 个创意，并接受答辩委员会的提问质疑。唐有祺在答辩会上提出了一个打通物理和化学方法的创意，却受到专家的质疑，而导师鲍林的评价，则认为唐有祺的想法敏锐而有意思。唐有祺迄今仍认为，鲍林在研究领域的突出成就与他非凡的想象力密不可分[①]。

晶体测定研究工作的起点：六次甲基四胺与二氯化锰生成复合物[②]

唐有祺在跟随鲍林后，在 1948 年展开了研究工作，在美国期间发表了五篇论文，其中有三篇文章的题目都是唐有祺自己选定，另外两篇文章是鲍林给唐有祺指定的：

> 一个是合金，之前由于研究仪器的原因，做得不对，精确度都不够，鲍林希望我做得准确，做精确度很高的合金。后来我自己找了一个合金，把人家的数据拿来一用，也找出了人家弄错的东西，这是第

① 唐有祺访谈，2012 年 11 月 1 日，北京。资料存于采集工程数据库。

② You-Chi Tang, J.H.Sturdtvant. The Crystal Structure of the Complex of Hexamethylenetetramine with Manganous Chloride. Acta Crystallographica，1952（5）：74-82.

一篇。第二篇就是发现有一个有机物，很复杂的分子，可以跟无机物沉淀，比如氯化锰的溶液。①

唐有祺具体的研究工作由鲍林的第一个研究生，当时还是副教授的思图第万特（James Sturdivant）负责。展开实验研究，需要自己动手组装仪器，而唐有祺大学时期正好遇到抗日战争，虽然由于王葆仁、顾敬心等老师的努力，实验课程没有拉下。但是由于经费的原因，像中级物理仪器的实验等其他物理实验，在大学方面做得还是不够，中国还没有这方面的条件培养学生自己动手画图纸、设计实验、组装仪器。幸运的是，唐有祺有机会跟着思图第安特学到了自己组装仪器、设计实验的本领。

Sturdivant 是鲍林的第一个研究生，那时候还是副教授，不过很快就晋升为正教授了。鲍林考虑让我研究什么领域、怎么进行，就将想法告诉 Sturdivant，Sturdivant 具体负责。他的实验能力很强，我后来做实验、搭仪器的能力提高很快。我刚跟着他的时候，他让我自己搭仪器，后来让我做一个搞真空系统的架子，让我自己画图并到工厂里自己做。这种训练方法在中国是没有的。做好之后，他说，这个不行，应该怎么改。他对实验仪器和设备的要求很高。我做到后来就行了。他强调你要自己动手。②

仪器设计与搭建的本领学好之后，唐有祺开始研究复杂的有机分子六次甲基四胺可以和氯化锰的溶液产生沉淀的问题。既然会产生沉淀，一定是有机分子跟无机分子结合，溶液稳定，溶解度比较低，所以产生了沉淀。此前的研究者认为，六次甲基四胺一定有某种特殊的作用，有个特殊点，不然它怎么可以跟那么多无机物生成沉淀？但是这种特殊的结合作用是什么，此前的研究者没有弄清楚。鲍林原来有两个研究生都在研究这个

① 唐有祺访谈，2012 年 11 月 1 日，北京。资料存于采集工程数据库。

② 同①。

问题，但是都无疾而终。

唐有祺接手这个问题后，发现六次甲基四胺可以和很多无机化合物，甚至溶解度比较大的卤化物，如氯化锰产生沉淀。唐有祺猜测，六次甲基四胺应该是与氯化锰结合了，不结合的话，它不会有沉淀生成。在这项研究中，他首次开始用 X 射线衍射测定晶体结构，并发现了其他研究者没有获得的发现：该晶体有明显的压电效应，而且沉淀中有两个水分子。

唐有祺以丙酮和乙醇按 1∶1 配成混合溶剂，发现所得单晶体为多面体，既可做量角用，也可摄取衍射图。他应用当时先进的 IBM 打孔卡片计算机算得三维帕特森函数，从而得出重原子位置，并从最强衍射 600 中得出关于六次甲基四胺分子取向的线索，因为绝对强度值指出，在衍射 600 中所有原子散射的衍射线几乎都是同步的。这样就可得出试用结构，然后经傅立叶投影证实。所得结构说明，六次甲基四胺通过其中一个氮原子上的孤对电子与锰原子形成了配键。唐有祺解释道：

> 锰这个金属，跟两个氯离子形成键。但是它还留有四个位置。两个氯放在里面，两个六次甲基四胺，上面有个氮原子，氮原子只结合了两个价，还缺了一个价可以结合。结合的是什么？其他研究者就不知道了。锰还有两个水分子，这个化合物，原来的研究者都不知道含有两个水分子，这个沉淀里面就有两个水分子。而且我在 X 射线衍射图上也看到有两个水分子，两个影子。①

而他的发现也得到了另外一个实验室报告的证实。

> 我们那时候自己不做分析，我们的晶体被拿到美国一个实验室进行分析，拿来的报告显示：光一个锰、一个氯，还缺两个水分子。水分子他定不出来，可缺的分量正好是水分子，而且不是水分子不可能。因为溶液里，氯、锰，六次甲基四胺都有了，进去只可能进去水

① 唐有祺访谈，2012 年 11 月 1 日，北京。资料存于采集工程数据库。

分子，水分子量不大，也可能是杂质？但是经过分析，这样一来，可以推断肯定有水分子。①

使用X射线衍射法测定结构这种方法，并不是有了X射线衍射仪，对晶体进行照相，测出强度，就能够轻而易举地求解出结构来。要知道晶体的结构，通过照相结果可以算出强度，但是有了强度还得不出结构，这还需要一定的数学技巧，需要自己设计和利用计算工具，要求研究者有一定的求解结构的水平。唐有祺也发现了其中的难点所在。

具有周期性的点阵结构在衍射方向上互相加强。由于各个原子的位相不一致，因此晶胞在衍射方向所产生的衍射强度并不等于各个原子所产生的强度的简单加和。它与晶体大小、入射X射线强度、温度、晶体对X射线的吸收以及其他一系列物理因素有关。在实验中只能得到衍射强度的数据，而得不到结构因子，这个原则性问题称为晶体结构中的周相问题。X光打到晶体上，各个方向出来的电子，如果它的波达不到衍射强度的平方，它的相位是什么？我们得到的衍射强度，是波的相位的平方，波的运动的平方，这个平方就导不过来了。所以你要想办法，看到强度要想办法，想到它可能这样，也可能那样。也可能有数学规律。我就是试图找出它的数学规律。这是一个难点，就是周相问题。开始做蛋白质晶体结构测定的人都是想出各种办法，利用不同晶体的特点来突破图谱周相问题，绕过周相问题。②

唐有祺通过晶体结构测定，阐明了六次甲基四胺与金属氯化物生成晶态复合物的本质：六次甲基四胺分子通过其中一个氮上的孤对电子与锰形成了配键，从而生产复合物。重要的是，通过这个复合物的晶体结构可以举一反三地阐明这一类六次甲基四胺复合物的本质，解决了已有研究者考

① 唐有祺访谈，2012年11月1日，北京。资料存于采集工程数据库。

② 同①。

虑的问题。得知唐有祺的研究结果后，鲍林很高兴。加州理工学院化学系1950年向校部提出的总结报告中，鲍林汇报了这个成果。这项工作在当时受人瞩目，因为方法本身有特色，所用的衍射数据收集方法、计算工具以及求解结构的方法等代表了当时的先进水平。唐有祺认为这项工作也代表他回国后测定晶体结构和有关教学工作的起点。

合金体系 Pb–Tl 和 Pt–Cu 中形成的超结构[①]：唤起对有序–无序问题和统计理论的兴趣

唐有祺在博士期间的另外一项重要工作，是研究合金中超结构问题。合金体系有固溶体和化合物两种物相。晶态物质其结构型式有无序和有序之分，有序结构一般称为超结构。

唐有祺首先从 Pb−Tl 开始，探查 Pb−Tl 合金系中跨度很大的固溶体相 Pb（rI）有无超结构形成以及形成了何种超结构。为何要探讨合金体系 Pb−Tl 中可能形成的超结构呢？由于 Pb 和 Tl 是周期系中相邻的重元素，原子序数各为 82 和 81，它们基于立方面心晶格的合金中即使形成了超结构，也难于观测到取决于散射因子差值的超结构衍射线。在这样的情况下，唐有祺既从晶格参数随组成的递变中追踪合金从无序到有序的迹象，而且还独辟蹊径，着重考虑超结构形成过程中有否降低晶格对称性，并注意衍射谱线有否出现相应的分裂，从而可以进一步明确应考虑哪些超结构型式，这就是唐有祺提出的超结构的晶格对称性判据。

> 有研究者提出超结构，鲍林说，放在这个体系里头好像不对？后来我一看，德文有篇文章，很长，数据也很全，可是他提出的超结构，认为整个粉末图都是立方点心的。我提出的超结构中，除了正交结构，其他的结构，那个德国人也不知道。正交结构的粉末图，很多图形就并在一起了。立方点心的，它就分开了，不是并在一起。正交

---

① You—Chi Tang, Linus Pauling. The Structure of Alloys of Lead and Thallium. Acta Crystallographica，1952（5）：39−44.

的要分开。这是对称性决定的，不是说晶胞常数ABC都相等，α、β、γ都是九十度，即使是近似的这样也不行，还是需要精确，这是很敏感的东西。没有分子你不能定，一个粉末线还是很清楚的，是一根。所以我提出对称性肯定是立方体。[①]

以合金体系 Pb-Tl 为例，立方面心谱线中不属于 hhh 类型的衍射谱线未见有分裂的迹象，从而如若生成超结构，仍当首先考虑属于立方晶系。唐有祺提出的AB_3和ABC_6都是立方结构。根据这个判据，他对施耐德（A. Schneider）和埃施（U. Esch）关于合金系 Cu-Pt 的论文进行了分析。唐有祺认为，他们在并未观察到立方谱线有分裂迹象的情况下，为物相Pt_3Cu中 Pt 的原子百分数为 72.5 的合金提出一个难于接受的正交结构。唐有祺提出这个合金属于ABC_6型式的立方结构，该结构不但不会引起立方谱线分裂，而且给出的衍射强度也更能符合观测结果。

1950 年，唐有祺 30 岁，他在年初写成了博士论文，内容涉及合金体系 Pb-Tl 中可能形成的超结构以及六次甲基四胺与金属盐形成复合物之晶体结构和化学本质。1950 年夏，唐有祺获得博士学位，他的博士论文涉及合金体系 Pb-Tl 和 Pt-Cu 中形成的超结构及六次甲基四胺与二氯化锰生成复合物的本质[②]。

唐有祺的这两项工作后来产生了一定的影响，他和鲍林合作发表在《晶体学报》（*Acta Crystal*）上的论文，截至 1993 年，SCI 数据库显示该论文被引用 24 次，1956—1986 年曾被引用 12 次。唐有祺提出的立方结构 PtCu（$PtQ_{0.8}Cu_{0.2}$）$_6$是被认为比较合理的，而且也找到了有力的旁证。

唐有祺在回国以后，对 Pb-TI 合金系中的超结构问题继续做了不少研究工作。其中他对晶格参数的测定结果以及超结构的晶系对称性群论判据一直是被接受的，但对超结构 Pb Tl，是否存在仍然莫衷一是。在半个多世纪中，还没有找到可以确定像 Pb-Tl 这样的合金系中是否形成了超结构

---

① 唐有祺访谈，2012 年 11 月 22 日，北京。资料存于采集工程数据库。

② 唐有祺的博士论文，存于采集工程数据库。

图 2-4 1950 年夏唐有祺获得博士学位（摄于加州理工学院）

的直接方法。由于铅和铊的散射能力太接近，X 射线和中子衍射都还不能形成这样的直接方法。在间接方法中，测定晶格参数随组成递变的曲线可能仍然是比较有效的办法，但测定晶格参数和组成的精确度需要提高[①]。

提起博士期间对合金超结构的研究工作对回国后研究的影响，唐有祺在文集中写道：

我回国后中断了合金超结构问题的研究。但这方面的工作曾对我起了两方面的作用。它使我在干箱中制备多晶试样和精密测定晶格参数方面受到了训练。唤起了我对有序—无序问题和统计理论的兴趣。这两个方面对我回国后的教学和科研工作关系都很大。[②]

抢先涉足蛋白质晶体学研究领域

1950 年 4—5 月，唐有祺博士答辩通过，7 月学校举行毕业典礼。在毕业典礼之前，唐有祺作为哈尔教授的博士后留校，继续从事研究工作。

我用三年半的时间完成了博士论文，1950 年的春天通过了答辩。

① 唐有祺:《唐有祺文集》。北京：北京大学出版社，1998。
② 唐有祺:《唐有祺文集》。北京：北京大学出版社，1998，第 470 页。

不过还没有经过毕业的仪式，conferment 要等到 1950 年的夏天。后来就开始做博士后工作，搞蛋白质设备、实验方法，然后照相。①

20 世纪 40 年代，是生物学带动生命科学进入分子水平的前夜。生物化学的研究已经带动生命科学走向分子水平，当务之急是对蛋白质和核酸这样的生物大分子的立体结构或者所谓高级结构进行分析并取得突破，使得关于生命过程以及生物大分子的功能的认识从知其然向也知其所以然发展，从而来推动生命科学进入分子水平，并使得分子生物学得以确立。X 射线晶体学和结构化学到了 20 世纪 40 年代，水平正在发展到足以解决生物大分子的结构分析问题。

生物化学的研究带动生物学走向分子水平，鲍林做了推引和测定生物大分子高级结构从而促使生物学进入分子水平的先驱工作，例如在关于抗体结构问题和酶催化原理的工作中都一再强调结构互补原理。他对氢键在生命过程中的重要作用也始终是体验最深的先知者。他在 1950 年提出比 - 螺旋模型。1951 年，鲍林还提出了第二种二级结构，也在后来测定的蛋白质结构中得到确证。

在鲍林的影响下，博士后期间，唐有祺开始以一些血红蛋白晶体为对象涉足蛋白晶体学，成为国际上早期涉足蛋白质晶体学研究的学者之一。唐有祺认为鲍林让他研究蛋白质晶体，是有先见之明的。

我在国外研究的都是正常的蛋白，不是小的蛋白，鲍林那个学校就只是我在做这项工作。当时也不是马上让我做胰岛素，当时建实验室，鲍林还是衡量过谁能做得出来。我一上来就是做血红蛋白，七万五的分子量。②

这一研究是具有开拓性的，困难之多可想而知。为此，唐有祺先设法

① 唐有祺访谈，2012 年 11 月 8 日，北京。资料存于采集工程数据库。
② 唐有祺访谈，2012 年 12 月 4 日，北京。存地同①。

建成一个能在零下的恒温条件下培养晶体并摄取衍射图的实验室，同时还掌握了按一定取向封存蛋白晶体在能与母液达成气－液相平衡的薄壁管中的技术，然后从动物的血液中制取一氧化碳合血红蛋白晶体，进行X射线晶体结构分析。经过艰苦细致的实验，完成了分别从叙利亚田鼠和人类胎儿血液制得的一氧化碳合血红蛋白单晶，并进行了X射线衍射和晶体参数的测定，发表两篇短文。在蛋白质晶体结构测定中，难度最大的是根据仪器检测数据计算出结构。唐有祺解决了其中的一个关键——周相问题，什么是周相问题呢？唐有祺解释道：

仪器检测出来，只要得到数据就行，因为测结构主要是周相问题。光打到晶体上面去，到胶片上感光，感光的黑度跟强度有关系。一个波是个复数，有两相，有正负，是不变动的。变动是随着时间，随着距离变动，这是一个正弦函数，或者一个指数函数。如果你把这个指数函数设定下来，定结构没有问题。经过计算机把这个H项，复数项加在一起，这个叫作傅立叶级数。可是，胶片上得到的不是这个波在不同时间的正负，可以得到一个函数，这个函数随着时间变动，全部拿到了。一个正负，一个周相，要看X射线照到晶体上，周相在哪里。高的还是低的？然后一项一项加起来。胶片上拿到的一个是正负的平方。什么意思呢？轴向就没有了，只有平均的正负。这样没法得到结果。需要人工把周相找出来，才做得到，所以这个叫周相问题。①

对氯化钠这种分子而言，由于没有参数问题，周相很容易解决，通过确定强度进行比较就可以获得所需结果，但是对于稍微复杂一点、原子数目比较少的晶体，可以假设原子之间的多种位置，逐一计算核对。但是如果有有机分子，就不能这么做了。唐有祺是如何解决的呢？

① 唐有祺访谈，2012年12月4日，北京。资料存于采集工程数据库。

我后来研究出一个方法，就是把强度当作傅立叶级数来算。如果你把有周相的正负，用傅立叶级数算出来，那就是原子位置。把强度的平方作为傅立叶级数算出来，不是一个原子的位置，是原子之间的向量的位置。这就比较复杂。你得有重原子，重原子和其他原子的向量的峰特别高，那重原子的位置，周围可以说就是分子了，这是简单的，复杂的也不行。复杂的原子大大小小有不同种类，像原来有氯、有锰，还有就是有机的。到我那个时候就要解决周相问题。我发现用强度，这个强度等于就是所有原子都要周相一样才能得到这么大强度。可是根据这一项，我认为离子价，锰，就算出来了，把它稍微动一下。那时有这个没有把握的办法可以试。①

唐有祺信心满满地涉足并跨进蛋白质晶体学和正在进入分子水平的生物学。当时鲍林对球蛋白中的二级结构问题已经胸有成竹。英美两国的一些 X 射线晶体学家也正忙于研究蛋白质和核酸的结构问题来促进生物学进入分子水平。留在美国继续研究可以更多地涉足蛋白质晶体学和正进入分子水平的生物学。

血红蛋白，我已经做到空间群基本上都已经可以测定了，可是，那个时候定一个结构要两三年。我这个研究进行的时间是 1950 到 1951 年，博士后期间做的。国际上真正定出血红蛋白结构，最早也到 1957 年，所以我还有六七年的时间可以做。我已经做到空间，就没有再做了。

博士后工作就是蛋白质晶体的衍射实验。得出数据来，马上解决空间问题，涉及强度。到蛋白质结构这一级别时，强度很多，数百几千个量出来用傅立叶级数算，算出结构。②

① 唐有祺访谈，2012 年 12 月 4 日，北京。资料存于采集工程数据库。

② 唐有祺访谈，2012 年 11 月 22 日，北京。存地同①。

加州理工学院的教学科研都很民主

加州理工学院创建于1891年，这个不引人注目、只有一个街区大小的校园，却诞生了20多名诺贝尔奖得主，学术声誉卓越超群，也是众多中国留学生向往的学术圣殿。虽然与唐有祺同时坐一条船去美国的留学生不少，但是与他同时进入加州理工学院的中国留学生却不多，因为加州理工学院的门槛很高。学化学的中国留学生只有唐有祺一个，其他学科有钱学森的学生郑哲敏，还有林家翘、赵忠尧、周培源。

在加州理工学院早先的留学生中，钱学森便是其一。钱学森先后在麻省理工学院和加州理工学院航空工程系学习，获硕士及航空博士、数学博士学位。学化学的留学生，在唐有祺之前有吴学周，1928年进入加州理工学院学习物理化学，导师是1923年诺贝尔物理奖得主密立根（R. A. Millikan），1931年他便获得了博士学位。另外，卢嘉锡在1939年到1943年间在加州理工学院化学系担任客座研究人员，也曾跟随鲍林从事结构化学研究。

唐有祺跟钱学森在美国便有联系，但是不多，因为唐有祺比钱学森晚去许多年。钱学森这时候已经是副教授了，他总是在假期和周末请留学生去吃饭，唐有祺也在邀请之列。唐有祺在回国之前，见到了钱学森和蒋英夫妇。

> 我回国的时候，钱先生蒋英请我吃饭。钱先生很了不起。蒋英不烧饭，以前做饭请人都是钱先生自己烧。我们要吃饭的时候，发现钱先生一下人不见了，原来是去做饭了。我要回国了，他也很高兴，让我带封信给他父亲，他父亲也是上海人。①

① 唐有祺访谈，2012年10月4日，北京。资料存于采集工程数据库。

钱学森夫妇的这次款待，给唐有祺留下了很深刻的印象。

钱先生在国外时的正气凛然和学有专深，给我留有很深印象，但他的广博兴趣和开阔思路也令人难以忘怀。我1951年回国前多承他和蒋英同志款待。我从他的谈吐中不但感到他对数理和航空技术如数家珍，就是对化学和化工也知之甚详。有一次谈到如何固定大气中氮的问题，见多识广，迄今记忆犹新。特别让我惊异的是他对鲁迅著作中的内容十分熟悉，记得他谈到鲁迅对有人把milky way译成牛乳路的批评等。这在当时长期旅居海外的理工科学者中是少见的。他对古今中外的学问确实到了融会贯通的地步。①

回国之后，他倒是和钱学森夫妇熟络了起来。

钱先生被扣留以后，我到过他家找蒋英，问家里有没有什么问题？需要帮什么忙？结果她说，你的博士老师鲍林，在你拿博士学位的时候，一大堆人都在那里。他夸你啊。②

唐有祺在加州理工学院留学期间，除了学习和研究，他常常四处参观考察。1950年，他参观了美国洛杉矶一家新建的汽车厂。美国的许多大学他也常去。1946年，唐有祺刚到加州理工学院，中国同学相约春节去洛杉矶中国城聚餐，并邀请周先生一家光临。这是他第一次见到周培源和夫人，还有两位亭亭玉立的女儿。时至今日，唐有祺对他们仍印象深刻。

时过境迁，唐有祺仍认为加州理工学院的教学科研都很民主。

同在加州理工学院的，当时有一批人，都是很好的。钱学森不是

---

① 唐有祺：向钱学森同志祝贺和学习。《人民日报》，1992年11月4日。

② 唐有祺访谈，2012年10月4日，北京。资料存于采集工程数据库。

讲吗？说中国培养不出有创造性的人才，这叫钱学森之问。结果他说，加州理工学院培养出来的中国人，在外国都起了很大的作用。他说加州理工学院的教学科研都很民主。可见加州理工学院在他心目中的分量。[①]

事实上我们发现，加州理工学院培养的中国留学生，后来都成为各个领域的领军人物，不论在科学研究还是在科学研究管理领域，都做出了重要的贡献。

① 唐有祺访谈，2012年10月4日，北京。资料存于采集工程数据库。

第三章
赤子之心　辗转回国

新中国成立后，百业待兴，迫切需要知识分子加入建设行列，而中国政府也积极争取海外留学生回国参加建设。身在海外的留学生陆续回国。由于朝鲜战争和家庭的原因，唐有祺历经波折，回到中国，并任教于清华大学，开始将国外所学的晶体学知识在中国传播。

有惊无险的回国路

接到清华大学黄子卿、张子高和叶企孙三位教授的邀请，唐有祺毅然决定回国任教。从启动回国计划到真正踏上中国的土地，唐有祺的回国之旅颇为曲折。他绕道欧洲，几经波折，前后历时 3 个多月才回到祖国。回顾这段经历，他笑称当时是“有惊无险”。

回国前的考量：战争原因与家庭因素

1951 年，唐有祺在美国做血红蛋白研究，接触的都是前沿领域，而且进展很顺利。他当时正研究一种动物的血红蛋白，而且已经用 X 射线对其进行了照相，到了要定强度的阶段。当时鲍林对球蛋白中的二级结构问题已经胸有成竹，非常希望唐有祺继续留下来从事这方面的研究，因为对血红蛋白晶体进行 X 射线衍射照相之后并定出强度还需要几年的时间。而英国和美国的一些 X 射线晶体学家也正忙于研究蛋白质和核酸的结构问题来促使生物学进入分子水平。

新中国成立的消息传到美国，身在海外的留学生都异常兴奋，迫切地希望能够带着自己的知识回到新中国去。1949 年 12 月 13 日，政务院文化教育委员会成立了办理留学生回国事务委员会，统一负责留学生回国的各项事宜。1950 年 1 月 27 日，中国科学工作者协会向海外各分会发出号召："新中国诞生后各种建设已逐步展开，每方面都迫切需要人才，诸学友各有专长，思想进步，政府方面亟盼能火速回国，参加工作。"①

1950 年 6 月 25 日，历时三年的朝鲜战争爆发。27 日，美国正式参战并以武力占据台湾。至 8 月中旬，朝鲜人民军将韩美联军驱至釜山一隅，攻占了韩国的土地。9 月 15 日，以美军为主的联合国军在仁川登陆，开始大举北犯。与此同时，美国飞机轰炸中国东北边境，严重威胁中国的安全，中国人民志愿军应朝鲜请求于 10 月 25 日赴朝，与朝鲜人民军并肩作战把敌军从鸭绿江边逐回三八线附近。

图 3-1　回国前夕唐有祺在美国留影（1951 年）

朝鲜半岛上的战火越烧越旺，美国政府为了遏制新中国，极力阻挠中国留学生回国参加建设。1950 年 10 月，美国司法移民局公布了"禁止中国学生出境之命令"。1951 年以后，美国政府甚至将

① 郑毅：《共和国要事珍闻》。长春：吉林文史出版社，2000 年，第 200 页。

中国留学生的护照全部收去，使他们成为“非法居留者”，无法离开美国。1951 年春，回国的正常途径已被堵塞。唐有祺非常焦急，他预感到将来归国的路会更加艰难。

留下来继续研究正可以更多地涉足蛋白质晶体学和正在进入分子水平的生物学。但唐有祺的心中不无矛盾。谈及回国，唐有祺提到有两方面的原因，一个是因为战争，还有一个就是家庭因素。

> 我要回国，一个是因为家里，一个是再待下去就回不来了。美国不让你回你就回不来。中国和美国等于在交战，没有宣战倒是。珍珠港事件以后，美国把日本的侨民，包括入了美国籍的日本人都关起来了。两个国家没有什么问题那也无所谓了，可是我们考虑，真的打了呢？①

朝鲜战争开始后，加州理工学院了解中国留学生的困惑，向留学生保证学校会保护他们，更不会像珍珠港事件之后那样，美国人把日本的战败者抓起来当俘虏。加州理工学院还声明，中国和美国打仗，与学生无关。但是唐有祺认为形势变化万千，与其留在美国受学校保护，还不如回国。

> 我们学校的领导了解我们有些思想，他们跑出来保证。说这次绝不会像过去珍珠港事件那样，不会把你们怎么样。你们只要留在 Caltech，我们会保护你们，不会有什么问题。听了这些，我们还是相信学校，在学校里不会有什么问题。可我考虑，跑出来年头也不少了。如果太太平平，不出个什么问题，多待一两年也没有问题。可是情势变化万千，尽管我在 Caltech 没有问题，可是我将来毕业了只能在 Caltech。既然这样，我又何必勉强让他们保护，能够回去还是回去算了，也有这么个想法。因为已经出国了差不多四年了。②

---

① 唐有祺访谈，2012 年 11 月 8 日，北京。资料存于采集工程数据库。

② 同①。

另外，唐有祺在美国一直与哥哥唐有祥保持着通信联系，当时可以托人带信回国。考虑到和哥哥、母亲已经分别多年，唐有祺还是决定回国。

1937 年我上大学，正是哥哥大学毕业的时候，我们就分开了。1937 年一直到 1950 年，有十几年没有碰到了。我更觉得母亲年纪大了，应该回去了难道不回去！①

虽然美国的科学和技术发达，但它是属于美国的。刚过而立之年的唐有祺当机立断，毅然决定中断只进行了一年的博士后研究，提前回国。

借参会之机，辗转回国

1951 年以后，美国移民局收到司法部的命令，限制所有属于科学部门的中国学生，如研究物理、化学、工程、医药等，一律不得离境，该命令直至美国承认新中国之后才失去效用。而在 1950 年 9 月，“留美科协”被迫解散，负责人颜鸣皋、黄葆同、李恒德等人遭到传讯、搜查、拘留，留学生回国受阻。唐有祺五年前是横渡太平洋直接来到美国西海岸的，现在他不能循原路回去了。

香港也不给我签证，英国、法国、德国都接受了美国移民局的关照：你不能让中国得了学位的留学生回去。很明显，它怕你回去帮共产党做事。后来我意识到只有靠自己突破，我不能从美国得了签证。因香港当时归英国管辖，也得不到签证，甚至到了英国都不行。一是两国没有外交，而是你从美国到我英国这里来，你是到哪里去？你又没有申请到英国的大学，它也不能给你签证。②

---

① 唐有祺访谈，2012 年 11 月 8 日，北京。资料存于采集工程数据库。

② 同①。

热爱和平、崇尚民主精神的导师鲍林知道唐有祺要回国后，虽然曾经想极力挽留，但得知唐有祺决心已定后，还是决定伸出援手。当时有个和鲍林相识的美国人，曾在香港任教过，后来回到美国，得知唐有祺要回到中国，他立即阻挠，说大陆在搞“肃反”运动。唐有祺回去要给抓起来。但是鲍林并不相信这个美国人的说法，他很有觉悟，告诉唐有祺一个国家新成立之时，做事可能是有些毛毛躁躁，但是具体情况如何，还希望唐有祺先弄清楚问题。新中国成立之前，在国民党地区和美国通信并不受阻，而共产党地区的人写信到美国不大容易。新中国成立之后，都在共产党的领导之下，美国对待信件的问题又不一样了。即便如此，唐有祺还是和哥哥取得了联系，了解到了国内的情况，坚定了回国的决心。

所幸刚成立三年的国际晶体学会 1951 年 7 月要在瑞典斯德哥尔摩举行第二届大会。唐有祺寄去的两篇论文很快被接受，这样，绕道欧洲回国的签证问题就有了突破的契机。在导师的帮助下，借助国际晶体学联合会 7 月在瑞典斯德哥尔摩召开的第二届大会，唐有祺从已经和新中国建交的瑞典获得签证辗转回国。瑞典和中国有邦交，第一批承认中国在国际上地位的国家就有瑞典。唐有祺去瑞典并没有障碍，瑞典也同意唐有祺的行程。这样，唐有祺顺利拿到了从美国去瑞典的签证。

1951 年 5 月初，唐有祺离开加州理工学院所在的帕萨迪纳（Pasadena），东行去纽约，然后坐船横渡大西洋来英国伦敦办理回国所需的香港签证，同时还访问了牛津和剑桥等地的晶体学实验室，再次见到了霍奇金[①]教授，并结识了不少英国同行。霍奇金 1947 年在帕萨迪纳的一次学术讨论会上曾经与唐有祺有过一面之缘，对这位中国小伙子印象非常好。霍奇金后来与唐有祺建立了非常深厚的友谊。在随后的几十年，她一直积极热情地支持、帮助中国的科学研究。

---

① 霍奇金（1910–1994），英国化学家。在牛津大学萨默维尔学院学习，1932 年毕业后到剑桥大学工作，研究测定甾族化合物、胃蛋白酶和维生素 B 等的结构。1934 年回到牛津大学教化学，1970 年任布里斯托尔大学名誉校长，1947 年入选英国皇家学会成员。因通过 X 射线技术确定了重要生化物质的结构而获 1964 年诺贝尔化学奖。

1998年，时隔近50年，在《为世界而生：霍奇金传》一书中，作者费里（Georgina Ferry）这样描述当年的唐有祺：

> 唐有祺于1947年帕萨迪纳的一次学术讨论会上见过她（霍奇金），当时他是鲍林实验室里的一位年轻研究人员。在学术讨论会上成群的美国人中，他俩是仅有的外国人，多萝西又是唯一的女子，因此他格外注意她。1951年回国时，他受埃迪·休斯的鼓励去与一些英国晶体学家会面，到牛津拜访了多萝西……20世纪40年代末，中国的科研基本上处于停滞状态。1949年中华人民共和国诞生，许多有才华的中国人在欧洲和美国学习，有许多人留了下来。但也有人，比如说像唐有祺这样的，回国帮助新中国建设科研机构。①

从美国到瑞典去开会，得到瑞典的签证容易，但是获得从瑞典到香港，再从香港回到中国的签证则困难重重，颇费周折。当时去瑞典，没有飞机，要坐船经过欧洲，途径英国，再到法国，然后才到瑞典。这样一来，唐有祺要先到英国获得签证，获得英国的签证到瑞典很容易，但是唐有祺需要在英国就买好到香港的船票，这时便需要到香港的签证。因为唐有祺持有的是国民党政府的护照，英国官员以怕他进不了中国、可能会滞留在香港为由，不予办理签证。

> 英国给我签证我可以到英国，可再往底下去就不好去了。因为原来我有瑞典的签证，可到了英国一定要买船票，我不能到瑞典去就完了。因为我要买香港的船票，就需要香港的签证。我跟英国的护照办理员说，我要到香港去。英国看了我的国民党护照，他说不行，你回去，共产党让你进去不进去啊。英国人说：我给了你签证到香港，那你在香港进不了中国，你不老实待在香港，那香港也不愿意给你签证。②

---

① （英）Georgina Ferry著，王艳红、杜磊译：《为世界而生　霍奇金传》。上海：上海科技教育出版社，2004年，第329页。

② 唐有祺访谈，2012年11月8日，北京。资料存于采集工程数据库。

清华大学为此还特意发电报证明唐有祺是他们邀请回国的，但是英国方面又以无法鉴别电报真假为由不予办理。唐有祺在牛津访问时，牛津大学在政治上活跃的教授得知唐有祺要回国却受阻之事，特意介绍了英国政治上有地位的人，出来帮唐有祺说话，他们去找英国外交部，对唐有祺后来获得签证起到了一定的促进作用。另外，唐有祺的哥哥曾经参加过三人小组，认识后来在挪威、丹麦、瑞典三国当大使的耿飚。唐有祥知道唐有祺要回国，给他寄了一封介绍信，让唐有祺找在欧洲当大使的耿飚。耿飚给他寄来一张中华人民共和国的护照，最终才解决了问题。

耿飚那时在欧洲当大使，我哥哥认识他，我在英国伦敦写信给领事馆，交给耿飚，说我的签证出了问题。他给我写了一封信，后来他马上叫人给我一张中华人民共和国的护照。然后他让领事给我出了一张人民公会的护照，寄到伦敦来。然后拿着护照给英国人一看，英国人还是讲道理，同意了。①

虽然伦敦的外交部同意给唐有祺签证，但是唐有祺原来的日程安排是先去瑞典开会，他已经买好了船票去法国，等不及英国给出签证。伦敦的外交部知道此事后，让唐有祺先去巴黎，再去巴黎的英国大使馆拿签证。

伦敦的外交部告诉我，你要到巴黎去，要按照原来的日程去，到了巴黎你到英国大使馆去拿你的签证。到法国、经过德国一直可以到瑞典。他说这样没关系，我们一定给你签证。你只要到巴黎，过了一个礼拜以后，你到驻巴黎的英国大使馆，他会给你签证。我到了之后，他真给我签证了，原来我怕尔虞我诈。②

到巴黎没几天，到香港的签证就到了。原本以为到巴黎拿到了香港签

① 唐有祺访谈，2012年11月8日，北京。资料存于采集工程数据库。
② 同①。

图 3-2 唐有祺途经德国汉堡时留影（1952 年 7 月）

证，在英国已经买好了从巴黎到香港的船票，唐有祺设想着在瑞典开完会，就可以从巴黎乘船安心回国了，谁知一波三折。唐有祺从法国到德国、到丹麦，最后到了瑞典，在瑞典开完会后，唐有祺原以为可以顺利回国。结果从瑞典去法国，要获得法国的签证，法国却不愿意给唐有祺签证了。

因为我到法国去要上船了，我在英国就买了法国到香港的船票。但是我买的是到香港的船票，法国驻瑞典的法国大使馆，他又不给我签证了。他说你要回中国，美国人给我说好了，不能给你签证。①

法国大使馆之所以这么做，是因为当时有个法案，欧洲靠美国人供给粮食。

后来我也急了，我说你不让我去，那我就留在瑞典。后来瑞典外交部派了个女的，陪了我去。她说请你到瑞典来开会，我有责任要送你到你愿意到的地方去。因为瑞典独立，和中国有邦交，如果法国再不给你签证，我们可以给他提意见、抗议。再不行，我们可以用一辆出租车，把你行李、人都装在里头，给你封好了，一直送到巴黎，到马赛。在外交上是有这个特例的，没有问题，我们可以保证做。不过他表示尽可能帮我，他们以前也没有这样做过。②

① 唐有祺访谈，2012 年 11 月 8 日，北京。资料存于采集工程数据库。
② 同①。

后来瑞典去找了法国大使馆，警告法国人，在威慑之下，法国还是给了唐有祺签证。当时唐有祺的行李，在美国就已经都交给了船舶公司，唐有祺将装满了书的几箱子行李托运到马赛，马赛的运输公司将他的行李带出来。唐有祺的迂回路线，后来被从美国回中国的留学生效仿，他们也将行李随着船票托运回来。

在欧洲短暂逗留后，唐有祺从法国马赛坐船经香港回国，历经一个多月，1951 年 8 月，唐有祺终于辗转回到离别了五年的祖国。旅途中曾在欧洲逗留两个月。除在瑞典参加了大会并周旋于国际晶体学界外，会前在英国访问过牛津、剑桥等大学的晶体学实验室，会后参观过荷兰的几个大学，其余时间几乎都用在他的归途所需。

回忆起这段曲折的回国经历，唐有祺认为这对他后来频繁出国而言，也算是一笔财富。

> 因为我们处在国家的这个地位上，有人承认有人不承认。所以经过这么一个经历也是好的，知道国际关系是怎么回事。改革开放之后我出国好多次，这次经历对我后来出国有好处。[①]

让唐有祺庆幸的是，要是再晚两个星期出发，他就无法回国了。因为唐有祺事后得知，中国留学生的护照在他走后两周都被收缴了。当时同在美国的钱学森便受到了美国移民局的羁留长达 5 年。

美国此时如火如荼地展开蛋白质研究

在唐有祺回国的当年，鲍林正在提出 α－螺旋体等球蛋白中二级结构的模型，作为蛋白质二级结构的一种重要形式—— α－螺旋体，已在晶体衍射图上得到证实，这一发现为蛋白质空间构象打下了理论基础。国际上也正在通过蛋白质和核酸等生物大分子结构的阐明来促使生物学进入分

---

① 唐有祺访谈，2012 年 11 月 8 日，北京。资料存于采集工程数据库。

子水平。唐有祺留下来正可以涉足蛋白质晶体学和正在进入分子水平的生物学。我们看到，在唐有祺回国不久，直接将生命科学引入分子水平的几项重要结构分析工作陆续完成，继鲍林和科里（Robert Corey）在1951年提出蛋白质 α－螺旋体模型之后，沃森（James Waston）和克里克（Francis Crick）在1953年提出了DNA的双螺旋模型。两个红蛋白和两个酶的晶体结构都是根据佩鲁茨发展的重原子同晶置换法求解得出的，难度和工作量都很大。这些结果都极大地加深了对生命过程的理解，相当确切地掌握了这些具有特殊功能的蛋白质在生命活动中作为分子机器的工作情况。

而1960年，英国蛋白质晶体学家佩鲁茨（Max Ferdinand Perutz，1914—2002）和英国生物化学家肯德鲁（John Cowdery Kendrew，1917—1997），正是因为对球状蛋白结构的研究而共享1962年诺贝尔化学奖。佩鲁茨以血红蛋白作为自己的研究对象，而把较为简单的肌红蛋白分子交给肯德鲁探索。佩鲁茨首次用X射线衍射法证实了鲍林等人提出的蛋白质的 α－螺旋结构模型，在红蛋白结构中找到了这种螺旋结构的含量高达75%，他将汞、银等重原子引入血红蛋白晶体，成功地解决了晶态蛋白质结构测定的位相难题。利用这种同晶置换法，肯德鲁用该方法于1957年解出了第一个蛋白质——肌红蛋白的低分辨率空间结构，确定每个原子的位置，从而精确地绘出肌红蛋白分子的三维图，并证明由肌红蛋白所代表的球状蛋白虽然并不形成纤维，然而其分子却具有螺旋状的基本结构。而血红蛋白晶体结构的研究，唐有祺在加州理工学院留学时，已经获得了可喜的进展了。

得知佩鲁茨和肯德鲁获奖的消息之后，中国化学界有研究者表示遗憾，如果唐有祺当时留在美国不回来，做出这项获诺贝尔奖成果的人，很有可能是他了。佩鲁茨和肯德鲁得了诺贝尔奖，距离唐有祺回国，中间还有七八年的时间。而唐有祺第一个跟随鲍林做蛋白质结构研究，而且已经得到了晶体，并利用X射线法取得了照相结果。

虽然如此，唐有祺后来并没有觉得遗憾，因为他是带着想法回国的。这个想法就是，带动中国的研究者开展蛋白质结构分析工作。

在美国已拿到清华大学的聘书

回到中国后，由于唐有祺的学识，不仅清华大学，浙江大学、大连综合工业研究所也都争着聘请唐有祺。恩师王葆仁此时仍在浙江大学，力邀唐有祺去浙江大学任职，并承诺可以直接将唐有祺聘为教授。

但是清华大学在美国时就已经给唐有祺下了聘书。1948 年，黄子卿先生到美国去教书，辗转打听到唐有祺在加州理工学院，于是去加州理工学院看望唐有祺。

> 1948 年黄子卿先生到加州理工学院来访问，他跟我交好，他年纪比我大二十岁。一直是我开着车，带他一起去吃晚饭。后来他慢慢了解我的情况，说清华大学还没有从 CIT 毕业的鲍林的学生，学结构化学的人还没有。[①]

图 3-3　唐有祺（右）与张滂在厦门大学合影

① 唐有祺访谈，2012 年 10 月 4 日，北京。资料存于采集工程数据库。

由于新中国成立在即，黄子卿于1948年底回到清华。在了解唐有祺的工作之后，他商同叶企孙、张子高先生，聘请唐有祺回国到清华大学去工作。而导师鲍林也给唐有祺写了一封推荐信，寄给了时任清华大学化学系系主任的张子高先生。

这封推荐信在清华大学引起了不小的轰动，很多清华大学的师生，不论文科还是理科，都知道鲍林给他的学生唐有祺写了一封推荐信，推荐他到清华大学任职。回国一段时间后，唐有祺想看看这封信的具体内容，他向张子高先生的儿子、同在清华大学化学系任职的张滂提出请求，可惜这封珍贵的信件被张子高先生家烧掉了，所以唐有祺始终没有见到这封推荐信。

图3-4 在清华大学任教期间留影（1951年）

鲍林写了一封推荐信给清华大学。那时候清华大学不但化学系的人，文科理科的人都知道要回来一个人，是鲍林的学生。清华的人说，我们都以为是年纪挺大的一个人呢。①

1951年8月，唐有祺回到上海，见到了阔别多年的母亲。大连综合工业研究所（后称大连化学物理研究所）从美国回来的肖光炎得知唐有祺已经回国到上海，他专程到上海找唐有祺，并将唐有祺回国的消息告诉研究所的张大煜所长。张大煜立刻找到唐有祺，极力邀请他去大连工作。

我回到上海，张大煜跑来找我，要我到科学院去工作。他原来在科学院物化研究所工作，也是清华大学毕业的，清华原来是留美预科学校，后来成了大学以后，张大煜是第一届的大学毕业生，后来到德

① 唐有祺访谈，2012年11月8日，北京。资料存于采集工程数据库。

国去留学。我说你到母校去问问，我已经跟他们联系了，不能到别的地方去，他们要是同意的话，倒是可以考虑。后来张大煜找物理系的叶企孙，是清华大学的校长。叶企孙说，不行，唐有祺还是到清华来，清华化学系还是需要你。①

这样，1951 年 9 月，唐有祺回国后到了他高中时就非常渴望就读的清华大学任教，被聘为副教授。当时从国外回来的学者，初到清华大学，都被聘为副教授，如叶企孙的时代回来都被聘为副教授。

虽然没有去大连综合工业研究所，但是唐有祺却和张大煜结成了一生的友谊，学术上一直保持着紧密联系。回国到清华大学不久，大连综合工业研究所举办了一个学术报告会，也是该所的首次学术报告会，张大煜便让唐有祺去参加。会议的主题是科学报告会，科学院的副院长吴有训带队参加，清华大学也同时去了很多人。另外，赵忠尧、王葆仁也参加了这次会议。正是因为这次会议上唐有祺与吴有训先生的交谈，唐有祺很快将吴先生看成是一位知己的长者了。而吴有训先生此后也对唐有祺关怀备至，并邀请唐有祺到科学院去兼职，唐有祺先到应用物理所当兼任研究员，后来化学所成立，他也到化学所去研究。

在大连，唐有祺遇到了哥哥唐有祥，哥哥在东北石油化工部当司长。

他在东北，从沈阳到大连挺容易的。大连的人也都认识他。原来要派他到苏联，他不出，硬要在国内搞工业，先当石油化工一厂的厂长，后来当石油工业部当技术和计划司两个司的司长。②

执教清华　传播新理念

回到清华大学后，由于当时国内科研条件普遍力量薄弱，纵使在清华大

① 唐有祺访谈，2012 年 11 月 8 日，北京。资料存于采集工程数据库。

② 同①。

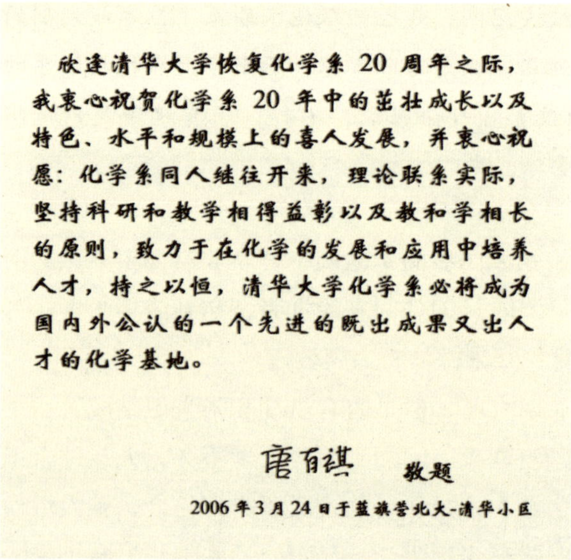
欣逢清华大学恢复化学系20周年之际，我衷心祝贺化学系20年中的茁壮成长以及特色、水平和规模上的喜人发展，并衷心祝愿：化学系同人继往开来，理论联系实际，坚持科研和教学相得益彰以及教和学相长的原则，致力于在化学的发展和应用中培养人才，持之以恒，清华大学化学系必将成为国内外公认的一个先进的既出成果又出人才的化学基地。

唐有祺　敬题

2006年3月24日于蓝旗营北大-清华小区

图 3-5　唐有祺为清华大学恢复化学系 20 周年写的贺信

学，也没有合适的科研设备。唐有祺感到，这时候的中国，已经没有真正的研究了，基础研究更说不上，应用研究也不多，工业也停顿了。

另外，唐有祺刚到清华大学时，正好碰上院系调整，他对自己将要去哪里并不明确，所以唐有祺在清华大学没有展开科学研究。

> 给了我一个研究生，后来他做不了。我到了这里以后，新进的教授有十几个，1952 年的时候，要开课，还要做科研。但是在清华大学连科研设备都没有，不过课程安排也不少。①

虽然科研没有条件真正展开，但是唐有祺还是将国外的研究前沿通过开设课程的形式介绍给国内。唐有祺意识到，结构和结构分析是化学学科发展中最为活跃的基本因素之一。晶体结构分析从氯化钠、金刚石等简单结构开始，仪器设备不断改进，鲍林奠定了化学键本质这个理论化学方向之后，化学家对物质结构的研究与理解已经不可同日而语。而这些进展，国内却知之不多，更谈不上用这些新的研究手段来展开研究了。于是，唐有祺决心将结构化学与化学键方面的最新理论和方法介绍给国内。

1951 年秋季，清华大学化学系的学生们意外地发现课表上多了一门新课程——分子结构和化学键本质，给他们上课的是刚留学归来的温文尔雅的唐有祺，穿着皮衣、戴着鸭舌帽。这是唐有祺从上海北上清华履约任

① 唐有祺访谈，2012 年 11 月 8 日，北京。资料存于采集工程数据库。

教于化学系后做的第一件大事，也是唐有祺对晶体化学、结构化学在中国的启蒙开启的第一步。不仅对于清华大学化学系，这门课程在全国范围而言，也是一门新课。

唐有祺在化学系任教，除了为化学系新开了分子结构和化学键理论课程，还为化工系 1948 级和 1949 级的学生讲授物理化学课，化学系的物理化学是黄子卿讲授。

1951 年 11 月 30 日，中共中央根据该年秋季全国工农业战线开展的爱国增产运动中揭发出的贪污、浪费和官僚主义问题，向全党指出必须严重地注意干部的贪污行为。12 月 1 日，中共中央将反贪污、反浪费、反官僚主义作为贯彻精兵简政、增产节约这一中心任务的重大措施，要求普遍检查贪污、浪费和官僚主义问题。12 月 8 日，中共中央又发出《关于反贪污斗争必须大张旗鼓地去进行的指示》。全国规模的“三反”运动随之普遍地开展起来。1952 年 1 月 4 日，中共中央发出《关于立即限期发动群众开展“三反”斗争的指示》，要求各单位立即按限期发动群众开展斗争。很快，在全国出现了一个群众性的检查和揭发的高潮，“三反”运动进入高潮。

图 3–6　唐有祺和张丽珠新婚合影（1952 年 1 月于上海）

唐有祺在清华大学任教一个学期后，清华大学也开始进行“三反”运动，虽然清华大学没有多少经济贪污问题，但还是让唐有祺出来说话：

第一个学期结束，有个“三反”运动。刚开始，学生说我讲课讲

得很清楚。到后来，清华大学也要让我来讲一讲。其实原来我不是运动的对象，但是因为我刚从国外回来，也要让我讲一讲。有些学生想要批判我，我一讲，马上好多问题就来了。其实搞不到我们的，清华没有多少经济贪污的问题，都是知识分子。化学系听过我课的学生，后来到运动的时候，讲了这句话，我爱我师，我更爱真理。我很不高兴，你说我爱我师，我更爱真理，我跟真理相提并论？这个套话都是年纪大的人教学生的。①

1952 年寒假，唐有祺到了上海。1 月 18 日，他与张丽珠结婚。学年结束时，张丽珠于 1952 年初夏从上海迁到北京，两人遂成家于清华大学新林院。

---

① 唐有祺访谈，2012 年 11 月 8 日，北京。资料存于采集工程数据库。

第四章 学科奠基　一派之长

1952 年，唐有祺的生活出现了重大转折。这年秋天，全国高等院校院系调整，他跟随黄子卿先生迁入新北京大学。这成为他科研生涯和生活轨迹的一个转折点，此后的半个多世纪，唐有祺都与北京大学紧紧相连。

心在新北大安定下来

全国院系调整之前，对于未来唐有祺是迷茫的。他刚到清华大学就开始了院系调整，他这名刚回国的研究人员，将要被分配到哪里去，唐有祺心里没底。直到 1952 年的 6 月，夫人张丽珠从上海辞职来到北京，分配到北京医学院，他心里的石头稍稍落了点地。至少，他不会被分配到北京之外的地方。

1952 年 3 月 21 日，北京大学、清华大学、燕京大学三校院系调整会议在北京大学召开[①]。同年6 月29 日，将要调整到新的北京大学、清华大

① 王学珍，王效挺:《北京大学纪事（1898-1997（下）》。北京：北京大学出版社，1998 年，第 448 页。

学、燕京大学、辅仁大学、北京师范大学的5校700多位教授、讲师和助教，在燕京大学举行联欢大会。7月2日，京津高等院系调整办公室向各校发出“对综合性大学设置专业及系科的初步意见”，北京大学组织全校教师讨论了发下的初步意见，并制订出初步方案，其中化学系设置物理化学、有机化学和分析化学三个专业①。8月22日，北京大学、清华大学、燕京大学三校领导根据教师志愿研究院系调整中的人事调整方案。8月25日，京津高等学校院系调整北京大学筹备委员会办公室综合全校教师讨论的情况，编制“新北京大学系、专业及专修科设置”方案，其中化学系设置无机化学、分析化学、有机化学和物理化学四个专业，教师人数62人，北京大学20人，清华大学30人，燕京大学12人。学生数量方面，有旧生240人（北京大学99人，清华大学66人，燕京大学75人），新生120人。校舍在北京城外的原燕京大学化学楼与化工实验室。

1952年9月15日，新教职员工院系调整调配名单正式通知到每个人，唐有祺随后从清华大学调到了新北大。同年9月16日，迁校工作正式开始，数理化等图书仪器设备迁移到城外燕京大学旧址，清华大学仪器图书开始装箱。9月16日，院系调整北京大学筹备委员会开始制定新北大家属宿舍、学生宿舍、公用房屋分配办法。唐有祺被分配到中关园宿舍。

9月22日，院系调整北京大学筹备委员会正式发布通知，公布新北京大学校行政部门负责人名单，化学系主任是孙承谔。新北大化学系的教员，除了旧北京大学化学系的人，而当时清华也调来了不少人，比如物理化学领域的黄子卿、无机化学领域的张青莲、分析化学领域的严仁荫，还有赵国玺等都是清华大学调过来的。从旧北京大学调到新北京大学的有徐光宪、高小霞、邢其毅、韩德刚、庞礼等人。新北京大学化学系此时集中了一支阵容较强的物理化学队伍，北京大学物理化学学科的师资力量得到显著加强。除了唐有祺，还包括：孙承谔教授、黄子卿教授、朱起鹤副教授，以及庞礼讲师、韩德刚和赵国玺助教等。黄子卿主持溶液理论和电化学等学科。唐有祺则负责结构化学的科研和教学工作。后来，在唐有祺

① 王学珍，王效挺：《北京大学纪事（1898-1997（下）》。北京：北京大学出版社，1998年，第453页。

和黄子卿的努力下，由原北京大学工学院转入北京石油学院的傅鹰教授，1954年又调回北京大学化学系主持胶体化学学科，这样物化有了三个方向。1955年，黄子卿、傅鹰和张青莲先生受聘为首届中国科学院学部委员。

学习苏联是当时办学的重要指导思想。参照苏联大学的化学专业设置模式，先后设立了物理化学、胶体化学和催化等专门化方向，并建立起相应的教研室，其中物理化学教研室主任由黄子卿担任，胶体化学教研室主任由傅鹰担任，催化教研室主任由庞礼担任①。

另外，对唐有祺影响很大的周培源先生在院系调整时也来到了北京大学，他从清华大学到北京大学来担任教务长。唐有祺在周培源先生90寿辰时，谈到了周培源先生对他的关怀。

> 1951年我绕道欧洲回国后先遵约在清华大学任教，翌年在院系调整中随物理化学前辈黄子卿先生调到现在的北京大学任教，周先生也从清华大学到北京大学来担任校级的领导职务。这段时间长达30年。周先生在领导岗位上每当听到有关我的评论时，不论是批评或表扬，一般总通过黄老向我转达并慰勉有加。这对我帮助很大。在院系调整前后，周老、黄老和我都先后参加了九三学社，我们之间又增添了一层关系。迄今留有很深印象的是我们在九三小组会上畅所欲言、自由争论的情况。黄老和我较多地着眼于时弊，而周老比较注意大局，双方俨然成为诤友了。②

在转入北京大学之前，唐有祺对北京大学了解并不多。夫人张丽珠的父亲张耀增曾在京师大学堂上过学，是中国法学界的先驱者，留学日本归来后曾在北京大学执教。梁漱溟和郑天挺是张家的至亲，唐有祺和他们都有很多的交往，对他们的学识和人品都很敬仰。从他们身上，唐有祺窥见

---

① 刘忠范：前进中的北京大学物理化学学科。《物理化学学报》，2012年第28卷第10期，第2231-2236页。

② 唐有祺：欣逢周老90寿辰忆旧事。见：国际流体力学和理论物理科学讨论会组织委员会，《科学巨匠 师表流芳》。北京：中国科学技术出版社，1992年，第99-100页。

了北京大学人的一些特征。他认为这是他日后融入北京大学传统起了一定的导向作用。

培养结构化学研究人才

到了北京大学以后，唐有祺的心安定下来。

晶体学来到中国，比起其他现代科学分支，更是姗姗来迟了。1912 年劳埃的发现没有在中国引起注意。经过了 20 多年，中国才开始有 X 射线晶体学家从西方留学后回来，如陆学善、余瑞璜和卢嘉锡，前两位在英国曼彻斯特大学专攻 X 射线晶体学，卢嘉锡跟随鲍林在晶体结构方面从事博士后工作两年。他们属于中国第一代晶体学家。在战争年代，政府投入和设备都极其缺乏的情况下，晶体学研究几乎无法开展，当时的高校也几乎没有正规的晶体学课程，有志从事晶体学工作的学生极少，也没有学习和工作的机会①。晶体学真正能在中国广大土地上得到传播、应用和有所促进，还是唐有祺回到中国之后。

院系调整之后，唐有祺决定要将搁置的科研展开。他立即开始编写教材、建设物质结构研究基地，并开展研究工作，这为日后全面展开 X 射线晶体学研究工作奠定基础。

开设新课程

院系调整结束后，1952 年 9 月 25 日，北京大学化学系的教学大纲、教学计划制定完毕，教务处公布了全校 1952—1953 年课程表，其中就有唐有祺新开设的课程结晶化学。唐有祺开设的结晶化学，新中国成立前都

① 唐有祺：中国的晶体学和晶体学界。见：唐有祺，《分子科学和工程学》。石家庄：河北教育出版社，2003 年，第 29 页。

没有。而在国外，并没有这门单独的课程，而是分散在物理化学等课程中。唐有祺开设这门课程的重要目的，是为了阐明劳厄发现X射线及其以后化学的发展[①]。他在清华时担任的物理化学课程，则由年轻的韩德刚老师负责。

对1912年劳厄发现X射线衍射法所带来化学研究领域的变革，唐有祺深有体会。他在教学和研究领域都着力在这个方向从理论和实验上加以展开。在来到新北大后不久，他很快就建设了物理化学专业的重点方向：分子结构及化学键。1953年2月，北京大学就今后发展工作重点问题向中共中央宣传部、高等教育部呈送请示的报告中，就有化学专业的重点方向，其中化学专业中，物理化学专业以胶体化学、化学热力学、分子结构及化学键三个专门化为重点；有机化学专业以高分子化学、化学合成两个专门化为重点。1953年7月，据北京大学教务处统计，北大共设置38个专业，其中包括物理化学专业的化学热力学、分子结构与化学键。

唐有祺直接把X射线晶体学前沿知识带到了大学课堂。后来留在北京大学任教、从事晶体化学教学和研究工作的桂琳琳是唐有祺首次开设晶体学和结晶化学课程时的学生之一。她回忆说，当时第一次看到选课名单上出现了“晶体学和结晶化学”这门在化学系从来没有听说过的课程，怀着好奇心选修了这门课，却不知道这辈子就是这样与结晶学结下了不解之缘[②]。

北京大学化学与分子工程学院的赵匡华教授，也是唐有祺从清华大学到北京大学之后最早的学生之一。在他的记忆里，当时没有合适的教材，唐有祺上课都是自己撰写讲义，每堂课结束后再根据课堂教学的情况修改、增订讲义，那些讲义上总是密密麻麻做满了各种标记。

唐有祺在北京大学化学系开设结晶学课程后，开始招收结晶学研究生和进修教师。1954年暑期，高等教育部开设晶体学师资培训班，聘请唐有祺和吉林大学的余瑞璜担任主讲，课程在北京大学开办。这次晶体学讲

① 唐有祺访谈，2012年11月8日，北京。资料存于采集工程数据库。

② 桂琳琳：岁月随想。见：唐有祺,《唐有祺教授八秩华诞志庆集》。石家庄：河北教育出版社，2000年，第199页。

座，由刚毕业一年的桂琳琳担任辅导和实习课。这次师资培训班为在各综合性大学普遍开设晶体学或结晶化学课程打下了基础。在以后数年中，中国各大化学系都陆续开设了晶体学或结晶化学课程。

1956 年春，他又为结构化学专业的学生、研究生和进修教师开设了 X 射线衍射和晶体结构分析课程，并编写了《对称性原理》的教材，这本教材后来入选了《北京大学百年化学经典》。

1958 年，唐有祺又在化学系开设了物质结构课，内容主体为分子结构和化学键本质，还包括量子力学基础和研究分子结构的方法和原理，还专门编写了讲义[①]。

编写讲义与著作：中国第一本结晶化学著作

唐有祺 1953—1954 年在北京大学化学系已经开设了两轮结晶学，最初没有教材，就世界范围而言，这门课程也是新课，没有现成的教材可供参考。于是，唐有祺自己编写了一本结晶学讲义。1955 年起，唐有祺将结晶学课程改成结晶化学，又在原来的基础上改编了一本结晶化学讲义。

1957 年，唐有祺受高等教育部委托，在第二次试用结晶化学讲义后，对讲义进行了一番整理和增订，并于当年 11 月在高等教育出版社出版。这是我国学者自己编写的第一批高等学校新教材之一。

在编写结晶化学教材时，唐有祺对结晶化学进行了定义：

> 结晶化学的研究对象是晶体的组成、结构和性能之间的关系。它的研究方法主要是用晶体结构的材料来阐明化学中有关的问题。[②]

考虑到结晶化学在国内不仅是一门新课，还是一门新的研究领域，国内的研究者对结晶化学的理论和方法，特别是点阵理论和 X 射线衍射的基本原理还比较陌生，他在编写教材时既考虑到主要读者是综合大学化学

① 物质结构讲义。资料存于采集工程数据库。

② 唐有祺:《结晶化学》。香港：商务印书馆，1975 年。

系的同学，但也顾及其他需要结晶化学知识的同学和科学工作者。所以，他提醒在采用这本书作为综合大学化学系的教本时，得注意两点：这本教材的全部内容比起教学计划中规定的学时数要庞大。其次，这本书的取材照顾了结晶化学课程在整个教学计划中承上启下的地位，但在某些地方仍然不免离开这个要求。正是因为这两点，唐有祺编写的教材不仅停留在了初学者学习所用的层面，在一定程度上还可以兼具参考书的作用。

图 4–1　1957 年人民教育出版社出版的《结晶化学》

唐有祺的书在安排材料时，遵循了从具体到抽象的原则，力求对象明确、概念清晰、逻辑性强。在第一章中先讲点阵和点阵结构，然后在第二章中讲到晶体外形的若干规律性，而最后在第十四章中再回来叙述经典结晶学的发展史。

1964 年，唐有祺根据 1961 年为物理化学专业的大学生、研究生和进修教师开设统计力学课程时撰写的课程讲义出版了教材《统计力学及其在物理化学中的应用》。《结晶化学》和后来编写出版的《统计力学及其在物理化学中的应用》这两部书，都是唐有祺为推动中国物理化学的发展所做出的奠基性工作，影响深远。20 世纪五六十年代，中国自己培养出的第一代物理化学和结构化学研究人员几乎都曾受益于这两本书。《统计力学及其在物理化学中的应用》也被选入《北京大学百年化学经典》系列著作之一。

授业传道的魅力：透彻、清晰

教了几十年的书，唐有祺自己认为“我上课没有什么魅力，只是把我知道的没有保留地告诉学生罢了”，但凡是上过唐有祺课的学生都会对这个老师印象深刻。

桂琳琳至今还记得1952年第一次上唐有祺开设的晶体学课程时候的情景。“老师讲课中那些如对称性、布拉威格子、晶面指标等，对我们化学系学生来说都是十分陌生的名词和概念，而且老师总是一遍一遍详细地讲解。”在唐有祺的启发下，班上选修这门课的女生拿心里美萝卜切成各种晶体型来研究对称性，或者切一块心里美萝卜当原点，插上三根毛线针作为a、b、c轴来研究基元在空间的分布并抽象出点阵。一学期下来，对这门国内第一次开设的晶体学课程，整个班都学得相当好[①]。

唐有祺1957级的学生杨旭清，后来发明了一项低毒、广谱的抗癌药双环铂。说起唐有祺的课堂，杨旭清感叹道：“点阵、结晶、旋转、倒反，娓娓道来，内容很深很枯燥很难懂，但是唐先生讲得特别透彻，思路特别清晰，这是我听过的上得最好的物质结构的课，过了50年我还忘不了唐先生的课。”

化学系1957级的学生上过唐有祺的物质结构、结晶化学和统计热力学等基础课程。他们回忆了唐有祺的授课，他从光的波粒二象性讲到电子的波性；从点阵、基元讲到X射线结构分析，唐有祺对这些近代科学基础知识的概念讲得极为清晰。而对一些较为抽象的概念，唐有祺则深入浅出地进行比喻。例如，用薛定谔方程描述H^+_2基态和推斥态电子云分布等密度线的对称性比拟为双胞胎，这种比喻让每一个学生顿时豁然开朗。[②]

大跃进期间，“结晶化学”和“物质结构”以“理论脱离实际”为由取消。1961年北京大学恢复正常教学秩序，请唐有祺来主讲这两门课。谢

① 桂琳琳：岁月随想。见：唐有祺，《唐有祺教授八秩华诞志庆集》。石家庄：河北教育出版社，2000年，第199–200页。

② 北京大学化学系五七级全体同学：心中的鲜花献给您——祝唐有祺院士八十华诞。见：唐有祺，《唐有祺教授八秩华诞志庆集》。石家庄：河北教育出版社，2000年，第213–214页。

有畅从乡下劳动锻炼返校，被派和几位年轻教师做助教，进行这两门课的教学辅导工作。在“结晶化学”课中最基础也是最难掌握的是“点阵”概念，谢有畅感受到，唐有祺对重点和难点讲得特别透彻。他从严格的点阵定义出发，讲清点阵与平移群的关系，说明点阵与点阵结构的区别和联系，使学生的基本概念一清二楚，这样一来，学生进一步学习 X 射线衍射原理和晶体结构知识也就容易掌握了。微观粒子的“波粒二象性”，是物质结构课程中最难懂的部分。唐有祺针对学生对电子的粒子性较易接受而波动性不易理解，突出讲解电子的波动性，通过介绍“测不准关系”使学生对电子的波粒二象性有较深刻领会，这一难点突破后，学生对原子结构和化学键理论就不觉得难了。由于唐有祺对这两门课的精彩讲授，不仅受到学生的称赞，还引来许多青年教师纷纷前来补听这两门课。为此中央人民广播电台记者曾采访唐有棋，在全国广播其教学经验，推动了当时正在恢复的基础研究[①]。

除了在教学中融入晶体学的最新理论与方法，唐有祺还及时地将他对物理学的方法在化学研究中的作用，特别是在提高有机化合物结构理论中的作用进行了阐释。他强调物理学在阐明其作用使原子联结成分子的化学力的性质方面，即在提供化学键理论以物理基础方面起了有决定意义的作用。另外，物理学提供了测定分子结构，研究化学键性质的工具，促进化学家研究与理解共价键的性质、分子与原子间的作用力以及结构与性质之间关系的问题。他将对这些物理学与化学领域的最新进展以及物理学与化学之间出现的新型关系的理解，在回国两年后，1953 年便发表在第 11 期的《科学通报》上[②]。唐有祺还总结了单质的晶体结构数据，将它们一一列表，以供研究者学习与参考[③]。

1952 年 9 月号俄文刊物《化学的进展》上发表了苏联科学家乌拉佐夫

① 谢有畅：在唐有祺教授指导下工作的回忆。见：唐有祺，《唐有祺教授八秩华诞志庆集》。石家庄：河北教育出版社，2000 年，第 197–198 页。

② 唐有祺：近代物理学方法在充实与提高有机化合物结构理论中的作用。《化学通报》，1953 年第 11 期，第 492–500 页。

③ 唐有祺：单质的晶体结构。《化学通报》，1955 年第 11 期，第 641–648 页。

撰写的“H. C. 库尔那科夫——物理化学分析的奠基者”之后，唐有祺将俄文翻译成中文，发表在 1953 年第 4 期的《化学通报》上。此外，他在 1955 年又翻译了苏联罗金斯基通讯院士的“催化反应与吸附作用中的电子现象”[①]。这时期自学俄文成功，便是源于唐有祺同济大学时期学习语言的心得体会所促进。

除此以外，唐有祺还特别重视教师在课堂授课中用语的规范以及对化学事实的表述。他更正了一位化学教师在课堂讲授的说法：“氧化钙是氧气溶于固体纯钙的溶液”，胆矾是水分子溶于固体硫酸铜中而形成均态的无水硫酸铜。唐有祺认为，在化学中创立新学说应该根据已有的实验事实与数据[②]。

在北京大学的半个多世纪，唐有祺的快乐来自于他的科教活动。他的 2004 级学生王冠博在唐先生87 岁华诞时写了一首感怀诗[③]，正是唐有祺的真实写照：

少怀壮志，浸身墨香
为觅真经，远渡重洋
师出名门，剑扫八方
心系故土，携艺还乡
学科奠基，一派之长
授业传道，广塑栋梁
昔年同舟，日后眷侣
各当一面，羡煞鸳鸯
云山苍苍，江水泱泱
先生之风，山高水长
后学词穷，难抒景仰
唯祈福寿，以致众望

① 唐有祺：催化反应与吸附作用中的电子现象。《科学通报》，1955 年第 10 期，第 70- 73 页。
② 唐有祺：对某一位教师的教学态度的意见。《化学通报》，1954 年第 3 期，第 123-124 页。
③ 王冠博 2007 年写给唐有祺的感怀诗。资料存于采集工程数据库。

组建 X 射线衍射实验室

唐有祺用了两年多的时间编写教材，筹建实验室，并培养晶体学和结构化学的本科生和研究生。这些都为后来开展 X 射线晶体学工作奠立了基础。

课程和人才培养建设基本稳定后，唐有祺开始着手建立实验室。他刚回国时遇到了吴有训，吴有训是中国最早在科研中涉及 X 射线本质的少数学者之一。他对 1912 年劳埃的发现以至事后形成的 X 射线晶体学及其发展一直很了解而且非常重视。这对唐有祺回国初期开展 X 射线晶体学的工作，以及唐有祺虽然在高校任职，却能很早与科学院有关研究所密切合作，是一个难得的契机。

1955 年，受 X 射线晶体学研究前辈陆学善先生的邀请，唐有祺到当时的中国科学院应用物理所（现称物理研究所）兼职，筹组单晶结构分析工作。随后，他们将北京大学、中国科学院应用物理所、中国科学院化学所的人力和物力结合在一起，建成了 X 射线衍射实验室，开始研究化学中涉及固态的诸多问题，并测定了中国第一批晶体结构。唐有祺带领实验室研究人员，有的放矢地选择了一些课题，应用可卸 X 光管，在感光片上目测衍射强度，并靠抽纸条算傅立叶求和。后来实验室又从荷兰添置魏森堡（Weisenberg）相机，这在当时的中国算是珍品。这段时期的工作条件虽很严峻，但是他们利用这些仪器所得的结果却是

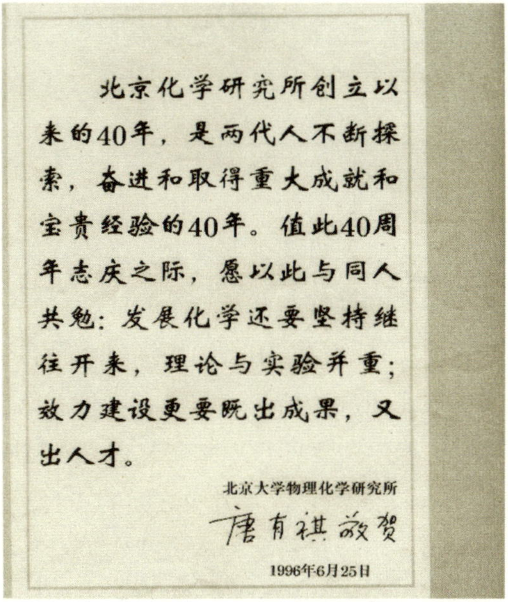

北京化学研究所创立以来的40年，是两代人不断探索，奋进和取得重大成就和宝贵经验的40年。值此40周年志庆之际，愿以此与同人共勉：发展化学还要坚持继往开来，理论与实验并重；致力建设更要既出成果，又出人才。

北京大学物理化学研究所
唐有祺敬贺
1996年6月25日

图 4-2　1996 年唐有祺为中国科学院化学所成立 40 周年写的贺信

可靠的。重要的是，实验室在研究工作中也培养了一批研究人员，在一定范围内增进了化学和物理两个学科之间的交流和共识。唐有祺与中国科学院的同行合作，在50年代后半期培养出一批能从事结构化学研究的研究生和进修人员，取得了第一批结构化学研究成果。

中国科学院北京化学研究所成立于1956年。事前负责筹备工作的庄长恭先生曾来关照，唐有祺又到化学所兼职，筹组结构化学研究工作，科学院还为唐有祺招了研究生。这一年，唐有祺当选为中国化学会第18届理事会成员。1957年，唐有祺整理和增订的《结晶化学》，就是在中国科学院化学所的办公室完成的。

1958年，他接受柳大纲先生建议，把兼职工作集中到了化学所。这时，唐有祺的研究生徐广智已选定以磁共振等谱学技术为主要手段来开展结构化学工作。唐有祺很欣赏这个方向，它与X射线衍射是互相补充的。不久，又调来了傅亨负责X射线晶体学工作。

测定中国第一批晶体结构

回国之后真正展开科学研究，唐有祺是从北京大学开始的。

他的头脑里始终装着化学研究中结构分析的重要性，但是他更关注的是，从化学学科的发展来看，结构分析不该为结构而结构，而是为了总结关于结构的规律并联系分子的性能，最后把关于结构以及结构与性能联系的规律反馈到化学中去，使学科水平有所提高，并为结构分析或解决结构问题提供更高的新起点。带着这种考量，来到北京大学后，唐有祺和他的同行以及学生立即投入到研究中去，特别是X射线衍射实验室组建起来之后，他们展开了晶体结构方面的工作。唐有祺从1956年以来测定的大批结构中，不少是有重要理论或实际意义的，其中有关于锑的三种无定形硫化物，漂白粉的稳定性，矾石矿中的物相以及三硫化四磷、丙烯醛与亚硫酸氢钠加合物的晶体结构的研究，这些都颇有成效。

第一个晶体结构测定："已有的文献都弄错了"

1952 年秋，唐有祺从清华大学调到北京大学，跟随他而来的还有一名研究生沈家树。沈家树原本在清华大学化工系工作，院系调整时跟着唐有祺来到北京大学，成为唐有祺门下的研究生。

虽然在北京大学，唐有祺的心安定下来，可以放手从事他一直专注的晶体结构研究工作。但在研究条件有限的中国，从哪里着手呢？唐有祺最开始考虑的还是基础研究，但是光做基础研究还不行，还要考虑到中国的实际情况。一个实际情况是，唐有祺想利用中国的特色资源做点有意义的事。另外一个实际情况是，当时的北京大学仪器设备依然匮乏。唐有祺师从鲍林时培养的科学思维让他领悟到：

> 我在鲍林那里学到，不管有没有仪器，遇到问题首先要想到能不能用结构来解决。我回国后，也接触基础研究。化学里很基本的东西，我做了几个。复杂程度当然比不上我在美国做的研究，因为没有仪器，所以我想着能不能依靠简单的结构数据弄出来。①

最后，唐有祺选择了研究锑的三种硫化物。一方面是因为锑是中国的特色资源，对它进行基础研究后，将来可以进行矿产资源的开发利用。另一方面，国际上认为有三硫化二锑、四硫化二锑、五硫化二锑。通过查阅文献，他发现很少有研究五硫化二锑的新工作，而且五硫化二锑和四硫化二锑是否为一化学个体的问题还没有得到满意的解决。

问题选定后，采用什么样的方法、依靠已有的简单仪器来进行研究呢？唐有祺和沈家树决定用差热分析法，他们依靠这种不需要复杂仪器设备的方法，对三种无定形硫化物的差热效应进行了研究。这项工作确定之后，立即得到了黄子卿的关心与支持。他们在进行差热分析实验时还得到了中国科学院地质研究所的章元龙、尹树森的帮助。

---

① 唐有祺访谈，2012 年 11 月 22 日，北京。资料存于采集工程数据库。

研究中他们发现，样品既能在热处理过程中进行转化，样品的差热分析图可能会就转化温度、热效应转化的性质等提供有用的线索。他们在中国科学院地质研究所的自动差热分析装置上对各种样品进行了分析，发现五硫化二锑样品很可能不是一个化学个体，而是复杂的无定形体系。五硫化二锑与四硫化二锑都是介稳体系。

1953—1954 年，唐有祺和沈家树进行了热处理实验、硫的提取实验。到了 1955 年，他们有条件进行粉末法的结构鉴定了。这样，唐有祺和沈家树进一步通过研究锑的三种无定形硫化物，在 250 摄氏度以内的差热效应，通过热处理实验、硫的提取实验与粉末法的结果的配合下取得了鉴定与解释。发现五硫化二锑与四硫化二锑在 160 摄氏度附近进行放热的、析出容易脱去的硫的析硫作用，并在 220 摄氏度附近进行无定形三硫化二锑的晶化作用。

> 我们发现，锑的硫化物只有三硫化二锑。其他所谓四硫化二锑、五硫化二锑，其实是三硫化二锑，是个无定形的化合物，加了硫。这个硫不是你最了解的硫黄，正交面心，而是单斜硫，有弹性，无定性的硫，一般人不知道这是硫黄。所以误认为五硫化二锑和四硫化二锑是个化合物。其实不是化合物，只有三硫化二锑是化合物。四硫化二锑加了一份硫，五硫化二锑加了一份单斜硫。①

1955 年 6 月 15 日，唐有祺和沈家树将研究工作形成论文《锑的三种无定形硫化物及其差热效应》投送到《化学学报》，立即接受并发表在 1955 年第 3 期②。

唐有祺和沈家树的发现，更正了当时已有文献中存在的错误结论，亦即锑的硫化物中并不存在四硫化二锑、五硫化二锑。由于当时研究环境和理念的限制，他们的文章发表在国内的刊物上，虽然可能到目前为止，他

---

① 唐有祺访谈，2012 年 11 月 22 日，北京。资料存于采集工程数据库。

② 唐有祺，沈家树：锑的三种无定形硫化物及其差热效应。《化学学报》，1955 年第 3 期，第 285-302 页。

们发表的文章并没有引起广泛注意，但是唐有祺觉得这项研究是他进行结构分析的开始，重要的是，他们的研究解决了问题。

> 我们做了差热分析，靠简单的数据弄出来，发现锑的硫化物中没有四硫化二锑、五硫化二锑。我觉得工作还是相当不错的，能够解决一个问题，而且解决这个问题对无机化学的教学很重要。我在物理所有仪器，在北京大学要带学生，而北京大学又没有仪器，于是我到物理所去做实验。第一个结构是这样开始了。①

遗憾的是，这名让唐有祺得意的学生，毕业后分配到高校里面，结果在运动中下放到农场，因为劳动过度去世了②。

研究漂白粉与明矾："苏联人说这个理论联系实际"

唐有祺在回国之初，除了利用国外的所学和训练，进行结构化学研究，还想结合中国本土的资源做一番工作，所以他在选择研究题目时，着实花了一番功夫。这段时期，他选择了漂白粉和明矾进行实验。

为什么要选择漂白粉呢？在漂白粉的研究中，一个受人重视的问题是它的稳定性。漂白粉的有效氯很容易在储藏中损失。化学家在探索有效氯保存方法的工作中不遗余力。他们曾研究了各种储藏条件对漂白粉的影响，也有人对漂白粉中的水分和杂质对其分解速率的影响，不少工作也曾为改善漂白粉的储藏以及提高质量提出过建议。但是这些工作一般带有较大的经验性，它们偏重于储藏条件与稳定性的直接、现象的联系，从而不易接触到问题的关键和全面。因此，漂白粉的研究工作集中在组成和稳定性这两个问题上。但是将这两方面联系起来考虑的工作却很少。唐有祺和他的研究生华彤文以及几位年轻的进修教师廖桂芬、池访杰、林子煌，在

---

① 唐有祺访谈，2012年11月22日，北京。资料存于采集工程数据库。

② 同①。

1953—1956 年分别研究了漂白粉的物相组成以及随条件变化的某些规律，然后找出它们和稳定性的关系。

在没有设备的条件下，唐有祺和他的学生就靠最简单的仪器——干燥器，通过测定不同吸水率情况下水的蒸汽压，采用吸水率 - 蒸汽压图，发现水在漂白粉的稳定性问题中具有极其重要的作用。

> 当时没有设备，只有做最简单的，拿个干燥器我可以做出一篇文章来。漂白粉要分解，一定是吸了水。漂白粉到了一个什么样的组成会分解呢？我们就靠干燥器，在这个仪器中放水，或者放盐的溶液。蒸汽压我们可以控制，于是研究多少蒸汽压的时候它可以吸水，多少不吸水，这个物相什么都可以弄出来。做出这个文章，也是用晶体结构。①

唐有祺和他的学生还对实际生产过程中漂白粉的储藏条件提出了建议②，后来苏联来中国的专家得知唐有祺的研究后，称赞他的研究是理论联系实际。但当时中国大学里很多人都不知道要做类似的研究，唐有祺也感叹在当时的条件下，无论是理论功底还是对实验条件的利用，中国大学里真正能做化学研究的人不多。

> 漂白粉的稳定性是一个实际问题，但这不是生产单位让我做的，我自己找到这个题目。所以后来苏联有个人，说你这个理论联系实际。可其他研究者都不懂。这说明什么？那个时候大学里的化学基本上没有做研究了。③

另外，考虑到浙江富产明矾矿，中国拥有世界上最大的矾石矿，而明

① 唐有祺访谈，2012 年 11 月 22 日，北京。资料存于采集工程数据库。

② 唐有祺，华彤文，廖桂芬，等：漂白粉的水分及其稳定性。《化学学报》，1957 年第 1 期，第 52–68 页。

③ 同①。

矾是一种很好的含钾、铝、硫等元素的矿物，唐有祺在大学时期就想对明矾石的利用途径做一番研究。

> 浙江出一种明矾石，水里一化就得到明矾，是一个很好的含铝矿物，我在大学就注意这个问题了。所以我想，将来回来用铝的话，可以用这个，我想利用本国的资源来做些研究工作。①

唐有祺和他的研究生，对重工业部化工实验所、平阳矾山镇工商联、卢江县工商科提供的平阳和卢江矾石矿中的各个物相进行分离、鉴定并对它们的分布情况进行了研究。1956 年，他们发现：矾石矿中主要的物相为 α－石英、赤铁矿和明矾石物相（K,Na）$Al_3(SO_4)_2(OH)_6$，后者为混晶体物相。显微照相指出，矿石中的明矾石物相为一连续的物相，而 α－石英和赤铁矿则夹杂其中。为了进一步分辨明矾石物相，他们对钠明矾石的点阵常数和结构参数进行了测定，并对矾石中钾、钠离子的配位情况进行了比较。根据点阵常数，他们对矿石中明矾石物相的含铅率进行了推算②。

无水硫酸钠、丙烯醛亚硫酸氢钠加合物："傅鹰问为什么有这个反应"

1956 年，唐有祺和他的研究生桂琳琳、周公度、郝润蓉利用 X 射线衍射实验室的仪器设备，进行了无水硫酸钠、丙烯醛亚硫酸氢钠加和物晶体结构的测定，以期弄清楚化学反应的过程，也就是唐有祺在加州理工学院跟随鲍林进行研究期间的体会：不仅要知其然，还要知其所以然。

通过查阅文献，唐有祺发现当时的化学研究者注意到这样一个现象：丙烯醛之类的醛，加到亚硫酸氢钠里面，马上会产生沉淀，亦即醛和一部

① 唐有祺访谈，2012 年 11 月 1 日，北京。资料存于采集工程数据库。

② 唐有祺，周公度，郝润蓉：矾石矿中物相的研究。《化学学报》，1957 年第 1 期，第 40-51 页。

分酮与亚硫酸氢盐生成固体加合物。但是为什么会产生沉淀，还没有得到探讨。一个世纪以来，化学家曾对这一类加合物的结构式问题展开了研究和争论。

当时分析化学里面还没有说明这个沉淀是什么结构，什么成分，为什么会出沉淀。傅鹰就说了，化学家都知道有这个反应，可是不知道为什么，你把它弄出来。①

于是，唐有祺针对这个问题，带着他的研究生周公度和郝润蓉，鉴于X射线结构分析方法的特点及其在解决上述加合物的结构化学问题中可能具有的威力，他们对一系列具有代表性的加合物展开结构分析工作，并已在丙烯醛加合物的分析工作中得到确定的结果，肯定它是苄羟基丙烷 -1，3- 二磺酸钠盐，并提供这一加合物相当完整的结构数据。

结构出来了，是亚硫酸氢钠里面有个羟基，一般人还不知道有这个结构。而且里面还有一个无序的问题，就是晶体结构有无序。为什么呢？原来晶体都是对称的，可是突然到了那个位置上，原子的数目和位置的数目比较小，可以上去的地方比较多，原子数目多，分布就无序了，有的地方有，有的地方没有。

他们的工作使醛的亚硫酸氢盐加合物是 α－羟基磺酸盐的观点取得了新的、富有说服力的论证。他们将研究结果形成论文《丙烯醛亚硫酸氢钠加合物的晶体结构》发表在《化学学报》上②。他们在研究工作中还得到了黄子卿和中国科学院应用物理研究所晶体学组陆学善的关心和支持，傅鹰先生得知他们的研究结果之后赞扬唐有祺：你刚从国外一回来就出了不少新成果。

---

① 唐有祺访谈，2012 年 11 月 22 日，北京。资料存于采集工程数据库。

② 唐有祺，郝润蓉，周公度：丙烯醛亚硫酸氢钠加合物的晶体结构。《化学学报》，1956 年第 22 期，第 391–408 页。

接着，唐有祺和他的研究生桂琳琳研究了无水硫酸钠的晶体结构 [①] 。研究者 Zachariasen 和 Buckley 在无水亚硫酸钠的结构分析工作中，发现晶体的 Laue 对称性和原子在晶胞中据以分布的对称性不相适应的情况，为了解释这种不对称，研究者指出，他们所用的晶体可能都系以 c 轴为双生轴的双生晶体。但是他们对在观测中所用的晶体必须都是双生晶体这一点感到焦虑，同时还曾强调指出，双生晶体的假设还缺乏直接的证明。唐有祺认为，这两位研究者除了能解释上述矛盾外，并无其他独立意义的论据。由于在研究醛、酮亚硫酸氢盐的加合物时的需要，他和桂琳琳曾对亚硫酸盐的结构数据给予了密切的注意。

唐有祺和桂琳琳按 Zachariasen 和 Buckley 的衍射数据检查了无水亚硫酸钠晶胞中原子的分布方式，并对它的 Laue 对称性和晶胞中原子据以分布的对称性相适应的方式提出了新的看法。他们发现，Zachariasen 和 Buckley 引出的晶胞中原子分布方式的模型是正确的，但真正能概括全部衍射效应的必须是一个由二种在物理意义上相同的分布方式叠合而成，其中原子按 C_{6h} 分布的统计晶胞。经过进一步的考虑，晶体可能系由边长为 10^3Å— 10^4Å 的镶嵌晶块组成，同一种原子的分布方式只贯彻在每一个镶嵌晶块中。

> 无水亚硫酸钠的问题，我们测定出来结构发现已有的文献弄错了，我们又把它重新测定了一下，也是有无序的问题。因为思想不同，你不考虑无序，它就排列有问题。[②]

其中除了上述提到的研究，唐有祺还和陆照发、周公度研究了苯甲腈 Stephen 反应中间物的晶体结构 [③] 。

---

① 唐有祺，桂琳琳：论无水亚硫酸钠的晶体结构。《化学学报》，1956 年第 22 期，第 572-577 页。

② 唐有祺访谈，2012 年 11 月 22 日，北京。资料存于采集工程数据库。

③ 唐有祺，陆照发，周公度：苯甲腈 Stephen 反应中间物的晶体结构。《化学学报》，1959 年第 25 卷第 1 期，第 65-72 页。

测定葡萄石的结构："没有搞清楚的最后一个最重要的硅酸盐结构"

1958 年，唐有祺与北京地质勘探学院的彭志忠，以及学生周公度合作，研究了葡萄石的结构[①]。

唐有祺他们发现，在硅酸盐矿物的结构中，已经确定了不少代表性的结构多面体，阐明了很多矿物的组成和性能。然而仍有不少硅酸盐矿物，按其组成和性能，往往不能纳入已知的结构类型中。葡萄石就是这类矿物中引人注意的一种。

他们通过仪器确定了葡萄石的晶体外形，通过 X 射线衍射仪获得了衍射数据，测定并计算出葡萄石的结构，提出了葡萄石的组成为 $Ca_2Al_2Si_3O_{10}(OH)_2$。晶体的 Laue 对称性确定为 D_{2h}。

为推引正离子在晶胞中各种可能的分布方式，计算若干 Patterson 函数，然后逐步按照对称性、空间考虑以及硅酸盐的其他晶体化学特点，对正离子和负离子的位置作出安排，从而取得一合理的结构。这个结构具有 D_{2h}^7 的对称性。最后，按照这个模型计算电子密度分布函数，计算结果肯定该结构。他们按照这个模型，充分阐明了葡萄石的组成和性能。

唐有祺后来回忆道：

> 地质学院有个叫彭志忠的，他四十岁的时候到我这里学习结构测定，之后马上就定出了葡萄石的结构。这个结构还是很好的。硅酸盐的结构都给大家定得差不多了。可是这个他给定出来了。当时中国做矿物学的，也定不出来。[②]

彭志忠和周公度、唐有祺将研究成果于 1958 年 10 月 6 日投给《化学

---

① 彭志忠，周公度，唐有祺：葡萄石的结构。《化学学报》，1959 年第 25 卷第 1 期，第 56-64 页。

② 唐有祺访谈，2012 年 11 月 22 日，北京。资料存于采集工程数据库。

学报》，1959 年发表，这是彭志忠在结构矿物学方面的处女作。这是首次测出葡萄石的结构，突破了国际研究晶体结构的学者 20 世纪 30 年代建立起来的硅酸盐晶体结构分类体系，攻下了“没有搞清楚的最后一个最重要的硅酸盐结构”，被国际结晶学权威别洛夫院士评为“不寻常”的成就①。

由于在唐有祺门下所受的严格训练，彭志忠掌握了一套研究矿物晶体结构的方法。1959 年，彭志忠领导建立了中国第一个矿物晶体结构分析实验室，靠手工计算和一台旧的医用 X 光机，仅用了 35 天就测定了一个晶胞含有 184 个原子的复杂晶体结构，比国内同时进行这项研究的机构提前五个月发表了研究成果。接着他又领导测出了星叶石等 10 多种矿物的晶体结构。唐有祺也提到彭志忠在这个领域很有建树，“可惜的是，他后来英年早逝。”②

“我做研究是抢了时间”

唐有祺从来到新北大开始启动结构化学方面的研究，到 1958 年为止，一共发表了 9 篇研究论文，有 6 篇研究论文是和中国科学院应用物理所和化学所的同仁合作。

> 我在 1953 年开始做实验，1954—1955 年研究工作出来成果，1956 年发表了几篇文章，并开始招研究生。1955 年我跟应用物理所合作，他们有 X 光设备，可以做粉末法，我自己又买了一个照相机，提高了分析精度。所以在 1957 年反“右”的时候，出了一批晶体结构的文章，到 1958 年又出了测定矿物结构的文章。③

① 杨光荣：彭志忠（1932–1986）。《中国地质》，1988 年第 2 期，第 32–33 页。

② 唐有祺：《唐有祺文集》。北京：北京大学出版社，1998 年，第 389 页。

③ 唐有祺访谈，2012 年 11 月 1 日，北京。资料存于采集工程数据库。

9 篇学术研究论文，可谓非常多产，而且都是在影响力很高的《科学通报》《化学学报》《北京大学学报》上。而在 20 世纪 50 年代，在这些高水平的学术刊物上发表论文，并非易事。

到了 1958 年大跃进时，唐有祺的研究工作则没法顺利展开了。

> 刚回国的时候，我做研究是抢了时间，一到 1957 年的时候就不好做了，到了 1961、1962 年才开始重新招研究生，那是困难时期了。1957 年研究生不能招了，我们带研究生被批是拿美帝思想引导学生。有个研究生说：没有，唐先生没有带给我们美帝思想，结果那个研究生书没念完，就被分配了。说到言论的问题，当时你稍微碰一点都不行。①

从大跃进开始，唐有祺的晶体结构研究工作完全停顿。他开始下厂参加技术革新运动，研究为什么“超声波”的应用能导致“省煤”等问题。20 世纪 60 年代初，北京大学化学系 1962 届毕业生侯永庚考入化学所当唐有祺的研究生。后来，唐有祺和他的学生就进入了一个研究工作很难开展的时期。

---

① 唐有祺访谈，2012 年 11 月 1 日，北京。资料存于采集工程数据库。

第五章
共振论与胰岛素

20世纪50年代中期到70年代末的中国，处于一个特殊的历史时期，教学与科研活动深受影响。即便如此，唐有祺从科学思想的发展来反思共振论，批判性地提出键型变异原理；为胰岛素的合成与结构测定出谋划策，为中国的生命化学研究起到了奠基和启蒙的作用。

共振论的批判与反思

20世纪50年代，中国进行了思想改造运动，而科学家也进行了思想改造运动，特别是，科学界进行了科学批判活动。科学家和非科学家，按照当时意识形态的立场和标准，对科学学说或理论，进行哲学性或政治性批判。苏联在20世纪40—50年代展开了科学批判运动，科学界和哲学界按照当时意识形态的标准，在物理学、生物学、化学、天文学等几乎所有学科领域都展开了批判资产阶级科学的活动。在化学领域，鲍林的共振论成为批判的对象。很快，中国化学界对苏联的共振论大批判做出了响应，中国高等学校的化学教学出现危机，化学界陷入困惑之中。

国际上批判共振论的三个派别

共振论是鲍林提出的一种分子结构理论，该理论提出于 20 世纪 30 年代，鲍林提出的共振论能较好地阐明有机化合物的一些物理性质和化学性质，能够解释价键理论无法解决的共轭分子的结构与性质之间关系的问题。不过，共振论在遇到了来自科学界和非科学界的批判，对共振论的批判成为苏联化学批判浪潮的顶峰[①]，引起很大争议。随后的50年代初，共振论在中国也受到批判。

最早接触共振论，是唐有祺在同济读大学时期。王葆仁在课堂上讲过共振论，不过当时王葆仁对共振论介绍得比较简单，认为苯的凯库勒结构共轭，就是把苯当作一个六元环。接着是在美国留学后期，唐有祺已经知道苏联在批判摩尔根的遗传学，并从学术争论转化为政治斗争，最后形成米丘林一家独尊的局面。回国前夕，唐有祺也得知苏联开始对共振论进行批判。当时苏联学者所著的《分子结构和化学键》一书的英译本已经问世，唐有祺读后，认为这是一本好书[②]。当时美国有些小的杂志和报纸上刊登了对共振论的批判，但是那时候鲍林对这些批判也不在乎。

> 鲍林对共振论还是放心的。为什么呢？根据共振论，比如 HCl，他觉得分子什么是共价键，什么是离子键？分子里不可能完全是离子键，可是也不能完全是共价键，一定也有离子型的因素，而且主要是共价键，但是只能获得定性的理解。可你要有个方法，怎么来判断键型的问题。所以用鲍林的方法解释完全没有问题。人家觉得鲍林的提法可以，因为按照他的理论得到的答案实验上可以证明。[③]

除了苏联，共振论在美国、日本和英国也引起了讨论，并产生三种派

① 勾文增，胡化凯：1952 年的《科学通报》：思想改造、学习苏联与科学批判。《二十一世纪（网络版）》，2005 年 1 月号，第 34 期。

② 唐有祺：谈谈双百方针与共振论。《化学通报》，1986 年第 11 期，第 11–13 页。

③ 唐有祺访谈，2012 年 11 月 15 日，北京。资料存于采集工程数据库。

别。在美国，一种是比较庸俗的人，没有真正理解鲍林的共振论。比如有些有机化学教授，他们在书里面写道，两个凯库勒式就是共振，这里的共振不是鲍林提的两个箭头，不是鲍林所指的共振，而是苯的结构不唯一，可以变换。

> 有人认为它的结构，不是一个箭头，不是一个化学的平衡式，而是两个凯库勒结构。后来美国有知识的人都反对这种提法。美国也有好多问题，美国批评共振论老早就开始，共振论受到批判也是因为这些人。他们批判的并不是鲍林的共振论，他们弄不清楚，说两个分子共振，实际上他们自己也不清楚鲍林的提法。①

第二种派别，就是纯粹地、简单地批评，他们没有将真正化学水平上的共振和量子力学的数学问题表达方式上的共振分清楚，虽然批评者不能清楚地说出理由，但是他们坚持认为共振论存在问题。第三种派别则是鲍林自己、还有热烈拥护共振论的一个群体。鲍林主张的量子力学共振，这个派别认为从量子力学考虑共振，方法是可行的。

关于共振论的讨论，英国和日本也存在同样的情况。比如英国的佩鲁茨，丝毫没有批评鲍林的共振论。虽然在当时他不是做量子力学和结构研究的，他在蛋白质研究领域还是用共振论，如多肽里面的肽键、CN 键有双键成分。平面共面性在蛋白质结构解释中很重要，鲍林也是用这个来论证 α－螺旋体，可以用蛋白质里面一种二级结构形式把它解析出来。

1951 年，苏联科学院组织关于有机化学中化学构造理论的全苏讨论会，这是苏联化学中最重要的事件，苏联化学家、物理学家和哲学家尖锐地批评了资产阶级学者唯心的“共振论”，认为共振论的本质是伪科学，并且斥责了有些苏联化学家对这个错误理论所进行的宣传。1952 年 3 月的《科学通报》发表了“苏联化学界对构造理论‘共振学说’的批判”专辑，刊登了苏联批判共振论文章的译文，专辑的编者前言阐明了编者对共振论

① 唐有祺访谈，2012 年 11 月 15 日，北京。资料存于采集工程数据库。

的批判和态度，指明从转载的文章里“可以清楚地看到苏联的科学家，如何以先进的哲学宇宙观——辩证唯物论，向化学构造理论中的唯心论、反动的、伪科学的概念所进行的不妥协的斗争，以及用这种坚强勇敢的斗争，清除了科学中的障碍，因而得来的理论有机化学中的成就”①，而专集的“译者后记”则号召像苏联科学家学习，与科学中有害的唯心倾向做斗争，将科学教学和科学研究放到唯物的基础上来②。专辑还刊登了唐敖庆的“肃清化学构造理论中的唯心主义”，他在文中表明了自己支持苏联批判“共振论”的立场。专集登出之后，中国科技界特别是化学界引起很大震动。

主持“有机化合物结构理论讨论会”

唐有祺回国后陆续看到《科学通报》上的这些译文，也了解到苏联哲学和科学界有一部分人正在对自然科学各个领域中的所谓“唯心论”展开猛烈的批判。对于苏联有些人将西方科学说得一无是处，唐有祺觉得很惊异。因为回国之前，唐有祺预感到西方科学和技术在第二次世界大战后的五六年中正在酝酿着一系列突破，而这种预感也被后来的发展所证实。看了这些译文，唐有祺和一些熟人感到帽子和标签太多，并无以理服人的意思。

1952—1953 年，中国化学界对苏联的共振论做出了响应。当时中国正处在向苏联学习的政治背景下，中国高等学校的化学教学出现了危机。原来在化学课中只要遇到经典结构理论解决不了的问题，就靠共振论来补充。而看到苏联刊物上登出的文章对共振论进行批判，将共振论说成是“伪科学”“唯心论”，而共振论究竟错在哪里却不得要领，化学界陷入了困惑之中。

① 编者前言：苏联化学界对化学构造理论“共振学说”的批判。《科学通报》，1952 年第 2 期，第 103 页。

② 译者后记：苏联化学界对化学构造理论“共振学说”的批判。《科学通报》，1952 年第 2 期，第 159 页。

1953年夏，中国化学会要求组织讨论会来解决这个问题，化学会的很多人和唐有祺商量着来举办这次讨论会。到了1953年秋天，在北京大学的一个教室，中国化学会召开了“有机化合物结构理论讨论会”。受中国化学会之托，唐有祺主持了这次讨论会。会议名称的拟定也是经过一番考虑的。为什么叫讨论会而不是批判会呢？首先是会议的针对性，这个会是针对苏联对共振论的批判引起的化学领域的危机。另外，唐有祺考虑到关于共振论的问题还没有弄清楚，如果仅仅是批判，则批判起来也只能人云亦云，不会有新意。而且，如果批判时有人提出新的见解，除非与苏联的调子合拍或者更高，发表出来肯定会受到非难。于是，唐有祺决定把报告会的重点放在学习原来不很熟悉的布特列洛夫化学结构理论上，并且回避了共振论来介绍有机结构理论方面的发展。于是，会议确定了两个专题，高等学校与中等学校化学教学的联系问题，以及有机化合物的结构理论问题。

这次会议有100多人参加，包括张青莲、邢其毅、卢嘉锡等学者。其中张青莲介绍了综合大学无机化学教学情况，邢其毅探讨了布特列洛夫化学结构理论在有机化学中的产生和发展，卢嘉锡讨论了布特列洛夫关于有机化合物分子中原子相互影响与反应性能学说的现状及其展望。这次会议结束后，唐有祺和中国化学会提交了总结，在总结中提到了结构理论在有机化学发展中的重要意义，在当时的历史条件下按照苏联的调子说了“伪科学”的共振论“阻碍”了化学的发展这样的语言，最后还对有关如何开好有机化学课程的问题进行了分析。对于这次会议的举办，唐有祺回忆时总结：

> 这个会没有说反对批判，我说共振论还是有缺点的，而且化学会当时的人也站在我这边，那个时候做有机的就更不用说了。我也不能让他们批判的人吃了亏。当时这个会议的结论是，有机化学不需要共振论也可以教下去。还有一个结论是今后物理化学家和有机化学家要相互配合，一起来解决问题。邢其毅、蒋明谦等做有机化学的人，他们还是跟我经常在讨论。[①]

① 唐有祺访谈，2012年11月15日，北京。资料存于采集工程数据库。

1956年5月，陆定一代表中央传达了双百方针，化学界有人旧事重提，特别在上海和福建，开始对共振论批判中的一些论点提出了自己的看法。而此时的苏联，已经对批判共振论偃旗息鼓了。中国也对如何学习苏联的问题进行了总结。

调整《化学译报》，不往苏联“一边倒”

1954年5月，中国化学会理事会根据全国科学技术联合会关于开展学术活动的决议，着手筹办《化学译报》。1955年3月，《化学译报》创刊[①]，唐有祺担任《化学译报》主编，同时任中国科学院编译出版委员会委员[②]。该刊创办的任务是结合中国需要，向中国化学工作者系统介绍苏联及其他国家化学学科方面各重要学派的研究方向与研究成果，提高中国化学科学水平。在当时的情势下，《化学译报》最初几乎全部介绍苏联的化学成果，1955年的创刊号上发表的全是苏联学者的译文。

图5–1 1982年8月唐有祺和胡亚东访问英国时留影

1956年，中国化学会聘任胡亚东[③]为《化学译报》副主编，他与唐有祺共同调整了《化学译报》当时只介绍苏联译文一边倒的倾向，将英国和美国等国家的综述评论译文介绍进来。胡亚东还记得：

---

① 赵匡华:《中国化学史（现代卷）》。南宁：广西教育出版社，2003年，第605页。

② 中国科学院关于调整编译出版委员会的通知。资料存于采集工程数据库。

③ 胡亚东（1927–），1946年入读清华大学化学系，曾担任中国化学会副秘书长、常务理事及理事长，1985年任中国科学院化学研究所副所长，在中国高分子委员会的成立、《高分子通讯》《化学译报》《化学通报》等刊物的创办中发挥重要作用，积极推动中国化学事业。

我从苏联回来以后，办《化学译报》。当时化学界的刊物没有几个，只有《化学学报》《化学通报》。《化学译报》也很重要，那时候介绍外国的多。我看了以后，就碰到唐先生，他说：我有一个意见，《化学译报》你办得非常好，但是你翻译的都是苏联的文章。我建议，苏联的那些所谓进展的文章，写得比起欧洲和美国的，不如他们。于是我说，应该多翻译欧美的。唐先生说：太好了，你从苏联回来讲这个话，真是太好了。后来介绍欧美进展的文章就逐渐多了。①

除此以外，当时中国国内正在批判鲍林的共振论，但是唐有祺和胡亚东还特别发表了一篇介绍了鲍林生平和科学成就的文章。

有一期就是纪念鲍林的事。那时候正批他，我们硬是把介绍鲍林生平的文章的翻译搁在第一篇。当时唐先生说：你是党员，你不怕我就不怕。后来我说，完全应该，鲍林那么大的人物，在《化学译报》有这么一篇文章很好。翻译完了以后我就把它放在那一期的第一篇，每一期有一个编后记，都是副主编写的，那一期的后记就是我写的。说了这期鲍林的文章，虽然共振论受批判了，但是应该介绍他，还有这么一件事情，这就是《化学译报》那一期上的文章。②

在《化学译报》的显著位置刊登鲍林生平的文章，唐有祺和胡亚东也向学术界表明了他们对鲍林特别是对共振论的态度，即应该客观地看待共振论。

批判性地提出键型变异理论

1963 年秋，南开大学受教育部委托，主办“高等学校有机化学科学

① 胡亚东访谈，2013 年 7 月 3 日，北京。资料存于采集工程数据库。
② 同①。

报告会”，唐有祺接受邀请，作了一个关于“有机物的电子结构理论问题”的报告，考查了共振论的科学性问题，并从问题的实质来剖析了它的合理内核和症结所在。

在报告会上，唐有祺发现：

> 南开大学的会议结束后，好多国内从事有机化学的人问：唐先生，你认为共振论可以用吗？我说共振论用的结果很好的，没有什么。可见好多人都有困惑。①

针对这种困惑，唐有祺提出化学界批评共振论原来提出的量子力学根据并不可信，这种批评是中肯的。在共振论中，共振一直是一个含义晦涩不明和容易引起误解的概念。但是也应该注意到这样的事实，即共振论能够把大量有机化学和结构化学的事实联系起来，而按照它给出的一套做法，一般也是可以得出大体上正确答案的。实际上，如果认真分析共振条件、共振效应和共振原理的实质的话，不难发觉，共振论之所以卓有成效，绝不是偶然的巧合。

> 我主要是认为力学共振这个比较 obscure，晦涩不明。量子力学共振这个词没有严格的界定，不是很明朗，这就是它的问题。但是你用这个理论作为根据，应用下来却符合实际，是对的。②

正因为共振论的量子力学基础晦涩不明，所以唐有祺提出了键型变异原理，来解释为什么共振论能够联系大量事实以及给出正确答案的科学基础。分子若有离域或极性这样的因素起作用，足以使其中的共价键偏离极限型式而产生键型变异时，分子就一定会因此而取得额外的稳定性。这个表述了共振论内涵的原理，唐有祺将它称为键型变异原理：

---

① 唐有祺访谈，2012 年 11 月 15 日，北京。资料存于采集工程数据库。

② 同①。

我到今天还是讲键型变异原理。高价的正离子和电负性的大的负离子，把它变成共价性，就没有极性。因为负离子变形了，键型里面掺了别的成分以后，键能增加。一个正离子，高价，小的才能变，大了就不集中了，小的离子电荷都集中在一起，大的离子被别的离子变得很大，这就是键型变异原理，英文叫 bond type variation principle。共振论就是个方法，这个方法是对的。照他的方法，把一个主要的、次要的结构式写出来，根据量子力学原理，可以得到结果。鲍林说，这两个是共振，这种说法也对。因为按照变分法加进去，就等于共振。也不是不可以解释的。不过我认为，更清楚的说法是键型变异。我并不是说共振论是完全对的。共振论要是将量子力学弄透了，一项一项加进去，就是共振了。鲍林也是认为，加进去的东西，五项共振了，起了作用。一种力，如果掺杂另外的力进去，会更强，这就是量子效应。①

唐有祺认为，这样一来，共振论的合理内核实际上就是键型变异原理，只要着眼点放在共价键偏离其极限型式并把从而产生的额外稳定性归之于键型变异，共振论就能无可非议地从量子力学的分子基态变分法原理中得到论证。根据键型变异原理，唐有祺对共振论问题作了中肯的分析和精辟的论述，以期澄清共振论及其批判中的是非问题。他提出，在有机物电子结构理论中能直接反映实质的是极性和离域以及键型变异等意义明确的概念，在共振论中，人们说的是共振，指的却是极性和离域等因素所引起的键型变异②。1979 年 4 月，唐有祺用英文撰写的 Nature of Resonance in Chemistry and Principle of Bond Type Variation（化学中共振的本质和键型变异原理）被《科学通报》接受③。这篇文章的全文如下：

作为 Lewis—Langmuir 理论的发展，共振论是一个重要的化学结

---

① 唐有祺访谈，2012 年 11 月 15 日，北京。资料存于采集工程数据库。

② 唐有祺：有机物的电子结构理论问题。《科学通报》，1964 年第 1 期，第 35-48 页。

③ Tang Youqi. Nature of Resonance in chemistry and principle of bond type variation. A Monthly Journal of Science，1980（12）：997-1001.

构理论。共振论究竟有无根据曾引起争议。无可争议的是共振论能联系大量化学事实。但共振的含义易被误解，实际上它的本质迄今是晦涩不明的，从而有待澄清。

一、键型变异原理

暂且不谈共振，先把注意力集中在化学键的键型上。化学键有几种极限型式。氟化钠晶体中的化学键可以认为是典型的离子键。又如在氢分子或金刚石晶体中原子间形成典型的单键，而乙烯或乙炔分子中碳原子间的键各为典型的双键或叁键。一般我们是通过这些极限型式来衡量各种物质中的化学键的。但在实际的晶体和分子中，化学键的型式往往会偏离极限型式，这样的偏离称为键型变异。

在结晶化学中已成为熟知的事实：只要负离子一被极化，离子晶体中的键型就会偏离极限型式，而负离子的极化引起的键型变异一定会使晶格能上增和离子间距离缩短。换言之，离子晶体中的键型只要有可能，总倾向于偏离极限的离子键型，而键型之变异又必增进离子晶体的稳定性。事实上，这个道理是大家熟悉的能力学原理。

不难预见，这样的能力学原理肯定并不局限于离子晶体。

在经典结构理论中，人们心照不宣地认为有机或共价分子中的化学键一定是非极性和定域的共价键。这样，经典理论自然就只能对付那些极性或离域等因素并不重要的"常规"分子。随着这个理论的局限性越来越明显，积累起来的化学事实足以说明，只要极性或离域等因素一起作用，分子中的键型就会变异，而键型的变异又必然会促使分子取得额外的稳定性。这样一个结构化学中的能力学原理就是我们所谓的键型变异原理。

二、化学中共振的本质

现在可以回来讨论共振论与键型变异原理之间的关系了。它们针对同一类化学事实，为了揭示它们之间的关系，我们要把共价键的极限型式定义为无极化和定域的单键、双键和叁键。这里无极化需要有所说明。显然，同极键就无须无极化了。在极性键 A—B 的情况下，可以合理地假设，如若极性因素未使键型发生变异，A—B 键的表现宛如同极键A—A和B—B的平均，而这样一个假想的键就是所谓无极化键A：B。实验已证实，极性键A—B的键能一定比无极化键A：B的要大。实验也已证实，共价键，特别是重键的离域，一般总会促使分子取得额外稳定性。键型变异原理正是从这些化学事实中归纳出来的。实际上，能导致键型变异的并不限于极性和离域这两个因素，我们已知的至少还有d-亚层参与成键和缺电子等因素。

那么，化学中共振的确切含义是什么？

当有人谈到一个分子中的共振时他真正着意的是那个分子中由于极性或离域等因素引起的键型变异。键型变异必然促使分子取得额外稳定性。这就是共振能的本质。

一个共振分子是一个其中极性或离域等因素起着重要作用、致使键型明显变异的分子。氯化氢分子H—Cl或苯分子是一个典型的共振分子。在共振论中，这样的分子被描述成共振于两个或更多稳定性相同或相仿的假想结构或极限结构之间。把氯化氢分子说成共振于结构H：Cl（I）和H^+Cl^-（Ⅱ）之间，如

H：Cl（I）⟷H^+Cl^-（Ⅱ）而一个苯分子则被说成共振于两个Kekule结构之间，即

（I）⟷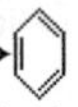（II）

那么，说一个分子共振于两个稳定性相同或相仿的假想结构（I）和（II）之间究竟意义何在？

我们说，在氯化氢分子中极性因素相当重要。而表达同一事实，共振论所用语言为：氯化氢分子共振在两个稳定性相仿的假想结构H：Cl（I）和H^+Cl^-（II）之间。

在苯分子的情况，由于分子轨道理论深入人心，我们今天的习惯用语是说分子中六个π电子离域了。共振论应用了不同的语言来表达同一事实。它通过两个组合在一起的Kekule结构来消除其中三个定域双键产生的假象。

三、有关的量子力学原理

现在要探讨一下，键型变异原理能否从量子力学中找到什么依据。

下面将看到，它的依据是分子基态的变分法原理。

为了陈述量子力学中的变分法原理，我们可以先给出分子基态的波动方程：

$$H\psi_0 = W \times \psi_0$$

式中 H 为分子的 Hamilton 算符，ψ_0 为分子基态的波函数，而基态的能量可以通过积分求算如下：

$$W_0 = \int \psi_0^* H \psi_0 \mathrm{d}\tau$$

现在考虑一个所谓变分函数 ψ，它与波函数 ψ_0 相似，也是一个涉及分子中有关电子的坐标的归一化函数。我们不难证明：当基态的波函数被变分函数 ψ 取代后，能量积分

$$E = \int \psi^* H \psi \mathrm{d}\tau$$

一定以基态能值 W_0 的下限，E 怎样也不会比 W_0 低，即 $E \geqslant W_0$，而 ψ 给出的 E 越低，就越接近于 W_0。这个定理就是分子基态变分法的根据所在。

为了系统地寻找一个有可能尽量逼近波函数的变分函数，我们通常选用一个由参变数 c1，c2……率领的函数项组成的变分函数，而能量积分 E 就成为参变数 c1，c2……的函数了。然后选取参数 c1，c2……的值，务使能量积分 E 降到最低，而这样的参数值就会使原来的变分函数尽可能成为最好的近似波函数。这就是量子力学中的变分法原理。当然，如果我们能引入的参数越多，变分函数的灵活性就越大，而最后得出的 ψ 和 E 就会越好或越接近于基态的波函数 ψ_0 和 W_0。这个道理可以认为是分子基态变分法原理中派生出来的一个系定理。

现在我们要阐述，键型变异原理依据的量子力学原理，正是分子基态的变分法原理及其系定理。

让我们首先考虑一个分子，其中原子 A 和 B 形成一个共价单键 A—B。要不是因为原子 A 和 B 之间的电负性有差别，这是一个无极化键 A：B，而键 A—B 随极性而增加离子性成分。我们可以为这个

分子提出下列变分函数：

$$\psi = c_1\psi_{\mathrm{I}} + c_2\psi_{\mathrm{II}} = c_1\psi_{\mathrm{A:B}} + c_2\psi_{\mathrm{A^+B^-}}$$

作为变分函数，ψ_{I}给出的能值E_{I}要比ψ_{II}给出的E_{II}低，而ψ给出的当比E_{I}更低。为什么这样？

在分子中 A—B 既是一个共价单键，刻划无极化键 A：B 的变分函数ψ_{I}怎样也要比离子性函数ψ_{II}强，从而E_{I}要比E_{II}低。但共价单键 A—B 既还包含一定的极性，附加了一个离子性项ψ_{II}的变分函数ψ自然又会比ψ_{I}更好。而前面的系定理足以阐明，函数ψ应比ψ_{I}具有较大的灵活性，从而会比ψ_{I}给出较低的能值。

在苯分子的情况下，我们可以提出下列变分函数：

$$\psi = c_1\psi_{\mathrm{I}} + c_2\psi_{\mathrm{II}} = c_1\psi$$  $$+ c_2\psi$$ 

函数ψ_{I}和ψ_{II}给出的能值E_{I}和E_{II}都不如ψ给出的 E 来得低。在函数ψ中同时引入ψ_{I}和ψ_{II}，正可以消除双键定域所产生的影响。ψ之所以比ψ_{I}或ψ_{II}更符合苯分子的实际，原因就在这里。而作为变分函数，也ψ必然要比ψ_{I}或ψ_{II}具有较大的灵活性。

综上所述，只要极性或离域以及 d- 亚层参与成键或缺电子等因素在分子中起着作用，我们一般就能提出一个灵活性较大的变分函数，给出较低的能值，从而显示较大的稳定性。这就说明了一个问题：为什么任何能导致分子键型变异的因素，总会显得使分子取得了额外的稳定性。

图 5–2　1975 年在加州理工学院办公室的鲍林
（照片为鲍林寄送给唐有祺）

建设物质结构研究基地"夭折"

自从 X 射线衍射实验室建立以后，唐有祺培养了一个晶体结构测定团队，形成欣欣向荣的"生态"关系，测定了中国第一批晶体结构。由于接踵而至的"大跃进"运动，随之而来的是经济困难时期，唐有祺的实验工作被迫中断。

科研大跃进

1958 年，全国掀起大跃进。6 月 10 日，北京大学校党委提出了跃进规划纲要，交全校师生员工讨论后修订通过，并作为北京大学贯彻执行总路线的行动纲领。6 月 11—12 日，北京大学各系纷纷召开跃进大会，根据学校跃进规划纲要提出本单位的跃进规划和指标。化学系在全校办起了 2 个工厂。为了进一步贯彻向工农开门的方针，北京大学从各地工农中学录取了 500 多名工农同学。7 月 26 日，为追赶全国的形势，北京大学校党委号召全校开展科学研究的群众运动，号召全校同志苦战 40 天，做出成绩向国庆九周年献礼。唐有祺的晶体结构研究工作在这时完全停顿。

1958 年 9 月 10 日，北京大学历时 40 天的科学研究运动基本结束，其他工作均转入正常化。9 月 16 日，北京大学化学系接到国务院指派的任务，到钢铁战线建立分析站，分析矿石含量和钢铁质量，为保证实现 1070 万吨钢而奋斗。化学系在第二天召开了为钢而战的誓师大会。9 月 20 日，根据周恩来总理关于在全国动员一万名化验分析人员和一万名地质勘探人员支援钢铁战线的号召，北京市高等学校、中等专业学校支援钢铁战线誓师大会在北京大学举行。会后，化学系 950 多名师生陆续出发开赴广西、湖南、湖北及京郊等地钢铁战线。这一次，唐有祺没有被派去参加大炼钢铁的活动，而是被派去清华大学讲授结晶化学。

1958 年 12 月下旬，化学系支援钢铁战线的广西大队、湖北大队、湖南大队，先后于24日、28日、29日完成任务回校。由于大跃进耽误了教学工作，唐有祺开始为学生补课。

1960年4月1日，北京大学校党委和校行政召开全校向“五一”献礼比武大会，各单位在会上提出普及“超声波”“管道化”、大搞技术革新、技术革命运动的规划。计划中都提出了要实现自动化、机械化和超声波化的目标，并设立了理论和技术两个小组，理论组以物理系物理教研室为中心吸收有关各系参加，负责超声波技术应用中的理论研究。唐有祺参加了理论组，研究超声波技术如何导致省煤的问题。

接着化学系与无线电电子学系、数力系、物理系等的理科学生2300多人，利用集中劳动时间，分别到校内外17个工厂和十三陵人民公社，参加了这次技术革新和技术革命运动。唐有祺在这时遭到了批判。

> 学校里面有个姓赵的人，他人很好，但是有点老夫子的味道，年纪轻，太老实了。他听说要整唐有祺，于是就整唐有祺。后来下厂，学生要管我，又到处跟工厂里面讲说唐有祺有问题。一下到厂里面，我特意跟学生住在一起，但是厂里根本不让我跟学生接触，马上安排让我住在员工的工程师的宿舍里面，学生根本进不去。不过，后来工厂有问题要来咨询我，把我当作业务的人来用。①

结构研究工作出现“转机”

1960年6月，北京大学理科改为6学年制。1962年，新的学生进入实验室，唐有祺的研究工作开始部分恢复。

唐有祺和他的学生穆祥祺等人完成了吐酒石晶体结构等工作。穆祥祺的研究生毕业论文，由唐有祺指导，中国科学院物理研究所田静华曾参加了部分早期工作。吐酒石是一种重要的抗血吸虫病药物。在化学文献上被称作“酒石酸锑钾”，而吐酒石的结构是一个百余年来不断在讨论而长期

① 唐有祺访谈，2012年11月29日，北京。资料存于采集工程数据库。

没有解决的问题，前人根据吐酒石的各种化学性质、物理化学性质曾为它提出过 10 多种结构式，这些结构式可以解释吐酒石的某些性质，但远不能解释它的全部性质，并且都缺乏直接的证明。唐有祺指导穆祥祺，利用 X 射线结构分析方法解决了吐酒石的结构问题。这项研究的大部分计算工作是在 104 型电子计算机上进行的，使用了卢慧琼、梁栋材编的标准程序。中国科学院物理研究所和化学研究所为实验工作提供了相当便利的条件。穆祥祺在唐有祺的指导下打下的坚实的晶体结构测定研究工作基础，为他此后顺利完成胰岛素晶体结构测定工作埋下了伏笔。

1962 年，唐有祺指导他在中国科学院化学研究所的研究生徐广智，制得了联苯胺的衍生物与碘及溴的分子络合物，并发现他们有强的核磁共振信号，而这些尚未被人研究过[①]。他们还利用电子磁共振的方法，测定了某些炭黑样品中自由基的浓度及一些因素对它的影响；[②]研究了稳定在催化剂 $SiO_2-Al_2O_3$ 表面上的芳胺自由基的电子磁共振谱[③]。随着研究工作的持续展开，唐有祺和徐广智在接下来的 1963 年和 1964 年，在《中国科学》（英文版）、《科学通报》、《化学学报》等刊物上合作发表了 9 篇论文。

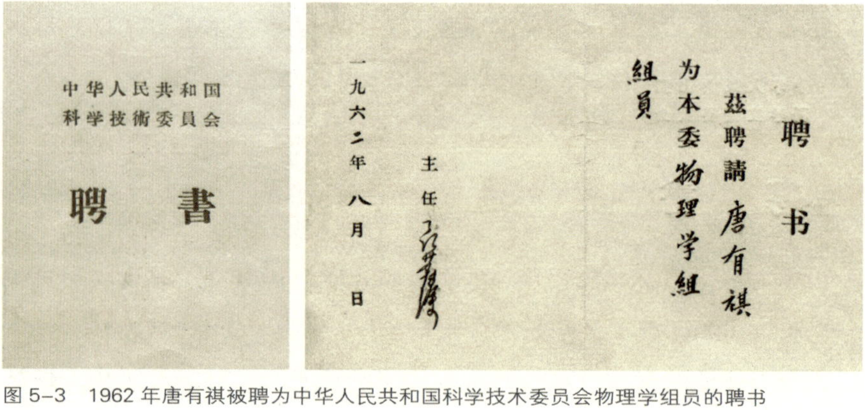
中华人民共和国
科学技術委员会
聘書

聘书
兹聘請唐有祺
为本委物理学組
組員
主任
一九六二年八月　日

图 5-3　1962 年唐有祺被聘为中华人民共和国科学技术委员会物理学组员的聘书

---

① 唐有祺，徐广智：芳胺与卤素的分子络合物的电子磁共振谱。《科学通报》，1962 年第 10 期，第 35-36 页。

② 徐广智，唐有祺：炭黑的电子磁共振谱。《科学通报》，1962 年第 2 期，第 33-34 页。

③ 徐广智，陈素明，唐有祺：稳定在催化剂 $SiO_2-Al_2O_3$ 表面上的芳胺自由基的电子磁共振谱。《科学通报》，1963 年第 6 期，第 49-51 页。

除了科研，唐有祺的学术交流活动也开始恢复。1962 年的暑假，他去新疆乌鲁木齐向当地高校讲授物质结构课。8 月，他被聘为中华人民共和国科学技术委员会物理学组组员。1963 年 8 月 28 日—9 月 4 日，他参加在长春召开的中国科学院数理化学部举办的“全国第一次物质结构学术报告会”，做了题为“晶体结构和分子的立体构型”的报告，结合最近十年晶体结构分析工作的进展，阐述了分子的立体构型问题。

1963 年 12 月，唐有祺、徐光宪与吴光磊等 9 名北京大学的副教授经教育部批准，晋升为教授。在参加教授资格评审时，唐有祺是当年北京大学理科唯一全票通过的。

由希望到失望

更加让人欣喜的是，“物质结构和化学键理论”曾在 1956 年 8 月下旬被列入国务院科学发展委员会编制的《1956—1967 年科技发展规划》(即《十二年科学技术发展规划》)的重点发展项目之一。

1963年，国家科学技术委员会实施规划中的重点科研项目第 27 项——物质结构，决定在吉林大学、福州大学和北京大学建立三个科研基地。3 月 28 日，唐有祺与唐敖庆、卢嘉锡分别收到下达编写计划的任务书。唐有祺被任命为北京大学物质结构编制计划任务书的召集人[①]。4 月 20 日，唐有祺收到参加技术学科和基础学科国家重点项目规划座谈会的通知[②]。

就在此时，中共中央召开工作会议决定在农村开展以“四清”(清工分、清账目、清仓库和清财物)为主要内容的社会主义教育运动。从 1963 年 11 月开始，北京大学陆续组织师生到京郊参加“四清”运动。1964 年 1 月，北京大学各系各部门先后在党员干部中宣读了中共中央华北局关于抽调大部分干部参加农村“四清”运动的决定。唐有祺被派往京郊的门头沟三家店参加“四清”运动。从三家店回来后，国家科委九局局长赵石英同

① 关于编制国家重点科学技术项目计划任务书的通知。资料存于采集工程数据库。

② 座谈技术学科和基础学科国家重点项目规划。存地同①。

志还勉励唐有祺等人要以我不入地狱谁入地狱的献身精神来为基础研究效力，可见形势之严峻。

当时我在三家店搞“四清”，被科委的人叫回来，回来了后他们要留我。我说你留不住我，你要留我，要去找要让我下去“四清”的人，要找到那个单位，还不一定是北京大学。后来北京大学说是北京市派我让我下去。然后他问科委，科委的赵石英说不行，唐老不能下去。他说等可以的时候再说。过了一阵，“文化大革命”还没有起来，可是氛围已经紧张起来了，我不能专门搞业务了。科委把我留下来专门搞业务，还在安慰我说没有关系。①

这对于唐有祺的晶体结构研究而言，是一个难得发展的良好机遇，对于唐有祺来说，这是他一直想做的事。

当时唐有祺早已毕业留校的学生桂琳琳，也作为筹备组成员之一负责筹建北京大学物质结构研究基地。唐有祺与学生一起去上海考察化学化工科研的基本情况。

暑假前，科委已经让我要筹备研究所，所以我带了桂琳琳、还有一个党员两个人到上海有关的研究单位考察，包括高校、科学院的研究所。当时住在科学院在上海的一个旅馆，去了至少两三个礼拜以上，考察了回来的时候马上要下去搞“四清”了。②

1964 年 9 月，已经身兼数职——中国科学院编译出版社编委、中国科学院化学所研究员、九三学社中央委员、中国化学会物理化学专业委员会委员的唐有祺，又受邀加入中国物理学会晶体学专业委员会，担任委员一职。这一切，看起来都似乎水到渠成。

① 唐有祺访谈，2012 年 11 月 29 日，北京。资料存于采集工程数据库。

② 同①。

1966 年，物质结构研究基地已初具规模，已有可能接受国家重要课题来进行研究。正当唐有祺在晶体结构测定方面的研究工作要重整旗鼓时，发生了持续 10 年的“文化大革命”，一般性的基础研究工作趋于停顿，建设物质结构研究基地的计划就“夭折”了。唐有祺的雄心壮志化为泡影。

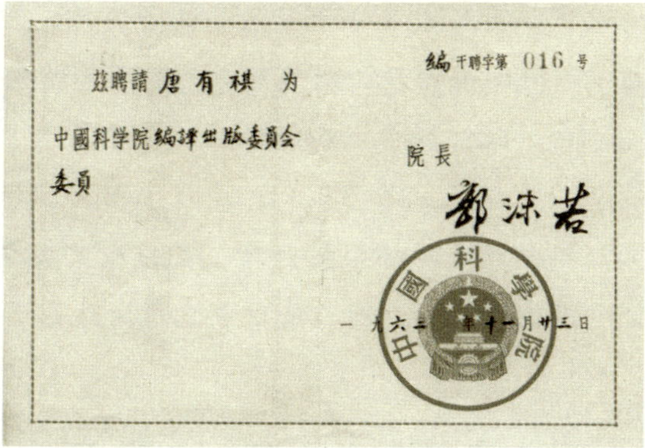
編 干聘字第 016 号

茲聘請 唐有祺 為

中國科学院編譯出版委員会

委員

院長

郭沫若

一九六二年十一月廿三日

中國科學院

图 5–4　1962 年唐有祺被聘为中国科学院编译出版委员会委员的聘书

建议测定胰岛素晶体结构

不过，在“文化大革命”这种特殊的科学研究环境之下，唐有祺还是在一些受到国家政策倾斜的、“能为政治服务”的研究领域开展了指导和研究工作。如测定胰岛素晶体结构这项重大研究任务落在唐有祺的肩上，这是当时化学领域在北京大学仅有的一项基础研究项目。

胰岛素人工全合成

1958 年，在大跃进的形势推动下，中国的科学家们也热切希望做出举世瞩目的科学成就。由于蛋白质对生命的重要性，以及那个时代谈蛋白质的人工合成还有相当的神秘感，中国的科学工作者首先提出了用人工方法合成胰岛素这一课题。为什么要选择做胰岛素的合成这项工作呢？唐有祺认为：

胰岛素是分子量最小的蛋白质，只有五十几个肽。一个稍微像样一点的蛋白质，功能可以反应于其结构的，是后来 1968 年做的血红蛋白。肌红蛋白、血红蛋白，分子量都是 6 万多，这么大分子量的蛋白质要合成，很困难。但是我们要为国争光，比过资产阶级的国家，要搞合成就要搞个蛋白质。蛋白质里头要找个最容易搞的，而且别人还没有做过的，所以有这个意愿做胰岛素。①

经过六年零九个月的共产主义大协作，1965 年 9 月 17 日，中国科学院生物化学研究所、有机化学研究所与北京大学化学系等单位联合组成的科研队伍，在世界上第一次用人工的方法合成了一种具有生物活性的蛋白质——结晶胰岛素②，其中有五批人工合成的产物，经过提纯后获得结晶，其结晶形状、生物活性都和天然胰岛素结晶相同。美国、联邦德国在当时也曾报道过他们获得类似胰岛素的产物，但是他们所报道的活性很低，并且未获得结晶。唐有祺特别提到中国科学家人工合成胰岛素的特殊性。

那时候合成蛋白质还没有真正合成，人家也搞了胰岛素，拿不到晶体就能说是胰岛素？哦，拿这个树枝敲几敲，你就说是胰岛素，这是不对的。在生物学上，胰岛素有作用，可你也不知道里头有多纯、纯到多少就没有作用了？国外也合成出胰岛素分子，可我们得到了晶体，人家都是粉末，是沉淀，而且那个沉淀是不是胰岛素都不一定，因为不纯。我们有晶体，我搞晶体学可以给你验证，外形我都可以给你验证，所以这个没有问题。后来做有机合成的让我给他开会，我可以鉴定这个是不是晶体。从获得纯的晶体这点来讲，中国是首创。当然这个首创不同于原始创新，但是人家没有做出来的我们做出来，人家做不出那个纯度我们做出来了，也是有新意。③

---

① 唐有祺访谈，2012 年 11 月 29 日，北京。资料存于采集工程数据库。

② 新华社：我国在世界上第一次人工合成结晶胰岛素。《人民日报》，1966 年 12 月 24 日。

③ 同①。

人工全合成结晶胰岛素这项成果的取得，让国际科学界对中国刮目相看。胰岛素人工合成的消息甚至在英国电视的“黄金时间”播出，上百万人观看了这条新闻[①]。国务院副总理聂荣臻、国家科委副主任韩光等人决定，要将胰岛素工作一条龙接下来，再接再厉扩大战果[②]。既然要继续展开结晶胰岛素的工作，那么接下来具体做什么呢？这个任务交给了晶体结构科学家唐有祺。

确立为测定胰岛素晶体结构的学术带头人

1966 年 4 月中旬，在由国家科委主持召开了人工合成胰岛素鉴定委员会第二次会议，会议由吴有训先生主持[③]。这次会上，唐有祺建议，可以用 X 射线衍射的方法测定胰岛素晶体的空间结构。此工作可为研究蛋白质结构与功能的关系打开一个缺口，而我国在人工合成结晶胰岛素项目上所获得的经验为此工作提供了十分便利的条件。他还说此工作应当刻不容缓地展开。这次胰岛素鉴定会议决定了胰岛素接下来的研究工作是结构测

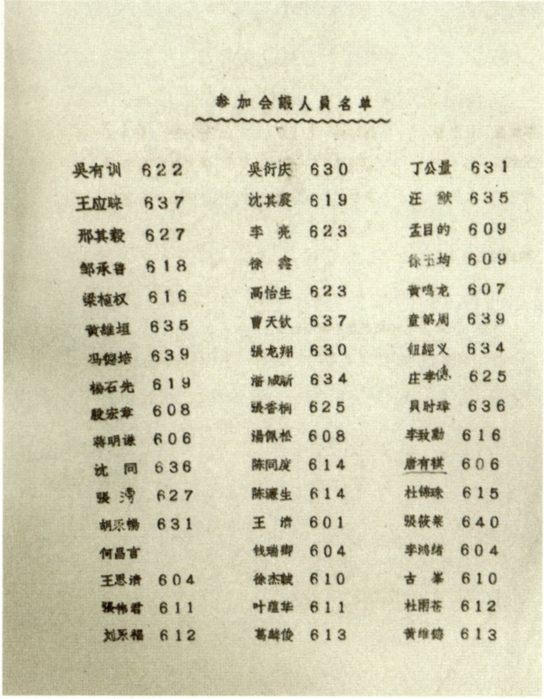
参加会議人員名单

吴有训	622	吴衍庆	630	丁公量	631
王应睐	637	沈其震	619	汪 猷	635
邢其毅	627	李 亮	623	孟目的	609
邹承鲁	618	徐 鑫		徐玉均	609
梁植权	616	高怡生	623	黄鸣龙	607
黄维垣	635	曹天钦	637	童第周	639
冯德培	639	張龙翔	630	钮經义	634
杨石先	619	潘咸新	634	庄孝僡	625
殷宏章	608	張香桐	625	貝时璋	636
蒋明谦	606	湯佩松	608	李致勳	616
沈 同	636	陈同度	614	唐有祺	606
張 滂	627	陈遵生	614	杜锦珠	615
胡乐畅	631	王 济	601	張筱棠	640
何昌吉		钱瑞卿	604	李鸿绪	604
王思清	604	徐杰诚	610	古 萃	610
張伟君	611	叶蕴华	611	杜雨苍	612
刘秉福	612	葛麟俊	613	黄维德	613

图 5-5　1966 年 4 月参加人工全合成胰岛素研究成果鉴定会的人员名单

① 邹承鲁：对人工合成结晶牛胰岛素的回忆。《光明日报》，1998 年 1 月 30 日。

② 熊卫民：早期的胰岛素晶体结构测定工作——李根培教授访谈。《社会科学论坛》，2005 年第 11 期，第 125-142 页。

③ 人工全合成胰岛素研究成果国家鉴定书。资料存于采集工程数据库。

定，还推举唐有祺为学术带头人。

对研究基础还很薄弱的中国来说，这个构想相当宏大。胰岛素是一种生物大分子，测定其组成的各种原子在空间中的位置不是一件容易的事。即便利用当时最成功的多对同晶置换法，其测定流程也相当繁复。需要先培养出足够大的、较多数量的晶体；接着向晶体中引入重原子，制备出与母体晶体同晶型的待测晶体的重原子衍生物；再用 X 射线照射样品；最后建立胰岛素立体模型并使其逐步精确化。当时结构解析所用的同晶置换法对专业知识和分析仪器设备的要求都很高，除了培养蛋白质晶体、制备重原子衍生物，还需要准确记录和测量晶体衍射波的自动化衍射物理仪器，以及通过傅立叶变换计算成像的大型计算机。当时只有英美发达国家中的少数实验室能够展开这方面的研究。正因为其结构测定不易，一旦获得成功，便能得到国际科学界的关注。

中国当时科研设备非常匮乏，没有衍射仪，也没有计算机。唐有祺之所以在鉴定会上提出具有前瞻性的课题，其中一个原因是和唐有祺一直以来对大分子结构的测定工作的关注有关。唐有祺在博士后期间从事的蛋白质晶体学工作，由于提早回国，研究工作便中断了。回国后，唐有祺一直还关注着国外生物大分子的结构研究进展。人工合成胰岛素的成功，使得大家对生物大分子结构的兴趣更大了。唐有祺在这前后介绍过国外的进展。而他本人虽然没有参加胰岛素的合成工作，但是也通过咨询顾问的形式间接参与过该工作，考虑到国际上已经有测定蛋白质结构的成熟方法，而且国家已经花费了大量人力物力将胰岛素人工合成出来，唐有祺提出了测定胰岛素结构的建议。

从事有机合成的也回来问我合成方面的问题，有个别的会我也去参加。最后一次我说，你们现在可以定个结构。因为国际上 1958 年将蛋白质结构刚定出来。胰岛素有五十几个肽，要测定它的结构，我当时认为可行，测定的方法也有。搞胰岛素的合成，氨基酸耗费是一缸一缸的，氨基酸在当时贵得很。我说既然你费了这么多功夫，自己还不定结构，不是更吃亏了？搞一个五千分子量的胰岛素的结构对中国来说还是可以的。[①]

霍奇金与中国建立“长久亲密友谊”

唐有祺建议测定胰岛素晶体结构，除了他一直以来对大分子结构的测定工作情有独钟，还有一个特殊原因，就是他与英国化学家霍奇金的多次接触，以及霍奇金对胰岛素的青睐。特别是，在唐有祺看来，胰岛素是霍奇金与中国晶体学家建立长久亲密友谊的媒介。

1947 年，唐有祺还在美国进行蛋白质晶体学的研究工作，此时他便已与霍奇金结识。在帕萨迪纳的一次学术讨论会上，唐有祺和霍奇金都参加了，成群的美国人中，他俩是仅有的外国人，而霍奇金又是唯一的女子，因此唐有祺格外注意她。1951 年辗转回国时，唐有祺又到牛津拜访了霍奇金。由于提早回国，唐有祺在蛋白质晶体学领域的研究工作便中断了，但是他一直保持着和霍奇金的通信联系。霍奇金早就邀请唐有祺到英国牛津去访问，但是在国际交流不被国内倡导的情况下，唐有祺只有婉拒。

唐有祺建议中国测定胰岛素结构，与霍奇金有什么关系呢？胰岛素晶体结构的测定一直是霍奇金探究的课题。这位最先将 X 射线晶体学应用到有机化合物结构测定领域的诺贝尔化学奖得主，早在 20 世纪 30 年代在剑桥大学时便展开了测定胰岛素晶体的工作。1934 年回到牛津大学后，她研究了许多具有生理作用的化合物并做出第一幅蛋白质的 X 射线衍射图。很快，1935 年，她便拍到第一张胰岛素的 X 射线衍射照片。接下来的 30 多年，霍奇金将 X 射线分析技术发展成一个非常有用的分析方法，以相当的实验技巧将这种方法推广到前人从未尝试过的复杂得多的化合物，其中重要的是青霉素、胆固醇、维生素 D 以及青霉素和维生素 B 等生化物质。然而到 1966 年为止，30 多年过去了，尽管她在多种生化物质的结构测定方面获得了累累硕果，依然没能完成胰岛素的结构测定工作。但让唐有祺印

① 唐有祺访谈，2012 年 11 月 29 日，北京。资料存于采集工程数据库。

象深刻的是，尽管霍奇金所有的精力都被维生素 B 所占据，但仍然在感情上依恋于胰岛素。

> 在将桑格（F. Sanger）博士有关胰岛素氨基酸序列的研究告诉她的时候，她兴奋至极。她预言，桑格的工作将使人们重新燃起对胰岛素研究的兴趣。①

中国科学家要合成胰岛素，霍奇金得知后非常感兴趣，这吸引她第一次访问了中国。1959 年，霍奇金受到中国科学院的邀请，率英国科学家代表团赴北京参加中华人民共和国成立十周年庆典。到了中国以后，她最关心的就是与中国科学家见面，直接了解中国研究者对胰岛素的研究。因为如果霍奇金不到中国，就没有机会跟踪胰岛素研究的进展，因为当时中国不允许研究者在西方杂志上发表文章。

霍奇金的来访，在让她了解中国科学家的胰岛素工作的同时，也使唐有祺有了直接了解国外生物大分子研究前沿领域的机会。霍奇金访华期间，北京方面基本上都是由唐有祺接待，她还在北京大学作了关于维生素 B 晶体结构的学术报告，唐有祺担任翻译。

1965 年，美国布鲁克黑文将要召开一个有关胰岛素合成的会议，在当时的情势下，对外学术交流还处于封闭状态，中国科学家无法到国外去开会。霍奇金得知中国科学家不能参会，便立刻于这年夏天前往中国。她来到了中国科学院生物化学研究所，庆幸的是，王应睐、邢其毅等教授和他的同事们刚刚成功合成了牛胰岛素，但是还未取得晶体。霍奇金鼓励中国正在做合成工作的研究人员再接再厉，一定要取得人工胰岛素的结晶，并在此基础上用 X 射线衍射的方法测定和比较人工以及天然胰岛素的空间结构。她提出，自己可以跟中国同行一起来做后一项工作。但她的热情未能得到中国同行的积极响应。面对国际权威的合作要求，中国有关人员的回

---

① （英）Georgina Ferry 著，王艳红、杜磊译:《为世界而生：霍奇金传》。上海：上海科技教育出版社，2004 年，第 328–338 页。

答是：我们不跟你们合作，我们自己的成果要自己继续下去。不难理解，在阶级斗争之弦已经绷得十分紧的1965年，他们又怎么敢跟这位来自老牌资本主义国家的资产阶级学者合作呢？但霍奇金的提议促使中国科学界的领导和部分科学工作者开始考虑用X射线衍射的方法测定胰岛素晶体结构的问题。在1966年4月的胰岛素鉴定工作会议上，[①] 唐有祺被推举为胰岛素结构测定工作小组的负责人，他当时的心情也很矛盾。

> 接受这一职责时我感到很难受，因为此时霍奇金也正全面开展猪胰岛素的结构解析工作。霍奇金是我们的朋友，不是对手。[②]

一场新的群众运动

在决定测定胰岛素结构后，中国为此投入了相当的热情以及人力和物力。“资本主义国家的科研人员做不出来的，我们一定要做出来”，当时确定选题时有这样的心理。唐有祺认为，胰岛素晶体结构测定工作相比胰岛素的合成，仍是一场群众运动，不过技术性更强一些。

> 搞胰岛素合成的话，没有一定的工作量搞不出来。外国人没有这个条件，可以几十个人一起搞。我们这里工资低，有劳动力的红利。我们不靠群众运动这么搞，恐怕也搞不出来。做有机化学的，比如北京大学邢其毅，硬让他去搞，那一天两天也搞不出来。外国要搞，一个教授带几个博士生，人也不会太多。另外，群众运动只需劳动力，他可以省很多设备。测定晶体结构的群众运动，跟合成比，没有那个大，但是搞结构的人还是比较有限。要定结构的人，毕竟比有机合成的人训练要求要高一些。[③]

---

① 人工全合成胰岛素研究成果国家鉴定书。资料存于采集工程数据库。

② （英）Georgina Ferry 著，王艳红、杜磊译：《为世界而生：霍奇金传》。上海：上海科技教育出版社，2004年，第328-338页。

③ 唐有祺访谈，2012年11月29日，北京。资料存于采集工程数据库。

正是由于胰岛素晶体结构测定工作的难度之大，中国不具备现成的条件展开这一课题，时任北京大学副校长的傅鹰，以及化学系的邢其毅，曾私下对这个设想诚恳地提出过反对意见。

不过，唐有祺的看法确实打动了有关领导。鉴定会刚结束，国家科委就召集中国科学院生化所、有机所、物理所、生物物理所和北京大学化学系有机化学教研室、物质结构基地的领导及部分研究人员，在北京大学临湖轩召开了胰岛素人工合成工作与结构测定工作联席会议，决定马上进行胰岛素晶体结构的测定研究，并把这个任务下达给了北京大学物质结构研究基地，确定唐有祺为该项目的学术负责人，化学系副主任徐振亚为该项目的行政领导。

1966 年 5 月，胰岛素晶体结构测定工作的誓师大会在北京大学化学南楼举行。北京大学化学系、生物系、数学系，中国科学院生物物理所、物理所、计算机所、生化所、有机所、数学所、华东物质结构所，中国医学科学院实验医学所等 11 个协作单位的 100 多人参加了这次会议。会议决定这项工作由北京大学物质结构研究基地负责，并确定了各单位的具体分工。会后，北京大学化学系、中科院物理所、生物物理所等相关单位立即开展了工作。

退为幕后做顾问

胰岛素测定工作展开之际，政治气氛日趋紧张。1966 年 5 月 25 日，聂元梓等七人写大字报攻击北京大学陆平校长等人。一夜之间，北京大学和整个中国的形势发生剧变。很快，负责这项工作的行政领导徐振亚作为陆平黑帮的一员被揪了出来，而学术负责人唐有祺则被作为美国特务遭隔离审查。在中科院系统中，原有的领导机构也受到极大冲击。这时，霍奇金邀请中国的胰岛素科学家参加在埃克塞特大学举行的国际化学会议，并提出自己出资给予资助，但遗憾的是中国科学院回绝了邀请，因为“文化大革命”开始了。唐有祺也只好退居幕后，当起了顾问，为胰岛素结构测定的大方向做指引。

“文化大革命”开始，学生成为主力

1966年7月30日晚，江青在人民大会堂的科学界万人大会上发表讲话，高度评价了人工合成胰岛素成就。9月7日，周恩来在中国科学院发表讲话：我们不能眼看着科学院的尖端科学研究和许多重点实验项目被放在一边，这种情况不能继续下去。9月14日，中共中央发布了抓革命促生产的通知，要求保证生产建设等工作的正常进行。在这种形势下，参与胰岛素晶体结构测定工作的科学工作者提出要继续开展这项研究。但是唐有祺则退居幕后了，他的回忆是：

> 因为江青说了，胰岛素结构的测定，她要管，还不能让资产阶级教授进去。所以我听了以后，不进去参与这个事情。①

尽管唐有祺不能直接参与胰岛素的结构测定工作，但是他的物质结构基地培养的学生成了这项工作的主力。他们是1952级的学生和后来毕业的研究生，包括1952级学生范海福、1954级学生林政炯、1957级学生伍伯牧，1963年毕业的研究生张绍辉和穆祥祺，还有历年从化学系毕业后留在北京大学化学系物质结构研究室的教师共30余人。由唐有祺担任主任的物质结构研究室是参加胰岛素结构测定的主要单位之一。

> 参加胰岛素结构测定工作的多数是我培养出来的学生，不论是科学院还是北京大学的，除了从苏联回来的梁栋材。大学生那时候六年制，读到第四年末分专业。我负责的结构专业的学生，他们主要学习物质结构理论和晶体结构测定方法。研究主力范海福、张绍辉、穆祥

① 唐有祺访谈，2012年11月29日，北京。资料存于采集工程数据库。

祺都是我的研究生。穆祥祺是回民，英文很棒。张绍辉是广东人，女生，也很聪明。①

在唐有祺没有直接参与的情况下，这些学生是为何能够成功测定出胰岛素结构的呢？范海福和张绍辉、穆祥祺在北京大学攻读学位阶段，便在唐有祺的指导下学会了测定晶体结构的一套完整的方法。范海福做学士论文以及上专业物化课时，在唐有祺的指导下，学会了定结构。张绍辉在他当学生的时候，也是做结构测定的研究论文。穆祥祺和张绍辉一样，他的毕业论文都是测定单体结构。当时还有其他学生跟着唐有祺做结构测定研究，但真正能够做出完整结构的，是范海福、穆祥祺和张绍辉。②

另外，范海福毕业之后，在没有参与胰岛素结构测定之前，便已经在晶体结构测定方面进行了研究。早在 20 世纪 60 年代初，和中科院计算所有关人员一道，在中国自行建造的 104 电子管计算机上，范海福和梁栋材就已经建立了一套用于小分子结构分析的计算程序。

1966 年 9 月 21 日上午，中科院数理化学部、计划局和国家科委九局的工作同志召集中科院生物物理所等单位绝大多数直接进行此项工作的研究人员，讨论了胰岛素结构工作的意义、作用和是否进行等问题，并请求中科院党委尽早恢复胰岛素结构测定工作。10 月 13 日，中科院党委同意了数理化学部的请求。正当胰岛素晶体结构测定项目恢复有望的时候，中国又出现了轰动世界的“一月夺权风暴”，包括中科院院部在内的全国多级机关彻底垮台，不久之后，中科院学部等机构还被撤销。直到几个月后，生化所等科研机构中分工负责“促生产”的勤务员在开展政治运动之余，也开始派人到全国各地的工农医国防单位调查，并组织一些研究人员座谈，以筹划开展一些“面向工厂、面向农村、面向学校”的科研项目。胰岛素工作被认为有重大的政治意义，也被包括在内。中科院有机所、北京大学化学系的相关人员“串联”过之后，1967 年 4 月 11 日，他们给国

① 唐有祺访谈，2012 年 11 月 29 日，北京。资料存于采集工程数据库。
② 唐有祺访谈，2012 年 12 月 20 日，北京。存地同①。

家科委写了一份《关于人工合成胰岛素工作的请示报告》，要求把“胰岛素结构与功能关系”的研究工作迅速恢复起来，并向在“文化大革命”期间仍然主管全国科技工作的聂荣臻副总理做了汇报，聂荣臻非常重视胰岛素项目，要求中科院生化所、北京大学等单位排除障碍，运用大协作的方式继续开展人工合成胰岛素的后续研究。

1967 年 6 月 12—23 日，在国家科委革委会、中科院华东分院等召集下，生化所、有机所、北京大学化学系有机教研室等单位原人工合成胰岛素项目的全体科研人员以及物理所、生物物理所、北大化学系物质结构教研室等单位从事胰岛素晶体结构研究的代表在上海举行了一次会议。大家就多肽、蛋白质等工作的发展远景和任务分工等展开了深入地讨论。

在众协作单位中，北京大学的参与者最多。他们的特点能在武斗的校园内开展科研，实在难能可贵。而科学院这边，胰岛素项目能从院革委会那儿拿到经费，物资供应也不成问题，尤其重要的是，1967 年 6 月时，范海福等于“文化大革命”前从英国订购的专用于收集 X 光衍射强度数据的线性衍射仪到货，并努力实现了安装和运转。

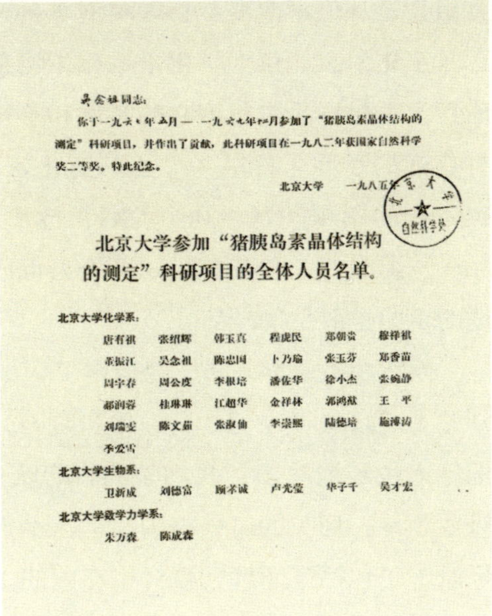

吴念祖同志：

你于一九六七年五月——一九六七年十二月参加了“猪胰岛素晶体结构的测定”科研项目，并作出了贡献，此科研项目在一九八二年获国家自然科学奖二等奖。特此纪念。

北京大学　一九八五年

北京大学 自然科学处

北京大学参加“猪胰岛素晶体结构的测定”科研项目的全体人员名单。

北京大学化学系：

唐有祺　张绡辉　韩玉真　程虎民　郑朝贵　穆祥祺
秦振江　吴念祖　陈忠国　卜乃瑜　张玉芬　郑香苗
周宇春　周公度　李根培　潘佐华　徐小杰　张婉静
郝润蓉　桂琳琳　江超华　金祥林　郭鸿猷　王　平
刘瑞雯　陈文茹　张淑仙　李崇熙　陆德培　施溥涛
季爱雪

北京大学生物系：

卫新成　刘德富　顾孝诚　卢光莹　华子千　吴才宏

北京大学数学力学系：

朱万森　陈成森

图 5-6　北京大学参加“胰岛素晶体结构的测定”项目人员名单（北京大学自然科学处提供）

指引结构测定大方向

在胰岛素结构测定方面，采用的仍然是 X 射线衍射法，其中的关键问题是结构分析中的周相问题，特别是重原子的引入。唐有祺将这些问题交代给了学生，在大的方向上给学生做出指引。

我跟学生们讲，关键是周相问题。因为蛋白质本身的结构测定，那个时候鲍林已经有办法算出多肽的二级结构，可是你不知道哪一段是。胰岛素也还是有这样的问题。胰岛素也要引入重原子，重原子引对了，就没有什么太大问题。我只要领一个方向，做一个大的决定。精密度、精确度如何实现？设定多少数据可以得到分辨率？我讲讲这个，具体我没有去做。这样已经可以了，把我的几个学生一带，就定出来了。①

在引入重原子测定结构方面，胰岛素结构测定组花费了不少气力。研究组尝试从化学改变、物理浸泡各种各样的汞试剂，并为此而特意合成了乙基氯化汞。北京大学化学系和生物系则用粗陋的衍射设备对制备出来的成百上千种样品进行耐心的筛选和鉴定。最后，他们终于从中找到了第一种合适的重原子样品——乙基氯化汞－胰岛素，从而初步解决了结构测定工作的瓶颈问题。几个月后，他们又筛选出了第二种合适的重原子样品——醋酸铅－胰岛素。这两个方面同时着手制备工作，制备出了两种合适的重原子衍生物样品。

就在相关研究人员已经取得了一定成果的时候，“清理阶级队伍”运动开始了。1968 年 7 月 3 日，中科院召开全面清理阶级队伍动员大会。范海福等人也被清除出了胰岛素的科研队伍。1968 年 8 月 19 日，在“工人阶级要领导一切”的口号声中，工、军宣队进驻燕园。北京大学工宣队最终只派出了包括张绍辉和穆祥祺在内的 7 人，而把其余研究人员留在校内搞“教育革命”。

1969 年 1 月，北京各相关单位的研究人员集中到了物理所，组建了一个胰岛素晶体结构研究协作组，当时称为“691 连队”，北京大学化学系是主要单位之一。1969 年 11 月，霍奇金等人在 *Nature* 杂志上发表了论文——《胰岛素二锌斜方六面体晶体的结构》，宣布自己测出了胰岛素晶体的结构，所得分辨率为 2.8 埃。这篇论文在“691”连队引起了轩然大波。但是

① 唐有祺访谈，2012 年 12 月 4 日，北京。资料存于采集工程数据库。

大家讨论的结果，认为胰岛素工作不容失败，对于科研成果，我们无需按国际标准来判断。只要完成了，只要没有半途而废，就能把它说成是一项胜利，就能给毛主席、党和国家与人民一个交代，其科学意义甚至会因其政治意义而被一再放大。这样，相关研究人员稳定了下来。

由于最关键的晶样问题已基本解决，他们很快就测量、计算出了结果。1970 年国庆前夕，他们用 X 射线衍射方法完成了猪胰岛素晶体 4 埃分辨率的分析工作，确定了胰岛素分子的轮廓和组成胰岛素的两条肽链的走向。接着于 1971 年 1 月，初步完成了 2.5 埃分辨率的分析工作。经过进一步的完善，1971 年“七一”前夕，也即建党 50 周年前夕，他们又完成了全部的 2.5 埃分辨率的分析工作，显示出胰岛素分子结构的细节，确定了猪胰岛素的晶体结构，包括胰岛素分子两条主肽链的走向和侧链基因的走向。

1971 年 7 月 19—30 日，中科院在国务院第一招待所主持召开了胰岛素晶体结构分析研究成果鉴定会。唐有祺与卢嘉锡等 18 个单位的 77 位科学工作者参加了会议。鉴定会给出的结论是:“经过细致的审核和讨论，鉴定委员会认为，胰岛素晶体结构成果正确可靠，是继我国在世界上第一个人工合成了蛋白质——结晶胰岛素之后，在基础理论研究方面赶超世界先进水平的又一较为重要的成果，这为研究胰岛素结构和功能的关系提供了新的有利条件，而且也为今后研究生物大分子，探索‘生命起源’等问题打下了基础。”

结构测定成功后的国际影响

中国科学家独立完成了合成牛胰岛素的结构解析工作，比霍奇金的小组获得了更高的分辨率。霍奇金在 1971 年听说这个消息时非常兴奋，立即在去日本的行程中插入北京之行，历时一周。霍奇金带上了牛津小组取得的胰岛素电子密度图，与中国科学家获得的图谱一一对比，大家深入讨论了共同感兴趣的问题。

1972 年 9 月，在日本东京举行的第 9 届国际晶体学大会上，霍奇金做了大会专题报告介绍了中国胰岛素结构研究，并骄傲地第一个宣布：北京以国际上其他地方达到的同样高的水平，完成了对一个重要蛋白质胰岛素的晶体学分析。

由于当时中国学术对外交流尚未开放，中国学者的研究成果只能在国内发表，胰岛素结构测定工作的成果仅在1973年发表在当时中国唯一的英文对外刊物 *China Reconstructs* 上。1975年，霍奇金在国际上权威的综合性自然科学类刊物 *Nature* 杂志上发表了一篇题为“中国的胰岛素研究”的短文 ①。她在文中对中国科学工作者的研究成果给予了很高的评价，指出北京小组1974年获得的1.8埃分辨率的胰岛素电子密度图是目前通过实验确定的最精确的结构图。她在文中介绍了当时中国科学家只能在国内发表的成果和最新研究，引起了晶体学界乃至整个西方学术界的关注。随之而来的是，晶体学领域世界知名实验室的负责人先后到北京胰岛素结构研究组进行交流访问。猪胰岛素晶体结构的测定成果，荣获1978年全国科

图 5-7　1980 年霍奇金访问中国科学院和北京大学（前排中为霍奇金，前排右一为唐有祺）

① Dorothy Crowfoot Hodgkin. Chinese work on insulin. Nature，1975（255）：103.

学大会奖和1982年国家自然科学奖二等奖。

中国将胰岛素的晶体结构测定出来后，1978年8月25日，唐有祺去英国剑桥大学分子生物学研究所访问，由1962年诺贝尔化学奖得主佩鲁茨接待。当时在剑桥的科学家还有1962年诺贝尔生理和医学奖得主克里克，以及正在那里访问、来自大阪大学的渡边（Watanabe）。由于科学家已经获知中国科学家测出了胰岛素的结构，特意邀请唐有祺去做了报告。得知参与胰岛素测定工作的主要人员有唐有祺的学生，在座的科学家，包括克里克，都恍然大悟，解开了对中国能够做出此项重要研究的疑惑。

> 后来提出DNA双螺旋结构的克里克，知道我们做出来胰岛素的结构以后，他们邀请我去讲一讲。他们说很奇怪，霍奇金说是你们年纪很轻的人做出来的？他们不知道我已经培养出学生了，因为我早先还没有去国外做过报告。后来我去讲的时候，人家一听是我来讲，就说，哦，这项工作也有你参加，那就不足为奇啦。①

唐有祺后来对胰岛素合成与测定工作进行了反思，他认为国家如果不重视基础研究，科学就不能发展。但是基础研究要投入多少国力，还是要有细致地考虑。基础研究不能够搞群众运动，因为没法培养出一个能力全面的人，工作结束后能够再领导和培养一批科研人员。所以，唐有祺认为这个做法还是不全面②。

---

① 唐有祺访谈，2012年12月4日，北京。资料存于采集工程数据库。

② 唐有祺访谈，2012年11月29日，北京。存地同①。

第六章
“文化大革命”的日子

在“文化大革命”这场政治运动之中，自由探索的科学研究的环境没有了，正常的教学秩序被打破，封闭、困顿是科学研究的写照。

唐有祺经历了因埋照片引起的风波，被贴大字报，参加超声波为什么能“省煤”等未经论证的“研究”，晶体结构测定工作中断。在如此艰难的环境下，唐有祺利用难得的“休闲”时光撰写著作，写出了《统计力学及其在物理化学中的应用》《对称性原理》《化学动力学和反应器原理》《相平衡、化学平衡和热力学》等专著。在下工厂劳动中，为给石油化工领域培养人才、为工农兵学员准备教材。因其具有结构化学的理论优势，他从表面结构出发研制石油工业的高效催化剂并酝酿提出“自发单层分散”原理。

在这样的情境之下，唐有祺仍收获颇丰。日本高分子刊行会编写的推荐化学类著作中，唐有祺的《对称性原理》排在了第七位。催化剂研究确实催化出唐有祺头脑中的分子工程学理念。

“四清”、照片风波与教改

从“四清”运动中调回

1965 年 9 月，唐有祺和一帮干部到三家店参加“四清”运动，跟贫农住在一起。由于和农民长期接触，虽然有的干部被划为右派，但是他们和唐有祺却赢得了农民的尊重。

> 这时候有一些有意思的事。我们下去农村时，要隐瞒身份。北京市发给我们旧的军服，我们穿了军服下去，下去了人家不知道我们哪儿来的。那时候反“右”，年纪轻的，好多被冤枉成“右”派。可到了农村，农民觉得你们的“右”派怎么这么好？什么都好，学问也大，人也好，都是很年轻的人。农民根本不买账，不认右派。你和农民讲右派是没有用的，他可能想，我这个农民的帽子比右派还不如呢。还有农民说：老唐，好像你不是军官？他看出我的军装是有口袋的，因为军官的军服才有口袋，兵没有口袋。慢慢后来农民们都挺认同我的意见。①

1966 年 5 月 25 日，北京大学的聂元梓贴出了“宋硕、陆平、彭珮云在“文化大革命”中究竟干了什么”的大字报，这张大字报公开发表后，使“文化大革命”急剧升温，唐有祺因此也从三家店被调回了北京大学。

爱好摄影惹来风波

唐有祺在上海中学读书时期，便有了自己的相机，并陆续拍摄了不少

---

① 唐有祺访谈，2012 年 11 月 29 日，北京。资料存于采集工程数据库。

照片。但是没想，这些照片却在“文化大革命”时给他惹来了风波。

由于担心家里的照片带来麻烦，唐有祺让家里的保姆去埋照片。

“文化大革命”那时候都怕，怕互相看到照片问这个人是谁，那个人是谁，万一有个人有什么问题可不是开玩笑的。如果在照片上看到你到一个地方去，会问这是什么地方？这个地方也可以给你找麻烦。我们家这个时候就怕有些照片惹麻烦。于是就拿出一些照片把它埋掉。我们让老保姆去埋，这个老保姆却故意让人家知道我们要埋照片。结果引得红卫兵来了，把我的地图都抄走了，认为我买地图是为了当间谍。①

虽然唐有祺在当时已经被贴了大字报，还只是被画了红线，没有被打叉。但是照片的事情，唐有祺被红卫兵瞄准了。好在后来学校查清了这件事情，唐有祺没有受到批斗，但是红卫兵不仅拿走了要埋的照片，还把家里的其他东西也带走了。这样一来，唐有祺不仅损失了一些珍贵的照片，连他在加州理工学院的博士文凭都丢失了。

这还仅仅是序幕。唐有祺在 1968 年军工宣传队进校后，还被隔离审查了 49 天。当时，吉林长春应用化学研究所有个人被批斗，此人为了引起中央的重视，他说了化学界一批人的名字，于是北京大学化学系的许多人都被隔离审查。

隔离的那天晚上，军工宣传队的人给我讲：唐有祺，你好好交代。然后让我待在那个地方。可是过了一个礼拜，他们又对我说：唐有祺，你好好学毛选，没有事了。因为吉林那个人瞎闹，他们知道了。但还是在隔离的地方，让我一个人学毛选，到了第四十九天，我就完全解放了。②

---

① 唐有祺访谈，2012 年 10 月 18 日，北京。资料存于采集工程数据库。

② 唐有祺访谈，2012 年 11 月 29 日，北京。存地同①。

逍遥时光难逍遥：撰写著作

从大跃进运动到“文化大革命”期间，唐有祺虽然觉得度日如年，但他还是以惊人的毅力先后完成了如《统计力学及其在物理化学中的应用》《化学动力学和反应器原理》《相平衡、化学平衡和热力学》《对称性原理（一）》《对称性原理（二）》等几部著作，这些教材现在在国内已经成为经典。迄今在哈佛、伯克利等国外著名学府也被华语学者奉为经典参考书目。《对称性原理》和《统计力学及其在物理化学中的应用》作为《北京大学百年化学经典》于 2012 年再版，《化学动力学和反应器原理》对后来我国研制高效聚乙烯、氧氯化和环氧乙烷催化剂等都起到了很好的指导作用。

从 1959 年到“文化大革命”开始之前，由于参加生产劳动、思想理论学习等替代了科研工作，唐有祺的研究工作开始紧缩。1961 年 1 月，北京大学教务处要求师生贯彻劳逸结合的规定，师生每周学习、教学、科研、劳动不得超过 48 小时。在不大动体系、不降低教学质量的前提下，重点精简课程内容。而此时倡导的科研工作也多是集中力量、大批学生参与进行的校办工厂、原子能、自动化、超声波化等项目。他开始集中精力开展教学并编写教材。

《统计力学及其在物理化学中的应用》

1961 年春季以来，唐有祺在北京大学化学系为一些需要物理化学基础较多的同学和研究生开过三次统计力学课。为了教学需要，他先后写过两次讲义。1962—1963 年，他将讲义进行了整理和增订，1963 年 10 月，书稿完成。1964 年，科学出版社出版了唐有祺编写的《统计力学及其在物理化学中的应用》，出版后得到境内外学人推重。这是第一本将统计力学介绍到中国化学界的书籍，1988 年，这本书获得全国高等学校优秀教材奖。

在编写这本书时，唐有祺首先将主要读者对象定位为物理化学工作者和其他需要物理化学基础较多的化学工作者。从这样的读者对象出发，唐有祺注意到他需要认真对待的第一个问题，是如何针对他们的基础和需要来交代统计力学。他考虑到，首先需要明确，究竟这样的读者对象所需要的统计力学要求他们掌握哪些最基本的物理概念和最必要的数学方法，这样才能在交代和依靠这样的概念和方法时有所着重。另外，唐有祺照顾到，如果注意到一般化学工作者对统计力学中需要的那些力学原理和方法会感到生疏的话，那么我们也应该充分估计到这样一种情况：化学工作者对统计力学所能处理的具体体系以及有关的物理化学同题倒往往是十分熟悉的。从这样的想法出发，唐有祺体会到，在克服消极因素的同时，似乎还应该多注意化学工作者在原有基础中的那些积极的方面。这是唐有祺编写统计力学教材的基本出发点。由此，这本书对如何针对物理化学工作者的基础来阐述统计力学的原理和方法，提得比较明确。

多次讲授统计力学，唐有祺切实感悟到，统计力学的讲解，不论是书面的或口头的，往往很容易给初学者一个印象：它的原理和方法是合乎逻辑的，而它的应用是引人入胜的。但是从取得这样的印象到其正能把统计力学的基本原理和方法以及它在物理化学中的应用学到手，这中间肯定还存在着不少距离。这些距离靠什么来填补呢？阅读或听讲以外的环节，特别是习题就显得格外重要。而教学经历让唐有祺深知，初学的读者和学习中性急的读者，对习题的作用几乎总是认识不足的。基于这种理念，他在书中为读者安排了一定分量的习题，并在正文与习题之间注意了相互的配合和策应。特别的是，唐有祺将他对统计力学的独特理解，以通俗的方式在书中进行了讲解。

不过，唐有祺也特别指明，就性质、范围和可起的作用来说，他编写的这本书只能是为前面规定的读者对象在学习统计力学时提供阶梯的入门书。但在初学这样的一本入门用书时，读者也无需一口气读完全部章节和做完全部习题。除此以外，这本书的相当多的习题都有文献出处，“对于难度高的习题，唐先生又给出思路，顺着思路想下去就等于看了一篇文献，又把读者引向多个重要的研究领域，极为耐读。”①

在结构安排上，该书前五章和第十章是介绍统计力学中原理和方法的主要章节，其余八章主要是统计力学原理和方法在平衡常数、速度常数、绝对熵和简单气体、稠密气体和液体、晶体以及正规溶体等方面的应用。鉴于国内已有物理化学专家著述高聚物、电解质溶液和吸附等方面的专著，唐有祺编写这本书时便没有介绍统计力学在这些方面的应用。

《对称性原理》

1968 年，“文化大革命”仍在如火如荼地进行。由于正常的教学和科研工作都被迫中断，唐有祺没事可做，成了逍遥派，但是他却并没有逍遥下去。这年冬天，唐有祺在家生着炉子，专心整理《对称性原理》讲义。

唐有祺注意到，对称性概念由来已久，但是在化学的发展进程中，对称性和原子在空间中的分布这样两个概念，一直是紧密地结合在一起的。对称性所涉及的原子空间分布问题，是化学科学中的一个基本问题。以群论为基础的对称性原理，已经成为学习化学和研究化学，特别是结构化学的一个得力工具。为此，唐有祺编写了《对称性原理》上、下两部。在上部中先把分子结构和晶体结构抽象成对称图像，然后介绍和应用群论中的概念和方法来分析这样的图像，并揭示其中规律。下部论述对称群的表象及其群论原理，并将涉及原

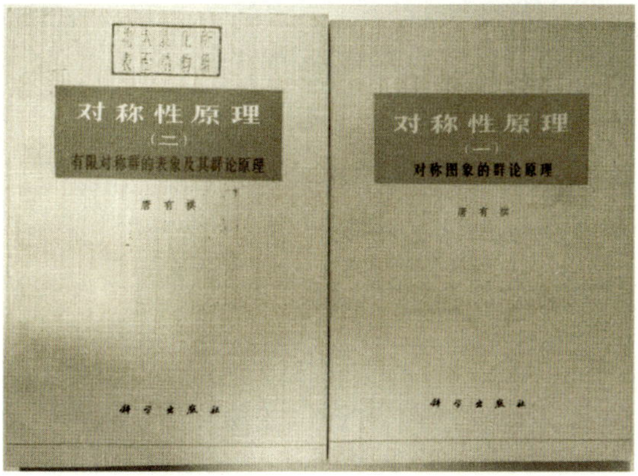

图 6–1　科学出版社出版的《对称性原理》(一)(二)

① 陈敏伯：唐有祺先生《统计力学及其在物理化学中的应用》出版 50 周年断想。《中华读书报》，2014 年 7 月 30 日。

子和分子等的电子结构问题。

1974 年，唐有祺将书稿交给科学出版社,《对称性原理》一二两册分别在 1977、1979 年出版。

开门办学出成果

到芦子水村做教改

1968 年夏，毛泽东向武斗严重的高校及中学派驻毛泽东思想宣传队。1968 年 8 月 19 日，由北京第一机床厂、第二机床厂、北京齿轮厂、外文印刷厂、财经印刷厂和 4587 部队等 6 个单位共 492 人组成的首都工人、解放军毛泽东思想宣传队（简称工宣队、军宣队）进驻北京大学，接管学校的领导权[①]。工宣队进入学校后，除了领导开展大批判、清理阶级队伍，建立、调整革命委员会之外，还参加学校党支部和革命委员会的工作，参与备课与教学。1969 年 7 月到 8 月，宣传队领导小组分三批派遣北大的教职员工到江西南昌鲤鱼洲筹建农场。化学系有不少教授被派遣到农场。这一次，唐有祺没有被安排去江西，而是被派到京郊房山的芦子水村去进行教学改革。当时北京大学 202 名教授，有 89 名到江西试验农场劳动锻炼，有 113 名下场下乡参加教改小分队，搞校办厂、科研、编写教材等工作。

1969 年 4 月下旬开始，宣传队进行北京大学教育革命试点，其中包括到平谷、大兴农村等进行教改试点，探索社会主义大学如何办，坚持把知识分子接受工农兵再教育贯彻始终[②]。北京大学的开门办学、厂校挂钩开始了。10 月，唐有祺随着北京大学的教改小分队到房山的芦子水村接受贫下中农再教育，并为工农兵短期培训班上课。

① 王学珍:《北京大学纪事（1898–1997）（下）》。北京：北京大学出版社，1998年，第673页。

② 王学珍:《北京大学纪事（1898–1997）（下）》。北京：北京大学出版社，1998 年，第 682–683 页。

那个时候搞教改，带了学生去芦子水，和学生住在一起。工宣队有个政委，是部队里的首长。他说我把你看做首长，我说我现在不是首长，他说没关系，不过你这个吃饭，要吃饱。学生反映你吃得很少，饭吃少了不行，我要负责。后来在芦子水，每个周末让我回去，回来要换车，换几趟车，还要走一段路。所以我回来后就一个礼拜不去，在家里看看书。那个人也是心照不宣的，他知道我在那里不舒服，让我多待一段时间再去。①

图 6-2　1969 年送张丽珠去延庆，唐有祺全家在北京合影（自左至右：儿子张昭达、张丽珠、唐有祺、女儿唐昭华）

虽然唐有祺受到工宣队的特殊照顾，但是学生却议论纷纷，有阶级斗争的意识和思想。

有些学生很好，可是那个时候学生思想也倒过来，他们觉得我真是有罪的。其实学生都是听教员党员讲，但教员党员也不是很清楚。有的时候，他们在炕上，我快要睡了，可是还是听到他们在讲话。有的学生说：不行，他有本领，我们跟他学本领。但是不能让他的小孩学本领。他小孩学了本领，将来都骑在我们头上。这时他们都有很强的阶级斗争的思想。②

去房山开门办学

1970 年 3 月，北京大学、清华大学两校宣传队领导小组和革委会联合

---

① 唐有祺访谈，2012 年 11 月 29 日，北京。资料存于采集工程数据库。

② 同①。

图 6–3 1970 年唐有祺从农村回城之际在京郊留影

上报《两校关于招生（试点）的请示报告》，提出从工农中选拔学生，理科学制为三年。1970 年 6 月 4 日开始，北京大学在北京地区进行招生试点，共招收 527 名工农兵学员。随后，北京大学又在江西招收 80 人，解放军 280 人，这批学员于 25 日开始陆续入校。在中央批准北京大学招生试点报告后，到 8 月 29 日为止，北京大学在各地招收了 1676 名工农兵学员。为了将北京大学建设成一个“世界上最先进、最革命的以文科为特点的社会主义综合大学”，宣传队建立了“三结合”的教师队伍，建设革命化的教材。教师定期轮换参加工厂、农场劳动，逐步实现“劳动人民知识化、知识分子劳动化”，达到教师会做工、种田，工人能教学、搞科研。

在这种情势下，1970 年夏末秋初，唐有祺从房山教被调回北京大学，为行将入学的工农兵学员准备教材。工农兵学员进校后，唐有祺与化学系物理化学和化工原理教学小组的几位教师一起到北京郊区的化工厂，在政治上接受工人阶级再教育，在业务上向工人师傅再学习，并承担编写新教材的任务。唐有祺不但要讲课，还要与其他教员一起带他们到工厂去开门办学。

1972 年 4 月 1 日，北京大学石油化工实验厂移交给北京石油化工总厂管理，整个总厂作为北京大学教学、科研、生产劳动的三结合基地。即便在这种极其艰难的环境中，唐有祺也没有放弃科学研究。

化工教学与教材

1971—1972 年，唐有祺先后为石油化学和高分子化学专业的工农兵学员编写了《石油化学反应器和化学反应原理》及《化学动力学和反应器原理》两本讲义。为给石油化工专业准备教材，唐有祺亲自到石油化工厂了解情况，利用接触工业实际的机会，不辞劳苦在工厂里爬上爬下地考察裂解炉和各种工业反应器，了解各种石油化工重要过程，取得了对生产流程及一些关键的化工问题的感性认识，结合国外新书和文献，以及实例阐述了流动型式、传热和传质对工业反应器中化学反应进程的影响，在两次教学实践和总结经验的基础上，唐有祺将讲义进行修订，1973 年 9 月，形成《化学动力学和反应器原理》一书。1974 年 11 月，该书由科学出版社出版，1979 年 12 月第二次印刷。后来唐有祺又在充分体验生产实践的基础上编著了《相平衡、化学平衡和热力学》。

学习化工应该以物理化学等化学知识为基础，从基础出发到应用，这是唐有祺在教学和编写讲义时的重点考虑。

> 我那时候写讲义以及教学，是从基础教起，没有基础是没有东西的。比如说应用一个东西，你没有基础怎么去应用？没有物理化学的基础怎么解决问题？所以我在讲义里都是讲基础，讲完基础之后继续结合化工。我没有去投机取巧，讲课是从学生出发的。[①]

唐有祺在此期间为什么会专注于化工方面的反应器呢？一来是因为唐有祺下放的房山的北京石油化工总厂，引入了比较先进的反应器，技术人员在生产过程中遇到了难题，只懂应用，不懂其中的原理。房山的化工厂，反应器很先进，是国外最新的流体反应器。它的苯酚车间，就安装了一个新的反应器。不像原来，是一个大釜。这种旧的釜，好多化工厂都有，原料在一个釜里面搅拌，放大过程就是把实验室的烧杯按比例放大。化工厂的技术员都是大学毕业的，能力也很强。但是他们不明白其中的基本原理，因为没有学过，他们读书时的老师也不懂[②]。

---

① 唐有祺访谈，2012 年 10 月 11 日，北京。资料存于采集工程数据库。

② 唐有祺访谈，2012 年 11 月 29 日，北京。存地同①。

另外一个原因，则是因为唐有祺在美国留学期间便关注到化工基础方面的进展，1950年参观过美国的钢铁厂，并注意到美国在意识到自己在科学技术领域的发展还不及欧洲时，便建立了化学工程学这样一门独树一帜的新学科。回国之时，唐有祺是带着继续进行生物蛋白质结构研究以及利用中国的矿产资源展开应用研究、并将其理论化的想法回来的。

所谓化学工程，当时美国发展出一种重点的化学工业，都是很大的、连续操作的工业。化工是不得了的，空气加水，加矿产，什么都可以做出来。比如合成氨，催化剂是矿物的，空气中的氧气、氮气加重要的元素，比如铝、铁，几个重要的元素都在里头。周期表里头都有了，利用那些小的元素做催化剂。其中一个就是材料工业。我那个时候还专门写文章介绍。美国当时就做到这一步了。我回来就看好化工，想做这个基础研究，把这种重的、最基础的化学工业将它理论化，把基础研究搞出一些理论来。①

化工的重要化学基础是化学反应。化学反应与气－液相变过程不同，也与原子核反应大不一样。通常能给出大量热能的煤、油和气等的燃烧过程是化学反应，而从天然资源中制取各种化工产品时就更需要依靠化学反应来变革分子。化学反应是物理化学领域的一大板块，由于唐有祺有着坚实的物理化学基础，他在开门办学时期一边教工农兵学员和工厂的技术人员，一边潜心研究化学反应与反应器原理。通过深入实际，唐有祺初步弄清楚了石油化学和高分子化学工业中化学反应的特征，并分析了它们的发展趋势。唐有祺发现，这种类型的化学反应最突出的特征是“直接性”。这就意味着，要尽量减少反应步骤，从原料到产品尽可能做到“直达”，在生产过程中尽可能不采用那些对产品的化学组成来说没有必要的物料，并尽量采用来源不受限制的空气、水以及石油资源，能大量提供的烯烃、芳烃等物料。

① 唐有祺访谈，2012年11月29日，北京。资料存于采集工程数据库。

探索出石油化工和高分子化学工业领域化学反应的特征之后，唐有祺首先将化工原理化简为单元操作，从不同流程中分解出来的同一种单元操作，都是在本质和原理上具有共性的操作。在唐有祺看来，所谓化工原理，实际上主要是单元操作，涉及分离。他认为单元操作有个特点，能够将要分离的原料变成一个模块，单元操作就是模块化了，操作流程等于把不同模块组合。利用单元操作可以进行专门的研究。比如生物研究，如果酒厂、石油厂去研究精馏，则无法把精馏研究透。如果把制酒和石油炼制的流程中的精馏作为非常广泛的、综合的单元操作，则可以让精馏成为一门学问，逐渐摆脱对某一个行业的依附而独立出来①。

同样，如果将不同流程的反应器作为一个单元操作来研究，讨论它的本质和原理上具有共性的操作，深入探讨它的传质、传热和传动理论，便可发展出关于反应器的化学工程学，并将其应用于不同的领域。基于这种考虑，唐有祺开始探索反应器的类型。

反应器为什么重要呢？在石油化学和高分子化学工业中，从物料到产品，都是由碳、氢、氧、氮、氯等少数几种原子组成的共价分子，而它们之间的转化过程就是改组这几种原子之间共价键的过程。因此，要掌握这类具有直接性特征的化学反应的动力学，就应把反应速度和反应机理同这些键的改组及伴随着的能量变化密切联系起来。在化学动力学中突出键的概念，也为分析分子内部的运动提供了合适的模型。这类化学反应一般都要放大到规模很大的工业反应器中进行。为此，唐有祺对反应器进行了分类，即什么反应用什么样的反应器。

> 我总结出来，反应器要分类。什么反应要用釜，什么反应要用管道反应器？这个都有道理。有些东西要搅拌釜。两个反应物，除了停留时间，要看一个反应釜多大？流量多大？这些数值都在这里。这个反应都分离了跑出来，跟管式的不一样。管式等于反应跟着这个管，一直从头到尾都到一起，反应时间可以准确得多，可以省，这里头文

① 唐有祺访谈，2012 年 11 月 29 日，北京。资料存于采集工程数据库。

章很大。而且设备和中间的模式，反应器的归类都不一样。一个釜里头，成了产物以后不会改变，就让它在釜里面放出来。一个釜，多少小时，或者多少天，放出来？有些反应器一路上都在反应，那你可以用管道，管道长度够了效率就高了，后来我用数学进行了证明。[①]

《化学动力学和反应器原理》一书，虽然内容和唐有祺熟悉的微观结构化学领域相距甚远，但却写得非常精彩，深入浅出地将宏观动力学和反应器原理的精髓首次介绍给中国的化学工作者。这本书出版后，令读者大开眼界，对唐有祺的深厚功底和渊博学识深感钦佩[②]。

被评为五好战士

1958年4月17日，在全国青年第三次代表大会上，解放军代表向全军发出了开展“五好”评比活动的倡议，五好包括努力学习，爱护武器装备和一切公物好，消灭事故，生产节约以及锻炼身体。5月12日，总政治部发出《在连队中开展“五好”运动的指示》，号召开展以“五好”为目标的持久性群众运动。随后，彭德怀建议把五好内容修改为“学习好，工作好，爱护武器、消灭事故好，生产节约好，身体好”。1958年11月，出席全国青年社会主义建设积极分子代表大会的军队代表又提出了新的“五好”倡议。1960年10月，中央军委扩大会议决议，把五好确定为政治思想好、军事技术好、三八作风好、完成任务好、锻炼身体好。五好战士运动随之展开。随后的60年代和70年代，五好战士运动的具体内容曾发生过变化，但仍在军队中蓬勃展开。“文化大革命”开始后工宣队、军宣队进入北京大学，五好战士运动也在北京大学展开。

由于唐有祺在石油化工厂开门办学时期，不仅将化工方面的基础课程讲授清晰，编写出注重化学基础的化工课程讲义，还为工厂解决了实

① 唐有祺访谈，2012年11月29日，北京。资料存于采集工程数据库。

② 谢有畅：在唐有祺教授指导下工作的回忆。见：唐有祺，《唐有祺教授八秩华诞志庆集》。石家庄：河北教育出版社，2000年，第198页。

际问题，让北京大学宣传队的人看到了成绩，出了成果。唐有祺还被评为五好战士。

> 开门办学我做出了成绩。开始是工宣队，后来军宣队来了，他们对我特别好，人家以为我和工宣队、军宣队有什么关系，才把我列入五好战士，其实是我开门办学办出成绩来了。开门办学我把化工的东西弄出来，化工的人就把内容讲了，可是基础是没有的。我去讲化工，基础都给他们讲了，可以从机理上理论上讲得更深刻。这样一来，他们化工基本上不用学，基础弄清楚之后只要把它用上去就行了。比如传质传热，三传一返。我的化工可能要比化工系讲得还好，所以工宣队、军宣队到后来还是有的觉得有点上道。因为有的人认为开门办学是个招牌，没有内容的，这样一来，他们也觉得有东西出来了。后来正式把我弄成了五好战士。

主动探索实际的科研方向：催化剂研究

尽管正常的科学研究环境受到破坏，但是逆境中的唐有祺，一直思考着能否结合当时的背景、利用自己在结构化学领域的特长，做点实在的事情。1974 年初，唐有祺获悉当时的石化部正在制定引进装置催化剂立足于国内的计划，他意识到“环氧乙烷银催化剂”的工作难度和实际意义都非同一般。这也给想干点“正事”的唐有祺带来了机遇。

主动争取催化剂项目

环氧乙烷是乙烯工业中产量仅次于聚乙烯的基本有机化工原料，主要用于生产聚酯产品和防冻剂的原料乙二醇。20 世纪 30 年代发现的乙烯直接催化氧化环氧乙烷银催化剂。上海石油化工研究院在 1965 年开始研究开发环氧乙烷银催化剂。即便如此，到了 20 世纪 70 年代，中国的石化水平仍然相当低。燕山石化厂在 1974 年决定开始研制环氧乙烷银催化剂。唐有祺的学生，1956 年毕业于北京大学化学系后留校执教的林炳雄回忆了当时的情景：

> 周总理提出来要从日本和美国引进装置，引进装置里头是怎么消化和应用。当时石油化工里，很关键的是装置、工艺和催化剂。当时我们国家的催化剂，不管哪个单位，就算科学院里比较厉害的大连化学物理所都和国际上脱轨脱得很厉害，尤其是在实际应用方面。当时燕山石化厂引进了环氧乙烷这个装置。①

感触到机遇可贵的唐有祺和林炳雄都跃跃欲试。他们几次到主管部门争取参与，都因理科高校这方面少有建树而屡遭拒绝。他们看中的是同行业的研究单位。连续几十天的奔波总是无功而返，林炳雄有些气馁了。见状，唐有祺向林炳雄提出了推荐自己的另行方案，就是到有条件承接这个项目的燕山石化总厂（现燕山石化总公司）研究院去展示自己的特点和实力，促使他们接受与合作。唐有祺还许诺他将亲自出马为林炳雄助威。唐有祺的进取精神对林炳雄很有推动。经过一定的准备，师生二人择日前往燕山研究院。

> 一个晴朗的早晨，带着日前准备好的两个火烧，师生相伴出发了。路上我们一刻都不停地谈论着、猜测着、计划着几个小时以后的事情。身边拥挤的人群、远处的山田野景似乎全不在视野之中。由于交通不顺畅，临近中午才到达目的地。接待我们的负责人热情而谨慎，他们的言谈中同样流露出对我们的不信任。唐先生介绍了他个人开门办学的成绩，表明了一个教员在国家需要面前的责任意识。简短的发言吸引了与会者的注意力，他们打量着眼前的这位老者，体会着

① 林炳雄访谈，2013 年 9 月 19 日，北京。资料存于采集工程数据库。

他说的每一句话。与主题相贴切的讨论随即开始了。顺势，我们按照事先准备好的资料和分工，谈了我们对这个课题的认识和打算。经过一场客气的质辩后，他们终于肯定了我们理性思维的价值，并表示尽快向主管领导汇报情况，建议接受北京大学为这个项目的合作单位。当时还不是科学的春天，但是希望已隐约可见。我们肩负着责任告别了主人。走出办公室看到前方马路上停靠着一辆运货的敞篷大卡车，人们呼喊着告诉我们可以搭乘这辆车到长途汽车站。减少这段路的徒步辛苦和时间消费是我们求之不得的好事，于是我们爬上车选择一个安全的角落迅速坐下。当汽车启动的时候，西方的晚空还留着余晖，唐先生平静地说“明日的天气会更好”，接着又叫了一声我的雅号……我们俩都笑了。①

这次活动为“定福庄会议”石化部把与引进装置相配套的“环氧乙烷银催化剂”的部分研制任务下达给北京大学做了重要铺垫。而从事引进装置配套催化剂的研究，是唐有祺的研究工作面向生产实际的良好起点。林炳雄用谨小慎微来形容当时在定福庄会议上接受任务的心情。

环氧乙烷的催化剂，是很难的一个催化剂，不好搞，当时唐先生就带着我们去接这个任务。先是在定福庄开会，那时候中石油、中石化还没有分家，叫石化部。会上，我们就把这个任务接了。当时还是“四人帮”的时候。说实在的，谨小慎微，因为学校还是工宣队、军宣队领导，他们并不是很支持。我说，将在外，军令不受，反正就接了。②

任务接到后，如何展开这项应用研究呢？唐有祺和林炳雄去现场多次考察后，做出了一个重要决定：凭借北京大学在结构化学方面的基础，从

① 林炳雄：令我终身受益的老师。见：唐有祺,《唐有祺教授八秩华诞志庆集》。石家庄：河北教育出版社，2000 年，第 203–204 页。

② 林炳雄访谈，2013 年 9 月 19 日，北京。资料存于采集工程数据库。

理论上研究催化剂的机理。这与传统的催化剂研究路径不一样，完全从结构化学的视角进行研究。

为了研制催化剂，唐有祺和林炳雄等从最基本的仪器搭建做起，在北京大学和燕山石化研究院的实验室，铆足了劲进行探索。林炳雄回忆道：

> 我们的基础是结构化学，我们好在物理化学的功底比较厚。北京大学的这批人，基本实验和基本技能功底都很厚，很多实验很快就搞起来了。当时实验条件都很差，钳工什么的活，都是自己干。我们连春节也没过，一直在做实验。家里人都回上海去了，我老家在上海。我外甥给我打电话，那时候还没有电话。他后来写信说，家里都团聚了，就剩下你一个舅舅没回来，那时候我父母都还在，春节都在忙。另外唐先生还经常和我一起到燕山。那个时候回来，没有小车，有的时候做敞篷卡车。敞篷卡车，唐先生他爬不上去，我把他推上去。那时候有劲头，一方面是四人帮那么长时间，没干活，憋着一股劲，想做点像样的事情。①

1980 年环氧乙烷－银催化剂和碳二选择加氢除炔烃催化剂通过了石化部主持的技术鉴定，1982 年桂琳琳参加第三届国际非均相会议，将这两项技术做了报告，引起了国际同行的广泛关注。对此，林炳雄记忆犹新。

> 我们在 1976 年广州开的会上，提出了催化剂模型，引起了很大的注意。后来有一段时间邓小平复出，抓了下生产，后来北京大学的那帮军代表，他也闹政治资本，又把我们这个项目看得很重。80 年代中期，北京工业大学的李婉老师请了一个澳大利亚、还是美国的专家来讲学，他专门讲我们的工作。国外的专家被请到中国来，反而讲我们的工作。可见我们的工作非常有意义。②

① 林炳雄访谈，2013 年 9 月 19 日，北京。资料存于采集工程数据库。

② 同①。

发现两个效应：从分散体系的制备到结构和表面的研究

在研制银催化剂时，让唐有祺感到最满意的是他们在研制过程中发现的两个效应：在 α－氧化铝表面上还原乳酸银所得的银不成形；而在覆盖其上的莫来石（Mullite）微柱体表面上，银优先析出，而且成为圆粒，其直径与柱体宽度相当。这为催化制备的科学基础增添了新内容。

在进行环氧乙烷银催化剂研究时，唐有祺还承担了高活性聚乙烯和乙烯氧氯化催化剂的研制任务。1973 年，谢有畅从五七干校返校后，唐有祺又与谢有畅等一起，从掌握工业反应器原理入手，立足于分子水平来研制这两种催化剂，都取得了成功，唐有祺认为这是他在特殊时期探索了一条实际的科研方向。

在研制高活性聚乙烯和乙烯氧氯化催化剂这两种催化剂时，唐有祺注意到氯化物活性组分在高比面载体表面上的分散方式及其与所得催化剂活性的关系。研究高效催化剂，缘于唐有祺下厂时，一位北京大学毕业的技术员向唐有祺请教催化剂的问题。当时国外新出了一种聚乙烯高效催化剂，根据报道，其活性比常规催化剂要高出三个数量级。这位技术人员将信将疑，询问唐有祺是否有可能达到。唐有祺立即开始研究这个问题。

发现氧化物或盐类在载体表面上“自发单层分散原理”

唐有祺与团队人员通过查阅文献后注意到，国内外高密度聚乙烯的生产由于使用了高效催化剂，每克过渡金属的聚乙烯收率达数十万克，可省掉洗除催化剂的后处理工艺，生产效率大大提高，但是它的结构机理却很少有报道。在进行聚乙烯催化剂研究时，唐有祺通过简单估算证明：$TiCl_3$ 如能分散在适当表面上，活性可以增高三个数量级，而且发现活性组分在载体表面上存在高度分散的迹象。

石化厂做聚乙烯搞一个催化剂，原来没有载体的。它的催化剂是什么呢？就是三氯化钛，把它的颗粒做小了，做小一点，做到微米级的。后来这个催化剂放在高分子里，是一个很新的东西。可这个是颗粒，体积小，比表面大，钛离子是催化剂的有效组分，就是在表面上发挥其作用。后来这个厂的人跑来问我，说国外做催化剂，催化的效率提高了三个数量级。我后来慢慢了解到，是把三氯化钛分布在一个载体上，这个载体是氯化镁，氯化镁可以做成高表面的。如果把一个镁、钛离子分散在表面上，那这个氯化镁的数目，原来是一个颗粒，一个微米大小的颗粒，只有表面上的钛离子算数。可是你要是把钛离子分布成单分子层的话，还是要大 1000 倍，三个数量级，我计算出来了。①

这个发现是如何做出的呢？唐有祺在做出估算后，预见催化剂如要在生产规模的催化反应器中取得成功，还需要掌握基于流动形式、传热和传质等环节的宏观动力学。接着，唐有祺带着学生们到北京化工研究院合作进行聚乙烯高效催化剂的研制。他们从探讨物质结构与性能的视角出发，用唐有祺擅长的结构化学研究方法出发，用 X 光衍射研究了研磨法制高效催化剂的机理，证实了聚乙烯高效催化剂 $TiCl_3/MgCl_2$ 产生高效的原因就是 $TiCl_3$ 在载体 $MgCl_2$ 表面单层分散，此时暴露在表面的活性组分可增高三个数量级，催化剂的活性也就相应上升了。即活性组分在载体上基本上达到单分子层分散，而且几乎每个过渡金属原子都可以起到活性中心的作用②。

在研究过程中，唐有祺也觉察到，氧氯化催化剂的活性随载在 Al_2O_3 载体单位表面上 $CuCl_2$ 量的上增，出现一个饱和值。

比如做聚氯乙烯，把氯原子加到乙烯上。氯怎么加到？氯和乙烯的分子在一起，也有催化剂。这个催化剂是氯化铜，低价的铜也有一个本领，可以把一氧化碳吸收在里头。催化剂氯化铜加的多了，加到

① 唐有祺访谈，2012 年 12 月 13 日，北京。资料存于采集工程数据库。

② 谢有畅，桂琳琳，卜乃瑜，等：聚乙烯高校催化剂的结构和机理研究。《中国科学》，1979 年第 7 期，第 665-673 页。

一定程度，加多了，没有用，饱和了，铜不到表面上去了，表面上满了，活性没有增加。所以这也是一个当时碰到的证据。[①]

这些启示让唐有祺觉得应该提出一个模型，并且想办法论证它。通过利用XRD等体相分析技术得到表面分散信息，唐有祺与谢有畅等反复进行了试验和表征，证实氧化物和盐类（后又推广到有机物）可以在远低于熔点情况下，在载体表面自发单层分散，并且有一个称为阈值的最大分散量，代表单位面积上的饱和分散量。由此，唐有祺确定了一个带有普遍性的效应：相对于高比面载体的表面积来说，当不超过一定量（阈值）的晶态氧化物或盐类与载体混合后在不甚高的温度下热处理时，都能自发地单层分散到载体表面上，而若氧化物或盐类过量时，超过的部分一定留在晶态中，不会使分散在表面上的单层发展为多层[②]，这就是自发单层分散原理。

从这里开始，唐有祺购买了表面光谱，分析表面分散情况，这样好多催化剂就有办法进行研究了。有了这个工具以后，唐有祺的研究可以既有表面又有体相。

唐有祺最初提出自发单层分散这一原理时，并不为国内同行接受。后来唐有祺和谢有畅带领学生们开展了氧氯化制二氯乙烷等石油化工催化剂的研制，经过认真阐述并从XPS实验提出证据、进行定量化研究。自发单层分散原理终于在国内外得到广泛认可，并取得越来越多的应用。1987年，国家教委为唐有祺科研团队的“氧化物或盐类在载体单层分散的自发倾向及其在异相催化剂研究中的应用”授予科技进步一等奖。20世纪90年代初，这项工作还曾对唐有祺思考分子工程学如何建设学科做出了启示。

唐有祺提出的这一原理，对研制离子性活性组分分散在高比面氧化物载体上所形成的功能体系具有重要的意义。他们在揭示有关原理时针

① 唐有祺访谈，2012年12月13日，北京。资料存于采集工程数据库。

② 唐有祺，谢有畅，桂琳琳：氧化物和盐类在载体表面的自发单层分散及其应用。《自然科学进展》，1994年第6期，第642–652页。

对的共性是离子性组分单层分散在高比面载体表面上所形成的体系。这个原理的建立，不仅为相应的学科分片奠立了一个基础，而它的指导意义也并不局限于催化剂了。谢有畅的课题组后来根据这个原理继续进行研究，将 CuCl 单层分散在分子筛表面，利用一价铜离子可以与一氧化碳络合的性质，得到对一氧化碳有高吸附容量和高选择性的 CuCl/ 分子筛高效吸附剂，解决了低成本从半水煤气等原料中分离高纯一氧化碳的难题。

我们看到，唐有祺对工业催化剂研制的出发点与做化工研究不同，他是从微观结构的角度，在理解结构与性能之间关系的基础上，运用结构化学的概念解决问题。正因为此，自发单层分散原理后来成为设计和制备可能基于这一类体系的催化剂、吸附剂和固体电解质等功能体系的科学依据，受到国内外同行的广泛赞誉。

催化剂的研究不仅让唐有祺在“文化大革命”期间为物理化学探索出了实际的科研方向，还促使唐有祺对催化剂的研究使得他在美国期间对体相的研究扩展到表面来。在美国留学时，鲍林并没有做催化剂研究，唐有祺跟随他做结构测定，学习化学键理论。回国后，唐有祺进行催化剂研究，有了自己发挥的余地。

唐有祺后来身体力行，亲自参与或支持的氧氯化催化剂和铑催化低压羰基合成丁辛醇等项目，年产万吨的大型工业化装量在齐鲁、大庆等石化基地落成多年，贡献自己的力量。

“文化大革命”结束后，1977 年 11 月 23 日，北京大学举行欢送工、军宣队队员大会。1978 年 2 月，北京大学请求中央每年拨给北京大学外汇 200 万美元，以进口教学、科研设备。1979 年 1 月，校党委常委开会，讨论如何将工作转到教学科研上来。唐有祺也开始恢复正常的教学和科研工作。

唐有祺也坦言，尽管如果没有政治运动与“文化大革命”，他恐怕没有专门的时间用来整理讲义、编写教材，不会去石油化工厂研究反应器与催化剂。但是，这段时间对他的得失而言，失去的更多。

第七章
捍卫化学学科　开启研究新领域

1978 年，迎来了科学的春天。唐有祺作为负责人的北京大学物质结构研究室的结构化学研究经过一段恢复时期，重整旗鼓。1979 年，唐有祺引进了国内第一台四圆衍射仪，晶体结构测定工作随之顺利展开。1980 年，唐有祺被增选为中国科学院学部委员（后改称院士）。1979—1981 年，唐有祺与合作者发表了 5 篇学术论文，1982 年，论文数量迅速增加到 13 篇。此后，他们的研究成果持续产出 200 余篇，而且多发表在国际高水平的学术刊物上，得到国际学术同行的普遍认可。

与小分子结构测定工作同时进行的，还有唐有祺在“文化大革命”时期迫于无奈无法进行的蛋白质等生物大分子的结构测定，他还朝着蛋白质分子设计和结构预测的方向开展了工作。“文化大革命”时期的催化剂研究经历，让唐有祺切实体会到物理化学和结构化学的学科背景对研制催化剂等实践能够发挥重要作用。“文化大革命”结束前后，唐有祺便开始考虑今后的科研工作是否要从固体的体相扩展到表面相。“文化大革命”一结束，唐有祺便开始实施他这一想法，并逐渐发展出功能体系的表面和结构这一方向。

1977 年 10 月，唐有祺参加全国科学规划会议，被授权筹建国内高校中第一个物理化学研究机构——北京大学物理化学研究所。随着研究工作的持续深入，他又整合北京大学化学系和中国科学院北京化学研究所的结构化学研究力量，成立了第一个由中国科学院和北京大学联合建设的北京分子动态和稳态结构化学国家实验室。他带领的科研团队发展出晶体结构测定、金属有机和原子簇化合物、多肽和蛋白质、多晶和高温超导氧化物、功能体系的表面和结构等方向。

唐有祺的这些工作，培养了一批结构化学研究人才，为结晶化学，特别是生物大分子的晶体结构研究在中国起了奠基和启蒙的作用。

恢复晶体化学研究

唐有祺对研究前沿有着敏锐的嗅觉。他和邵美成从 1956 年底起就关心 EDTA 及其螯合物的结构问题，并制备出了近 20 个样品。在 60 年代，唐有祺便意识到国际上通过 X 射线衍射方法已经获得了绝大部分无机物和有机物的结构，对重要的结构原理进行了总结。唐有祺认为，在这种情势下，结构化学应该从传统的解析小分子转向探讨分子的结构与效能之间构效关系，进而扩展到蛋白质晶体学。可惜的是，因为“文化大革命”，他的想法无法实现。现在，他终于可以和研究团队在前期小分子体相结构研究的基础上，拓展他早有设想的研究领域。

被耽误的 EDTA 及其螯合物的结构化学

乙二胺四乙酸（EDTA）由于能与绝大多数金属离子生成螯合物而成为著名的通用型强螯合剂，能在各个领域广泛应用。EDTA 及其螯合物的结构问题早就成为唐有祺和邵美成展开研究的新领域。

在国际上第一个 EDTA 螯合物晶体结构于 1959 年发表以前，唐有祺和他的研究团队响应党中央向科学进军的号召，早在 1956 年年底就开始从事 EDTA 及其螯合物结构化学的调查和研究。这一课题开始是由大连医学院化学教研室朱兆元、林肯等提出与唐有祺等协作。1957—1958年，唐有祺与邵美成制备过近 20 个样品，系统收集了 EDTA 络合铜、络合钾、络合钡等单晶样品的衍射数据，并进行了大量计算工作，还对 EDTA 钙盐、铷盐、铋盐也进行过试探和分析。1958 年 7 月，唐有祺和邵美成得到了一张质量较高的络合铜（$CuH_2Y \cdot H_2O$）晶体（010）面电子密度函数投影图。Cu 原子周围的配位情况已历历在目。遗憾的是，像这样唾手可得的科研成果却遭到了破坏。由于受到错误路线的干扰，本可以在四五年内做出的一批成果，因资料散失、时机延误，夭折了一半，其余的又推迟、中顿了许多年。1965 和 1967 年在没有电子计算机配合的条件下，他们用"咬住不放"的精神完成了 EDTA 二钡盐和二钾盐的结构分析。1965 年，在三维衍射数据基础上，唐有祺和邵美成成功地用极小函数法突破了 EDTA 络合钾（$K_2H_2Y \cdot H_2O$）晶体的结构分析工作，1967 年，他们完成结构参数的修正。但是由于"文化大革命"中的文化专制主义，他们的成果长期得不到发表的机会。为此，唐有祺感到十分痛心[①]。

唐有祺早期关注的 EDTA 络合物的研究，在选题时机和理论分析水平上并不亚于国外。但是由于政治运动，受到严重干扰，使得他们与国外本来并不太多的差距进一步拉大了。

"文化大革命"结束后，唐有祺和邵美成从结构化学的角度，结合自己的研究工作，对 EDTA 络合物诞生以来国内外的基本理论研究成果与进展作了综述性的概括与评介，并提出对今后科研工作的展望性意见[②]。而他们自己，也进一步展开了这一领域的研究工作。他们注意到一般络合剂较难与碱土金属离子络合，EDTA 碱土金属络合物可观的稳定性是一个值得探讨的领域。考虑到钡离子半径较大，在晶体中以 2:1 的比例对 EDTA 引进电价和半径一样的二份钡离子，估计这两个因素均对螯合不利。邵美成与唐有祺试图考察，对于 EDTA 这样一个通用型螯合剂，在比较不利的

① 邵美成，唐有祺：EDTA 及其螯合物的结构化学。《化学通报》，1979 年第 6 期，第 29-43 页。

② 同①。

条件下，究竟还能否对金属离子产生螯合作用。他们利用X射线进行分析，在三维衍射数据基础上将具有假对称性联系的两套重原子参数进行分离的措施，是他们在结构分析过程中采用的关键步骤，他们发现，晶体中EDTA对金属离子的螯合采取了“螯而不抱”的特殊形式，这是强螯合与非螯合间的一种过渡形态[①]。

此后，唐有祺的研究团队又探讨了乙二胺四乙酸镉盐的晶体结构，并由此拓展出金属有机化合物的结构化学研究方向[②]。

引进国内第一台四圆衍射仪

1979年，唐有祺去日本访问了理学株式会社[③]，从日本引进国内第一台四圆衍射仪和配套电子计算机以及直接法软件。

> 日本理学仪器公司产品不错，实验做出来质量很好。那时候日本靠技术吃饭，四圆衍射仪做得比英国好，而且要便宜得多。中国那时候还做不了这种仪器，做四圆衍射仪要花好多钱。而且能做实验的人也不多，要学习。要没有四圆衍射仪，那个时候定结构根本做不了。[④]

---

① 邵美成，唐曾仁，宋时英，等：乙二胺四乙酸钡的晶体结构。《中国科学》，1979年第3期，第261–273页。

② 代表性论文有：Meicheng Shao, Xianglin Jin, Youqi Tang, Qichen Huang, Yaozeng Huang. Remarks on the structural evidence of high reactivity of arsonium ylides bearing with an electron-—withdrawing substituent. Tetrahedron Letters,1982, 23（50）：5343–5346；邵美成，王丽峰，唐有祺. The crystal structure of sixcoordinated complex of vanadyl bisacetylacetonate with a sixth pyridine ligand. Chinese Science Bulletin, 1984（6）：759–764；邵美成，董迅，唐有祺：三齿配体酰（氧）钒配合物的晶体结构研究Ⅱ。《中国科学（B辑）》，1987（11）：1142–1150；邵美成，董迅，唐有祺. Crystal structure investigation of vanadyl complexes of tridentate ligend（Ⅱ）. Science in China（Ser.B），1988（7）：789–799。

③ 1979年4月8–14日唐有祺访问日本的行程安排。资料存于采集工程数据库。

④ 唐有祺访谈，2013年1月3日，北京。存地同③。

唐敖庆得知唐有祺引入一台新的衍射仪，特意在 7 月 9 日给他写信，认为“对科研定会大有帮助”①。诚然，新的仪器设备的引入，使得唐有祺和研究团队的工作条件已超脱目测强度、帕特森法和傅立叶投影等限制，结构测定工作开始系列化，他们进行了系列而具有新意的晶体结构测定工作。

图 7-1　1980 年唐有祺（左一）与英国学者一起查看北京大学的四圆衍射仪使用情况

四圆衍射仪是一种获得 X 射线单晶体衍射图的实验技术，常用闪烁计数器作探测器，可以让那些法线在此平面内的晶面族才可能通过样品和探测器的旋转在适当位置发生衍射并被记录。利用这种仪器测定结构曾经是 20 世纪八九十年代的主要实验方法。该仪器购买后，唐有祺和研究团队立即开展合成工作，对某些过渡和继过渡金属有机物进行系统研究②。

唐有祺领导的研究团队的系列研究中，第一个系列是多核铜、银、钼、钨簇合物和钒化合物的合成、结构及成簇成键规律研究。1982 年起，唐有祺与研究团队的成果相继发表。唐有祺等与南开大学元素有机化学研究所的陈寿山合作，对过渡金属钛、锆、铪的双环戊二烯基衍生物进行了合成与结构测定工作。他们探讨了乙烯在 $CuO/\gamma-Al_2O_3$ 上的吸附性能、过渡金属离子与冠醚的结合方式、十钒酸与 5，7- 二甲基 -2，3- 双氢 -1，4- 二氮杂加合物的晶体结构，合成与检测了钼硫原子簇新化合物、四核铜原子簇化合物等。

第二个系列是他们与中国科学院上海有机化学研究所合作研究了金属有机卡宾和卡宾异构化物的结构化学。例如，唐有祺、张泽莹与陈家碧、徐维铧等合作，对过渡金属卡宾配合物，特别是铼的卡宾络合物进行了合

---

① 唐敖庆致唐有祺的信，1979 年 7 月 2 日。资料存于采集工程数据库。

② 唐有祺撰写的北京大学结构化学实验室介绍手稿。存地同①。

成和晶体结构研究。

与结构测定工作相配套的，是制备和合成等上游工作。1980 年起，唐有祺的研究工作扩展到制备与合成，并在测定结构和调集结构数据之基础上，开辟药物构效关系以及结构预测与分子设计等研究方向。为了研制具有高抗癌活性、低毒性的抗癌药，南京大学络合物研究所的唐雯霞、邵荣泉合成了一系列铂络合物，唐有祺、杨清传与他们合作，研究了二异丙基胺丙二酸根合铂晶体结构和分子结构[①]。创新霉素是游动放线菌素产生的一种毒性很低的新抗生素，1980 年，唐有祺带领结构化学研究室对创新霉素进行了晶体结构分析工作并发表。另外，为了探讨药物的结构与性能之间的关系，他们还对中药提取物鹤草酚、娃儿藤等晶体结构进行了考察。

此外，唐有祺和研究团队还进行了不少不成系列而意义较大的晶体结构，如醋酸与棉酚加合物，尿素与氟硅酸加合物氟硅酸脲的晶体结构。其中与中国科学院植物保护研究所合作研究的氟硅酸脲，是防治小麦锈病的一种农药，具有成本低、药效好、腐蚀性小等优点[②]。除此以外，他们通过晶体结构分析应用多晶结构分析法研究了 ZSM-5 分子筛和高 Tc 超导氧化物两个晶体结构系列。

基于以上关于晶体体相结构与晶体化学的基础研究工作，获得了国家自然科学奖二等奖。

建立中国高校第一个物理化学研究所

化学教育的迅速发展为化学科学的进步奠定了初步的基础。1977 年，唐有祺参加全国科学规划会议，他在物理化学分组上酝酿着在北京大学成立物理化学研究所的建议。1977 年 10 月，唐有祺参加全国科学规划会

① 杨清传，唐有祺，唐雯霞，等：二异丙基胺丙二酸根合铂晶体结构和分子结构。《科学通报》，1981 年第 19 期，第 1172–1175 页。

② 张泽莹，邵美成，徐筱杰，等：氟硅酸脲的晶体结构。《化学通报》，1981 年第 3 期，第 14–15 页。

议，并被授权筹建北京大学物理化学研究所。同时被国家科委任命为化学组成员。1978 年 3 月、4 月分别召开的全国科学大会和全国教育工作会议，出席会议前夕，唐有祺欣然奋笔书写并发表了《结构化学的概况和动向》①，这也是他当时正在制定新时期科研计划的依据。

为了筹建研究所，唐有祺从人才和科研条件方面做了艰苦的努力。他写信给学生金祥林和汤卡罗，希望他们回到北京大学。金祥林和汤卡罗是 1966 年在北京大学化学系毕业的研究生，他们两人在物理化学方面都做过很好的研究。“文化大革命”后，他们去了重庆制药厂接受“再教育”。而要回到北京大学，人事调动在当时是最困难的一件事。金祥林和汤卡罗所在的制药厂及其上级主管部门坚持不肯放人，而他们在北京市的户口也很难解决。为了让两人能够回到自己专长的物理化学研究领域，人尽其才，在这种情况下，唐有祺亲自出马，不顾劳累，四处奔走，终于克服了种种阻力，把他们两人调回北京大学，并安排他们在小分子结构组，从事金属有机化合物的合成和晶体结构研究。这是一件让金祥林和汤卡罗终生难忘的事情②。

在科研条件方面，“文化大革命”之后的中国，百废待兴，科研条件很差。当时他们连化学合成实验室都没有。但唐有祺仍对此充满信心，他对研究人员讲道：现在条件虽差，但前景是好的。在这种信念之下，1983 年，国家教委批准北京大学成立八个研究所，北京大学物理化学研究所建立，这是中国高校中第一个专门的物理化学研究机构。1984 年 4 月 6 日，研究所正式成立，唐有祺担任所长。

> 1977 年物化所筹建时，傅鹰、黄子卿先生让我当所长，他们不当。我说你们资历比我高，我不能去当所长。可是，他们俩都坚持让我当所长，这些老先生都对我很好。很不幸，当所正式成立时，二老

① 唐有祺：结构化学的概况和动向。见：《现代科学技术简介》编辑组，《现代科学技术简介》。北京：科学出版社，1978 年，第 382 页。

② 金祥林，汤卡罗：师恩难忘。见：唐有祺，《唐有祺教授八秩华诞志庆集》。石家庄：河北教育出版社，2000 年，第 211 页。

先生已先后离世了，我和同事们都非常怀念他们。北京大学这时候，所跟系都直属学校。所不能属于系，是一个级别。①

研究所成立后，设有晶体和表面结构、胶体和表面化学、溶液化学、应用物理化学 4 个研究室以及结构开放实验室。研究工作侧重于物理化学中结构和化学键理论、表面物理化学、胶体化学和溶液理论等分支学科及应用。研究所在晶体体相和表面结构方面积累了经验，并结合丰产过渡元素的结构化学开展研究，结合大小分子的生物和化学活性以及材料的性能进行结构研究。同时兼顾胶体化学和表面化学以及溶液物理传统研究项目。应用物理化学着重研究分子筛、氧化铝合金等材料的结构和缺陷及其与工艺性能的关系。

图 7-2　1991 年唐有祺参加在北京大学举行的国家自然科学基金“七五”重大项目结构化学基础研究验收会

1986—1987 年，关于新型超导材料的结构与机制的研究处于诸子百家众说纷纭的情况，也有人形容为“问题多于答案”。唐有祺坚持认为，晶体体相结构是超导材料的一个重要的结构层次，在他的指导下，北京大学物理化学研究所与物理系协作，制备了 $YBa_2Cu_3O_7$−d 纯超导粉晶物相，以多晶 XRD 法鉴定和解析了晶体结构，注意到超导性能与四方 - 正交晶系转变有关，并以键价法剖析了结构的特征。

为什么想到做超导呢？唐有祺当时正在筹划一个方向。此时复旦大学的谢希德提到，超导晶体要合成，没有结构不行，这给了唐有祺启发。唐有祺和他自从进入北京大学起就朝夕与共的学生林炳雄，一起开辟超导材料的结构研究领域的新方向。

① 唐有祺访谈，2012 年 12 月 13 日，北京。资料存于采集工程数据库。

林炳雄很有能力，手也很巧，是团队的研究中坚力量之一。当时超导化合物已经有人合成出来，但是我们既做超导化合物的合成，又做结构测定。不仅如此，我们自己搞新的超导。低温超导容易做，高温超导不容易。高温也不是绝对意义的高温，而是相对低温的高温，一般就是室温以下。现在做到零下一两百摄氏度，到后来慢慢提到一百摄氏度以上，不到一百摄氏度。①

研究所经过努力，取得了一系列研究成果，包括钒钛化合物的晶体结构化学、高温超导合成与结构、氧化物或盐类在载体上单层分散的自发倾向及其在多相催化研究中的应用、环氧乙烷银催化剂相结构模型、ZAM−5 分子筛结构等都取得了受人瞩目的理论创新和实验研究的新水平。其中，“高临界温度氧化物超导体的研究”获得国家教委颁发的科学技术奖一等奖，“铜、银簇合物的合成与晶体结构的研究”获得国家教委颁发的科学技术奖二等奖②。唐有祺亲自关注和指导的胶体与表面化学研究室在表面化学、胶体分散体系和表面活性剂的原理与应用方面进行深入探讨，还鼓励和帮助引进光散射仪等先进仪器设备。

生物大分子结构研究的启蒙者

因为“文化大革命”，唐有祺由胰岛素结构测定工作的学术负责人转为幕后指导者。中国的第一个蛋白质晶体——胰岛素结构测定工作，带动了中国的分子生物学、化学生物学等方向，特别是生物大分子晶体学的发展，为中国的结构生物学发展培养了人才。但是，这项工作结束后，中国的大分子结构工作曾有一个时期处于休整状态。“文化大革命”结束，随

① 唐有祺访谈，2012 年 12 月 20 日，北京。资料存于采集工程数据库。
② 关于召开超导攻关评估和战略目标讨论会的通知。存地同①。

着科研工作的恢复，1983 年开始，唐有祺全面恢复和启动了他最倾注热情的蛋白质晶体学的研究。

重新展开蛋白质结构分析工作，再创首次

最先恢复的是胰岛素研究。唐有祺的研究团队和中科院的相关院所合作，探讨了白鲢鱼胰岛素的晶体结构，采用悬滴式蒸汽扩散法测定了猪胰蛋白酶－绿豆胰蛋白酶抑制剂复合物晶体的结构。特别是，他们用分子置换法成功地研究了绿豆胰蛋白酶抑制剂的赖氨酸活力碎片——牛胰蛋白酶复合物的晶体结构，得出了赖氨酸活力碎片的立体结构，这是中国第一次测定生物大分子复合物的空间结构。

对不同种属胰岛素的分析研究是探讨其结构与功能关系的一条重要途径。到 1979 年为止，除猪胰岛素外，还获得了原始的脊椎类八目鳗胰岛素的三维结构，这为研究者理解胰岛素作用的结构基础提供了有益的启示。唐有祺和中科院生物物理研究所的严友为、中科院上海生物化学研究所的方继康等一起，获得了白鲢鱼胰岛素的单晶体，并收集了 2.8 埃分辨率的 X 射线衍射强度数据，确定了晶体所属空间群和空间参数，用旋转函数法揭示出非晶体学三重轴和二重轴的取向，并说明了白鲢鱼胰岛素具有三方二锌猪胰岛素相似的空间结构和聚合状态 ① 。

1982 年，陈忠国从联邦德国回来，加入北京大学物理化学研究所，成为唐有祺的研究团队的新主力。唐有祺、陈忠国和北京大学生物系与上海生物化学研究所协作，应用分子置换方法开展胰蛋白酶与抑制剂复合物结构的研究，为他们的生物大分子结构研究迎来了一个新时期。绿豆胰蛋白酶抑制剂（MBI）属于丝氨酸蛋白酶中的 Bowman−Birk 型抑制剂，这一类抑制剂的特点是具有两个活性部位及七对二硫键，且分子量一般小于 100。Bowman−Birk 型抑制剂是丝氨酸蛋白酶抑制剂中结构最独特的一种。只具

① 严友为，毕汝昌，林政炯，等：白鲢鱼胰岛素的晶体学研究。《中国科学》，1984 年第 10 期，第 897−902 页。

有 72 个氨基酸的 MBI 如何以它的空间排列来同时抑制两个胰蛋白酶分子引起了人们广泛的兴趣。Bowman–Birk 型抑制剂对酸和热异常的稳定，这反映出它很可能具有和一般的蛋白质不同的结构特征，而引起人们对这一类抑制剂立体结构研究的高度重视。虽然国际上有学者在 1979—1983 年报道了 Bowman–Birk 型抑制剂晶体结构的研究，但是立体结构的报道却属空白。

X 射线单晶结构分析法是当时为止测定蛋白质构象的最精确的分析手段，而培养出分辨率高的蛋白质大单晶则是进行结构分析的前提。唐有祺和合作者先探讨了获得猪胰蛋白酶 – 绿豆胰蛋白酶抑制剂复合物的方法。在早期的研究中，生物化学家将蛋白质结晶作为鉴定和纯化蛋白质的一种手段，所用的结晶方法主要是整批结晶法。该法操作简单，能获得相当大的单晶，但缺点是耗样量大。随着蛋白质研究工作的深入，传统的结晶方法对某些在自然界中存在量极少或难以制备的蛋白质已不适用。20 世纪 70 年代，国际上出现了微量结晶技术，特别是悬滴式蒸汽扩散法，用来制备蛋白质晶体，具有设备简单、操作方便、易于观察和收取晶体等优点。唐有祺将这种方法引入。1983 年，唐有祺与北京大学生物系的卫新成、卢光莹合作，采用悬滴式蒸汽扩散法在仅含 68 微克蛋白质的悬滴中培养出猪胰蛋白酶 – 绿豆胰蛋白酶抑制剂复合物晶体，并测定了该晶体的晶胞参数和空间群。

接着，在 1986 年，唐有祺领导的北京大学物理化学研究所结构化学实验室用分子置换法成功地解析了 3 埃分辨率绿豆胰蛋白酶抑制剂赖氨酸活力碎片 – 牛胰蛋白酶复合物的晶体结构及 4 埃分辨率的绿豆胰蛋酶抑制剂（含有 72 个氨基酸残基）– 猪胰蛋白酶（含有 223 个氮基酸残基）的四方晶系复合物的晶体结构，并得到了以上两个复合物的初步结构模型。由于这类抑制剂的空间结构在国内外尚未有过报道，这是 Bowman–Birk 型抑制剂研究中所得到的第一幅立体图像，唐有祺的研究团队在国际上第一次揭示了 Bowman–Birk 型抑制剂的空间结构。

具有决定意义的是，这项工作是中国第一次测定生物大分子化合物的空间结构。空间结构的测定，不仅获得了重要的生物大分子之间相互作用的信息，还可直接得到结构和功能间的关系。这两个复合物空间结构测定将为探讨 Bowman–Birk 型抑制剂的抑制作用及胰蛋白酶的催化功能提供在分子水平上的新解释。

不仅如此，在结构测定研究方法上，唐有祺与合作者的工作也具有开创性。他们成功地应用了分子置换法测定复合物分子中的绿豆胰蛋白酶抑制剂赖氨酸活力碎片及绿豆胰蛋白酶抑制剂这类未知蛋白质的空间结构。分子置换法的成功运用，绕过了蛋白质结晶学中通常用的多对同晶置换法，从而缩短了生物大分子空间结构测定的周期。这是中国首次用分子置换法成功地测定出一些未知的生物大分子的构象。他们还运用此方法在研究三方晶系及四方晶系的绿豆胰蛋白酶抑制剂与猪胰蛋白酶的复合物的晶体结构中，看到了很好的前景。这些工作为此后用分子置换法测定分子量较小的抑制剂的立体结构的工作积累了很好的经验。

事实上，唐有祺与合作者在后来的工作中，对 Bowman–Birk 型抑制剂及丝氨酸蛋白酶抑制剂的结构模型进行了精修，将分辨率提高到 2 埃之内，并用二维核磁共振研究了溶液中的构象。他们的研究成果集中于 1986—1988 年发表在《中国科学》《科学通报》等刊物上。1988 年 7 月，“丝氨酸蛋白酶和其复合物系列立体结构”项目获得国家教委颁发的科学技术一等奖。1991 年 12 月，唐有祺负责的“胰蛋白酶和 Bowman–Birk 型抑制剂复合物系列立体结构”研究获得 1991 年国家自然科学奖三等奖。

证书

1991年国家自然科学奖

项目名称：胰蛋白酶和BOWMAN-BIRK型抑制剂复合物系列立体结构

主要研究者：唐有祺　李根培　徐筱杰　来鲁华（北京大学）　戚正武（中国科学院上海生物化学研究所）

奖励等级：三等

中华人民共和国

国家科学技术委员会主任

1991年12月

证书号：Z9131401

图 7–3 “胰蛋白酶和 Bowman–Birk 型抑制剂复合物系列立体结构”研究获 1991 年国家自然科学奖三等奖

对核糖失活蛋白的结构与功能发生了兴趣

1986 年，黄其辰在中科院上海有机化学研究所获得理学博士学位后，到了北京大学物理化学研究所。和唐有祺一起，他们逐渐对核糖失活蛋白的结构与功能发生了兴趣，既测定了结构，又分析了使核糖失活的机制。这时候唐有祺感觉到，他们的蛋白质结构分析工作总算有了进展。

什么是核糖失活蛋白？在自然界有一大类蛋白质，它们可以催化性地破坏真核细胞的核糖体，从而阻止细胞的蛋白质合成。这些蛋白质叫作核糖体失活蛋白。对核糖体失活蛋白的研究具有什么理论意义呢？这些蛋白质本身也具备许多已知和潜在的实用价值。首先是它的理论价值，表现在很长时期以来人们对这类蛋白是如何使核糖体失活从而导致蛋白质合成受阻是不清楚的。对核糖体失活蛋白在核糖体上造成了什么损坏也不知道。因此如果能搞清它们使核糖体失活的机理，对理解这一大类蛋白的某种未知催化机理以及理解细胞中核糖体进行蛋白质合成的过程都是非常有意义的。到 80 年代中期为止，这种广泛分布于植物界的蛋白质的生理功能还不清楚，研究它们可以对更好地掌握和利用它们起指导作用。而人们对这类蛋白是否在动物体甚至人体中是否存在也很感兴趣。

考虑到一些与核糖体失活蛋白有关的基本问题还没有得到解答，黄其辰和唐有祺研究了天花粉蛋白和苦瓜蛋白 $-\alpha$ 都是核糖体失活蛋白，来源于同一科植物（葫芦科）。他们用多对重原子同晶置换方法和分子置换法分别测定了 5 种与它们有关的高分辨率结构，并分别在 1.6 埃到 2.2 埃分辨率上完成了晶体结构修正，最后结果的精度无论是晶体学项还是理论几何值项，都令人满意。在所有复合物中，他们都发现了小分子配体的电子密度，并成功地建立起它们的模型。这些结构是第一批核糖体失活蛋白的高分辨率准确详细结构，它们第一次提供了核糖体失活蛋白的活性中心的详细结构信息。

此外，他们对小分子配体原子和两种核糖体失活蛋白原子之间的相互作用进行了仔细分析，这些分析不仅完满地解释了这类蛋白与底物的被进攻核苷酸残基是如何结合的，并为一般的蛋白质 – 核酸间相互作用提供了有用信息。在这些复合物的结构基础上提出了一种核糖体失活蛋白的脱腺嘌呤的催化机理，非常合理地设想出水解反应过渡态的结构，并描述了过渡态是如何形成并被这些蛋白的活性中心所稳定的。根据核糖体失活蛋白的活性中心以及它所处的蛋白质分子表面的活性裂隙的几何形状，他们还分析了核糖体失活蛋白的底物二级结构专一性。这些结果为理解核糖体失活蛋白的结构与功能关系提供了更深入更清晰的知识[①]。

开辟蛋白结构与分子设计研究领域

随着在欧洲做了几年蛋白晶体结构的研究生钱民协回到北京大学，唐有祺研究团队的力量逐步强大起来。1987 年跟随唐有祺攻读博士学位的研究生来鲁华，也开始进入蛋白质结构测定领域。唐有祺与他们一起收集其他有意义的高级结构测定对象，同时还系统地探索非极性溶剂分子对蛋白质分子构象的影响。在此基础上，他们又朝着蛋白质分子设计和结构预测的方向开展了工作，利用数据库开辟药物构效关联以及蛋白质结构预测与分子设计相结合的科研方向。

既然 X 射线晶体学方法可以用来有效地研究蛋白质的结构，为什么要开辟蛋白质结构预测和分子设计这个方向呢？唐有祺早就意识到，蛋白质所具有的功能在很大程度上取决于其空间结构，因此对于蛋白质空间结构的研究在蛋白质工程中有着重要意义。而 X 射线晶体学方法需要培养蛋白质晶体，而晶体培养难度大、测定周期长。而且，当时新发展的多维核磁共振法虽然不需要培养晶体，可以直接测定蛋白质在溶液中的构象，但是对样品的需要量大、纯度要求高，被测定的蛋白质的分子量一般不超过两万，也受到很大限制。如此一来，蛋白质氨基酸序列被测定的数目由于 DNA 测序的实现而高速增长，而生物工程的发展又迫切需要从结构上来认识所研究的对象，从而更有目的地对蛋白质进行改造。为此，蛋白质的

① 唐有祺，黄其辰：两种核糖体失活蛋白的活性中心几何构型和反应机理的结晶学研究。《自然科学进展》，1994 年第 5 期，第 523-531 页。

结构预测是目前分子生物学研究中迫切需要解决的问题。唐有祺迅速开辟了这一方向，他的研究团队开始对蛋白质的结构预测方面展开工作。

不过，由于蛋白质结构的复杂性，他们的结构预测工作主要还是基于结构知识的蛋白质结构预测，对蛋白质的结构规律进行总结、吸收和利用。如他们探讨了尿激酶片断的二级、三级结构预测及构效关系，提出了一个蛋白质二级结构预测结果的综合分析方法，对于改变胰蛋白酶专一性的方法进行了研究。

在 20 世纪 90 年代初，他们又开展了旨在消化和利用蛋白质已有结构及其与功能间关系的数据，研制了北京大学蛋白质分子设计系统，将蛋白质结构信息相关数据库和蛋白质分子设计结合在一起，即可方便地对蛋白质、核酸和多肽的序列及结构信息进行查询，还具有多种结构比较和描述的功能，为蛋白质的分子设计提供可靠基础。此后，他们还在预测和设计功能多肽和蛋白质分子结构的同时，建立分离和合成多肽以及基因工程等实验条件，推动了中国化学界早日积极投身在生命科学的研究中。

形成研究体系，组建国家实验室

研究形成系列

由于结构化学是化学领域中一门较新的学科，“文化大革命”结束后，唐有祺特意介绍了结构化学的发展和研究前沿，撰写了《结构化学的概况和动向》，收录在《现代科学技术简介》一书中，1978 年由科学出版社出版。唐有祺指出结构化学是专门系统地研究分子和晶体的结构及其与物质性能的关系的学科，他敏锐地提出，对结构化学展开研究，可以有几个不同的方向。从分子生物学奠立以来，蛋白质的结构化学工作极受重视，而且成效很大，该方向有发展前景。而结构化学除了围绕元素或化合物进行研究外，还可以围绕某一与结构有关的因素进行系统的研究。例如，从元素周期表第三周期起，d 轨道参与成键是元素结构化学中一个不容忽视的因素。因此，也可以从这个角度来系统研究 d 轨道的结构化学。这个方向一方面可以与量子化学中的配位场理论互相呼应，也可以与络合催化的研究工作有所配合。

事实上，唐有祺带领的研究团队正是从这些领域展开了具体的研究。唐有祺和谢有畅等在“文化大革命”时期的催化剂研究，不仅使他们提出了单层分散原理，还促使唐有祺产生这样的体会：物理化学和结构化学的学科背景，对研制催化剂等实践很起作用。他们的研究从体相发展到表面上来，设立了研究催化剂、超导氧化物和纳米材料等功能体系的结构、表面和制备的科研方向。为了开展晶体结构和结构化学方面的科研工作，设置了金属有机化合物合成和结构分析这个科研方向，生物大分子领域也开辟了研究药物分子构效关系以及蛋白质分子设计和结构预测的科研方向。这些方向为大小分子晶体结构工作配备了上游和下游，并进行了适当的系列化。不论在出成果或培养人才两个方面都取得了实效。

到 20 世纪 80 年代中后期，唐有祺研究团队的方向分为功能体系的表

图 7–4 “晶体体相结构与晶体化学的基础研究”获得 1987 年国家自然科学奖二等奖

面和结构，蛋白质和多肽、金属有机和原子簇化合物[①]、多晶和高温超导氧化物[②]等领域。团队在晶体体相结构与晶体化学的基础研究成果获得1987年度国家自然科学奖二等奖。

组建北京分子动态和稳态结构化学国家实验室

从1978年起，白春礼等一批年轻有为的学子又陆续来到化学所，进入了结构化学领域。同时，结构化学的思路和方法在整个化学所也已受到重视，并发挥了日益增强的作用。而在邻接的北京大学化学系和北京化学研究所都有一个与唐有祺有关的研究结构化学的集体，他们的工作各有特色，而在研究方法和对象以及队伍的组成上具有较好的互补性。1985年12月26日，国家教委同意了关于北京大学建立结构化学开放实验室的申请，聘请唐有祺教授担任开放实验室学术委员会主任。恰逢1986年春天，改革的形势越来越好，7月初，在中国科学院、北京大学和清华大学三方领导的倡议以及国家支持下，要在三个学科领域实现联合，结构化学正是其中一个领域。唐有祺萌发了这样的想法，如果北大化学系结构化学实验室和中科院化学所动态结构实验室的力量能进一步组织起来，完全有可能形成一个国家级的重点实验室。

1987年3月2日，唐有祺在科学会堂为北京大学与中科院拟建立的分子动态和稳态结构联合实验室举行的论证会上，谈到了北京大学化学系

---

① 代表性成果：Qicheng Huang, Yanlong Qian, Youqi Tang, *et al*. X-ray crystal structures of bis (cyclopentyl-cyclopentadienyl) titanium dichloride and bis (cyclohexyl-cyclopentadienyl) titanium dichloride. Journal of Organometallic chemistry,1988 (340)：179-185.

② 代表性成果：Youqi Tang, Bingxiong Ling, Yufen Zhang. Preparative and structural studies on the superconducting phase YBa_2Cu30_{7-d}. Progress in High-Temperature Superconductivity, 1988 (7)：51-70; YOUQI TANG, BINGXIONG LIN, XIANGMIAO ZHENG, *et al*. Structural studies on the superconducting phase $Bi_4Sr_4Ca_2Cu_4O_{20-\delta}$. Modern Physics Letters,1988,B2 (2)：551-557; YOUQI TANG, BINGXIONG LIN, WENJIE ZHU, *et al*. Preparative and structural studies on the superconducting phase $Tl_2Ca_2Ba_2Cu_2O$. Modern Physics Letters,1988, B2 (6)：799-804; YOUQI TANG, BINGXIONG LIN, YUFEN ZHANG, *et al*. Preparative and structural studies on the superconducting phase $Tl_2Ca_2Ba_2Cu_{3010}$. Modern Physics Letters,1988, B2 (10)：1143-1149.

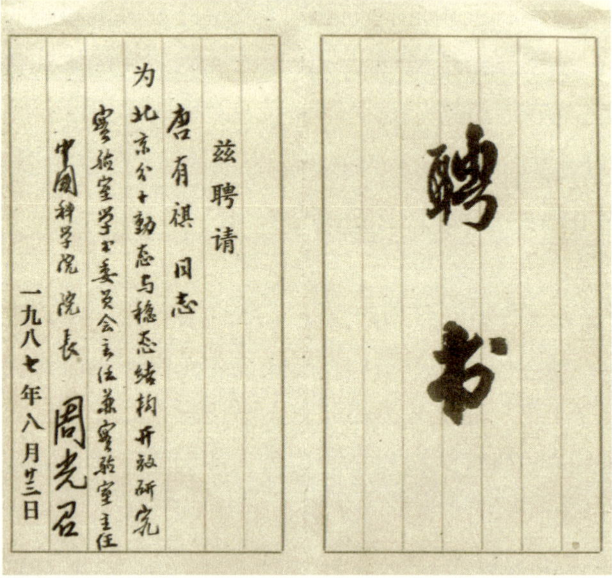
聘书

兹聘请

唐有祺 同志

为北京分子动态与稳态结构开放研究

实验室学术委员会主任兼实验室主任

中国科学院院长 周光召

一九八七年八月廿三日

图 7–5 唐有祺被中国科学院聘为北京分子动态和稳态结构化学国家重点实验室学术委员会主任和实验室主任的聘书

与中科院化学所从 50 年代开始相得益彰的合作历史，他们在工作上默契配合、各有特色又互相补充和协作[①]。如若在结构化学这个领域进行联合，可以发回双方在科研、高级人才和国际交流中的优势。此外，唐有祺还谈了对化学中有关结构和过程问题的想法。论证通过后，由国家计委批准，唐有祺负责筹建中国科学院和北京大学联合建设的北京分子动态和稳态结构化学国家重点实验室，这是中科院与高等院校联合建立的第一批国家重点实验室之一。实验室 1991 年初步成后，唐有祺被聘为主任。

实验室建立以后，唐有祺也为实验室的发展规划了方向。考虑到物理化学研究涉及的关键如果不是结构问题，往往就是过程及其机制问题，动态结构与过程及其机制密切相关，动态结构应该受到重视。生物大分子的空间结构中也有动态问题，是结构研究的主题。除此以外，还应该利用余力来研究小分子的结构和键型问题，将着重点放在金属有机物上。在表面问题上，要考虑理论和应用并重。实验室建设的目标，是在分子动态与稳态结构的基础研究及应用基础研究方面取得具有创新性的重要成果，成为国际结构化学研究领域具有重要影响力的研究中心及团体之一。

实验室建立后一年，唐有祺是这样总结实验室的建设成果的：一年

① 1987 年 3 月 2 日唐有祺在北京分子动态与稳态结构国家实验室论证会上的发言手稿。资料存于采集工程数据库。

里，开始了频繁的国际学术交流，国内同行不少到实验室申请项目，为合作提供实验基地和经济基础。同时，实验室也培养了科学人才，不仅是研究人员，实验室还不遗余力地在工作中培养研究生以及为博士后和海外归来的科技人员提供实验条件和资助①。

结构化学人才培养

1977 年 10 月，国务院批转教育部《关于高等学校招收研究生（论坛）的意见》，研究生教育得以恢复。1981 年，国务院发布学位条例，学位制度正式建立。6 月 12 日，唐有祺即被国务院学位委员会聘为理学学科评议组成员。郭国霖成为唐有祺在北京大学的首批博士研究生。唐有祺用他独特的培养方式，开始为结构化学的研究人才乃至中国的研究生培养贡献智慧。

“对北京大学这样的学校来说，现在若不抓博士生培养这个制高点，科研上不去，师资队伍不能自我提高，要想把本科生和硕士生的教学水平提得很高，这是很不现实的。”1983 年春，在北京大学博士生导师座谈会上，唐有祺如是说。他建议，应该在较高程度上独立自主地培养博士生，这样中国的高等教育事业才能独立和全面发展。重视博士生培养和科研工作，将科研和教学相得益彰，大学才有可能成为高水平的学府。高等院校应该能做到在

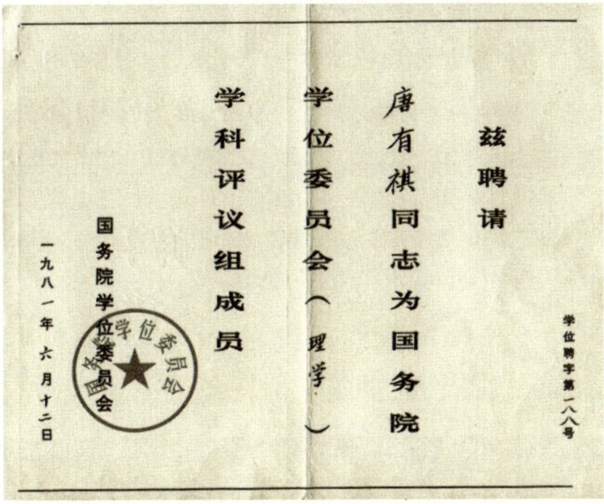
学位聘字第一八八号
兹聘请
唐有祺同志为国务院
学位委员会（理学）
学科评议组成员
国务院学位委员会
一九八一年六月十二日

图 7–6　国务院学位委员会聘请唐有祺为理学学科评议组成员的聘书

① 中国科学院北京化学研究所，北京大学化学系:《北京分子动态及稳态结构国家实验室年度报告和文集》。1987 年。资料存于采集工程数据库。

培养人才的同时出科研成果，而在出科研成果的同时又出人才。

既然将博士生培养作为带动大学科研、乃至教学水平的制高点，博士生培养的目标在哪里呢？唐有祺形象地将博士生的培养目标比作“带兵的官”，要具备较高的学术水平，既要做带头人，也应有领导才干，因为科技工作早就不能一个人单枪匹马去干了，要形成队伍。

博士生应该如何受到训练呢？基础要打得好，要宽厚，并能深入到某一专题中去，做出点新东西或学问来。这样的训练才会使博士生取得做学问的能力，而这种能力一定也会使他们在工作中能够不断积累和发展知识的深度和广度。深度和广度往往是互相依存的。

“根深方能叶茂，植大树要挖深坑。”唐有祺用这句话谆谆教导他的研究生，来处理学问的深度和广度之间的关系。唐有祺一直认为，对学问来说，没有深度，就谈不到广度；而在学问深处，各个学科之间盘根错节，才出现了真正可取的广度，深挖和扩口交替进行。唐有祺建议学生，基本的东西一定要学好学透，基础要好。在这个基础上，就要着重培养能力了。对于结构化学的学生，学好结晶化学，解单晶结构是唐有祺让他们练习的基本功。在这方面打好基础，严格训练，在做研究时才能顺利地转到表面结构、多晶衍射和生物大分子结构等新方向的研究上来。

“导师没有想到的你做出来了，这就是博士论文的水平。”唐有祺曾风趣地对郭国霖讲出了博士论文的标准，其中暗指的，是博士生的科研创造性问题。博士论文除了工作量和难度外，重要的，是要体现独立工作能力和取得科研成果的创新程度。

学生如何才能将博士论文达到这样的标准呢？这与导师的培养方式有关。唐有祺在研究中，有意识地培养学生的独立工作能力，为学生创造学术气氛，在治学态度、方法上进行引导和启发；而对选题、实验、结果分析和整理结论等具体环节，要多放手，则不会插手太多。而他也坚信，保证博士生的质量，最重要的是要保证在他宽厚的基础上培养他的独立工作能力以及从而取得的论文水平。科研的创造性包括新颖性和学术造诣。没有新颖的见解、实验、方法和结果，科研就很难有水平，但科研的水平以及创造力，在很大程度上又取决于学术造诣。在这种培养方式下，很快，博士生杨戈和硕士生邱建国，在唐有祺、谢有畅的指导下，参加盐类氧化物在载体上自发单层分散规律的研究，该成果获1986年国家教委科技进步奖一等奖。也正因为唐有祺独特的培养方式，他的学生在出国留学和工作后，往往受到青睐。国际同行还主动要求唐有祺推荐他的学生出国深造[①]。

除了培养硕士生和博士生，唐有祺还在结构化学领域进行全国范围的人才培养工作。1983年9月7日至25日，唐有祺主持教育部委托北京大学和郑州大学在郑州举办的结晶化学教学讨论班，就结晶化学的基础知识、基本理论、最新发展及其在各学科中的应用做了多次演讲[②]。与会代表近200名，来自全国28个省市自治区的104所高等院校。而他在改革开放之前撰写有关晶体学、统计力学等教科书，也继续在80年代为结构化学研究人才的培养发挥着作用。

创办《物理化学学报》

一个国家的科学文化要独立，必须要有自己的刊物，这是唐有祺很久以前便埋藏在心的想法。1984年11月9日，唐有祺主持创办了学术期刊《物理化学学报》，任主编。《物理化学学报》是中国化学会主办的学术刊物。

考虑到"文化大革命"前，物理化学便在中国有比较好的基础，队伍比较充实，加上20世纪70年代末、80年代初以来，中国物理化学中各分支的工作都在蓬勃开展，学术活动日见频繁。一些分支的学术论文报告会，收论文达数百篇，与会代表多至数百人。在这种形势下，唐有祺感觉到创办学报的必要性。

唐有祺创办《物理化学学报》的目的，是希望它能促进国内和国际的学术交流，起到推动中国物理化学学科不断发展的作用，充分地反映中国

---

① Gavell等致唐有祺的信，1991年1月14日。资料存于采集工程数据库。

② 关于举办晶体化学教学讨论班的通知。存地同①。

物理化学的学术水平。

而关于如何将刊物办好，唐有祺有自己的一套理念。在他看来，作为化学的一个门类，物理化学是一个活跃而广阔的领域。它不仅以不断系统化的规律性的认识，为化学及一些相邻学科提供坚实的理论基础，而且还以与物理学的固有联系，源源不断地将物理学的最新成果发展为化学研究的有力手段。如此，物理化学既重视物理学的理论，又重视化学的实验，使得它能不断地为一些新兴学科提供良好的生长点。因此，唐有祺倡导，学报在载文等方面应忠实地体现物理化学的这个特点。

唐有祺一直主张要办好中国自己的学术刊物，否则在国际竞争中就要吃亏。如何办好刊物呢？他强调刊物的工作人员要有坐冷板凳的精神，研究者应该扎扎实实地致力于科技事业的发展，只有在一定积累的基础上，在总体水平提高的情况下，才可能在高水平上“涨落”，才可能出现获诺贝尔奖水平的人才与成果。极力主张中国科技人员发表论文应该引用国内的工作，不能搞“宁予外邦，不给家奴”那一套，否则国际上就不会重视我们。

> 我一直以来都将文章发表在国内。我到现在也是这样，我自己的文章没拿出去发表，别人跟我一起做研究工作的，我倒是推荐了。有一期国际催化杂志，让我跟吉林大学的徐如人两个人主持，去选文章。我们帮中国学者选了十几篇文章拿去发表，我自己没拿。我自己的文章都在国内发表。其实你也可以写成英文，或者你从另外角度发表到外国去，可我也没发表。

驳斥“化学不是基础学科”

唐有祺一直关注化学学科的定位、历史、与其他学科的关系，并在此基础上宏观地把握化学领域的研究前沿。

图 7-7　1996 年 4 月 16 日唐有祺在同济大学做“化学科学的继往开来”报告

化学学科的中心地位

“文化大革命”结束不久，有一种不安的情绪在化学界蔓延。

那是因为 1977 年 12 月 9 日钱学森在《人民日报》上发表了“现代科学技术”一文，发表了对基础科学的看法。他否定了传统的有六门基础学科“天文、地学、生物、数学、物理、化学”的看法，而取之以物理和数学。他认为天、地、生、化四门基础学科从现代科学技术体系的观点讲，都可以归结到物理和数学。化学变成了物理学的一门学问。

这篇文章发表后，科学界这股化学学科不能作为自然科学基础学科对待的风开始吹了起来，并引发了争论。虽然大家对化学不是基础学科的提法持有不同意见，但都限于一般的议论，并没有引起波澜。真正产生影响的，是唐有祺的发言。

“文化大革命”结束，中国化学会的活动也开始恢复，1978 年 9 月 20

日，在上海召开了中国化学会举办的论文报告会。这次会议上，唐有祺谈到了化学学科的重要作用和地位问题。他在会议上对化学不是基础学科进行了反驳，其激烈程度可以用“怒斥”冠之。赵新生回忆道：

> 这是我作为一名入学不久的大学生，第一次听到唐有祺这个名字，给了我一个仗义执言的科学家的鲜明形象。①

郭传杰也参加了这次会议，其他的事情他记不太清，唐先生关于化学学科的发言，他却印象深刻。

> 唐先生说：我是一个化学家，但我也是一个物理学家，在这个问题上我有点发言权。当时大概这么个意思，就是我认为任何学科都有自己在这个物质层面的立足点，它的研究层面，不可能用某种东西去代替另外的方面，不可能将来都是物理的，代替其他方面的东西。有些人有这种观点，我认为是错误的。他当时有这段话。实际上当时有很多人也有这个观点，有些人不敢或者没有在大会上去阐发出来。而唐先生在那次会上，作为一个晶体化学家，或者作为物理化学家，确实和当时纯搞有机和分析的人不一样。他说出来了。那时候我还很年轻，听了以后我的印象很深。②

唐有祺在会议上的发言，获得了大家最热烈的掌声③，因为他的发言代表了化学界的心声。加上这是“文化大革命”结束后中国化学会的第一次会议，新华社等其他报刊的记者也参加了。这样，唐有祺的发言在社会上产生了比较大的反响。

---

① 赵新生：庆贺唐有祺先生八十寿辰。见：唐有祺，《唐有祺教授八秩华诞志庆集》。石家庄：河北教育出版社，2000年，第220页。

② 郭传杰访谈，2012年12月19日，北京。资料存于采集工程数据库。

③ 张有民：祝贺唐有祺先生八十华诞。见：唐有祺，《唐有祺教授八秩华诞志庆集》。石家庄：河北教育出版社，2000年，第206页。

> 唐先生的发言，把这个问题挑出来了，后来还有新华社的记者到化学会的所在地。化学所这边召开了座谈会，他们找人采访，想听听化学界对这个问题的反应。当然，大部分人都是比较支持唐先生的观点，而且对还原论的观点进行讨论，不过有的人说得出理由，有的人说不出理由，只是感情上的，认为你把我化学这门学科消灭掉了，那不行。也有人从科学的本质、化学的本源上做了一些探索。①

唐有祺清晰地阐明，化学学科与物理学和生物学都是自然科学中的基础学科，虽然随着发展，它们表现出越来越密切的关系。借助于近代物理，化学得以如虎添翼般地迅速发展，与物理成为能充分交流和合作的学科伙伴，而进入分子水平前后的生物学也为化学提供了更多能充分发挥其作用的契机。

到了 20 世纪 80 年代，唐有祺对化学学科的地位、作用和发展表现出持续的关注，并一再强调不能对其他学科和物理可以统称为物理科学的说法充耳不闻。他注意到，在美国，对化学还有一种甚嚣尘上的提法：化学是一门中心科学，因为它与各方面的需要有关。这是美国国家研究委员会提出的报告《化学中的机会》中提到的看法。这种看法获得了唐有祺的赞同，他认为从学科之间的地位来看，化学处在一个多边关系的中心。唐有祺也提出，不能对另一种说法充耳不闻：物理以物质的运动为研究对象，从而其他学科与物理可以统称为物理科学。而化学在学科中的中心地位当源于其对各种物质素无所不究。实际上，物质和运动是同一个统一体的两个侧面，它们理当分属化学和物理两个学科。因此，比较合理的提法显然是化学和物理合在一起在自然科学中形成了一个轴心②。

在驳斥了化学不是基础学科的观点之后，唐有祺还对化学的学科范围、作用以及中国化学的发展提出了自己的看法。1989 年 10 月 18 日，唐有祺在南开大学建校 70 周年纪念会上发表了“化学之继往开来”的讲话，

---

① 郭传杰访谈，2012 年 12 月 19 日，北京。资料存于采集工程数据库。

② 唐有祺：论化学学科之继往开来。《物理》，1993 年第 22 卷第 2 期，第 65-67 页。

其中特别提到了中国化学的发展。他认为，回顾中国在开发资源以及满足人民生活需求方面的情况，不难体会到化学在解决亿万人民温饱问题中的作用。要发挥化学的作用，中国化学发展应该往哪些方向发展呢？唐有祺将中国化学发展的主要动向归纳为三个方面：①深入研究化学反应理论并开发各种化学过程，以揭示和沟通从原料到产物的渠道，进而寻找或设计包括以催化剂为核心的化学过程在内的最佳过程。②提高对结构及其与性能关系的认识，使结构理论达到新水平，并以所需性能为导向，寻找或设计最佳化合物、材料或体系。③发展分析和测试的新方法，并依靠计算技术，使化学的“耳目”以及据以工作的信息趋于灵敏和可靠。化学学科久盛不衰的任务是耕耘元素周期系。已知化合物数目在 1950 年是 200 万种，目前已增加到近 1000 万种。这些化合物绝大部分是人工合成的。合成新化合物的动机是为了扩大可供筛选出巧夺天工的化合物和材料的范围，或为了检验某个预见或建立某个理论。

亲如手足的物理与化学

亲如手足、但是又有着约定俗成的分工，这是唐有祺对化学和物理学之间关系的形象、贴切的比喻。

> 物理和化学是兄弟，你不要只有一个，只有一个反而不好。没有了物理，化学就不知道发展如何；没有了化学，都放在物理学里头，物理学也没有具体方向了。[①]

化学与物理虽是亲如手足的两个学科，在历史上它们有时离得远些，有时又接近一些。但它们之间有一种约定俗成的分工。他们的区别在哪里呢？唐有祺从一本使他和他的前辈得益匪浅的物理化学教科书[②]节录它开

① 唐有祺访谈，2012 年 12 月 13 日，北京。资料存于采集工程数据库。

② Noyes A A，Standish M. A Course of Study in Chemical Principles. 2nd ed. New York：The Macmillan Company，1938.

宗明义的两段话来说明这一点：化学主要研究物质的组成和结构及其性能与组成和结构的关系；物质的组成和结构变化（化学变化或化学反应）以及伴随这些变化的效应。

既然化学与物理学有区别，物理学主要探讨什么呢？是物体与其组成无关的特征以及物质无需联系其组成和结构的一般性质；以及并不改变其组成和结构的变化（物理变化）。这样的分工看来是为当时两个学科的工作者所乐于接受的。化学家迷恋于追究物质的组成，而物理学却人各有志地回避物质的组成；而且最后种瓜得瓜、种豆得豆。这样，整个 19 世纪，化学不仅成为科学的物质结构理论的发源地，而且也是从中得益最多的领域。

唐有祺不止一次地强调，到了 19 世纪末，化学与物理学之间的亲密关系呈现另外一种景象，那就是，物理学的发展为化学准备了新的实验手段和理论工具。虽然化学在这时已经把物质的结构揭示到分子怎样由原子组成的层次，总结出元素周期律，并在通过化学反应来研究分子立体结构的过程中奠定了立体化学。但揭开原子的内部结构不是化学而是物理学。通过质点运动和波动这两种极限运动形式来反复研究声、热、光、电、磁等现象的物理学，从 19 世纪末开始陆续发现了 X 射线、电子、光子和原子的核模型以及微粒的波性等，为发展以原子理论为主线的化学提供了研究方法和理论上的准备。

从此，化学的发展如虎添翼，而物理学也不再限于研究原来所谓的“物理变化”了。物理学虽然从此兵分两路，但都与化学结下不解之缘。它一方面揭开了原子核这个结构层次；另一方面，物理学开始在原子核外的结构层次上或原子和分子水平上与化学并肩进行研究工作。

尽管如此，化学学科的核心任务仍然是在原子－分子水平上研究物质的组成、结构和性能以及相互转化的规律。

“两唐”联合行动，应对“化学消亡论”

1997 年，中国政府采纳科学家的建议，决定制定《国家重点基础研究发展规划》，开展面向国家重大需求的重点基础研究。这是中国加强基础研究的重大战略举措。而随着国家基础研究规划的展开，科技界又一次流行起强大的“化学消亡论”。在草拟的《国家重点基础研究发展纲要》中，原有基础学科中的数学、物理和生物都列为大学科，唯独把化学从大学科中撤销，只作为从属于物理的一部分列入其中。

据赵新生回忆，当时参加国家基础研究规划的人都清楚知道这种论调的危害，并在力所能及的范围内予以抵制，但是这些声音还不够有力。唐有祺适时地站了出来。

> 我已经成为一名化学工作者，并参与了早期的国家基础研究规划的讨论。虽然，我们参与这一过程的人清楚知道这种论调的危害，并在力所能及的范围内予以抵制。但是，化学界需要更强有力的声音。先生得知有关情况后，联合唐敖庆教授向有关部门领导直言，指出“化学消亡论”对中国科学发展的危害。①

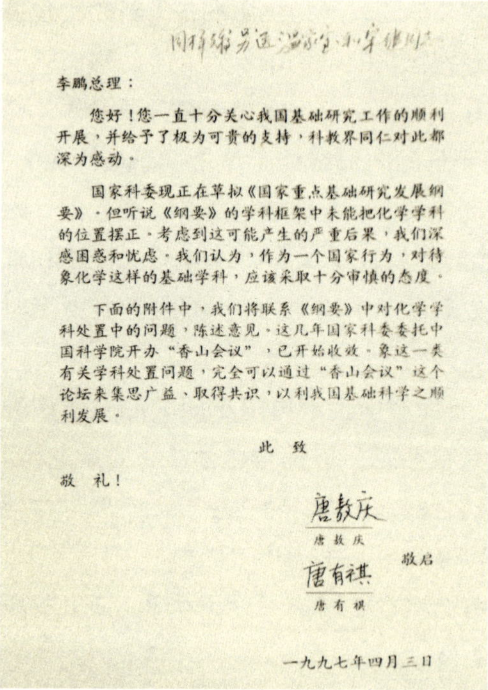

李鹏总理：

您好！您一直十分关心我国基础研究工作的顺利开展，并给予了极为可贵的支持，科教界同仁对此都深为感动。

国家科委现正在草拟《国家重点基础研究发展纲要》。但听说《纲要》的学科框架中未能把化学学科的位置摆正。考虑到这可能产生的严重后果，我们深感困惑和忧虑。我们认为，作为一个国家行为，对待象化学这样的基础学科，应该采取十分审慎的态度。

下面的附件中，我们将联系《纲要》中对化学学科处置中的问题，陈述意见。这几年国家科委委托中国科学院开办“香山会议”，已开始收效。象这一类有关学科处置问题，完全可以通过“香山会议”这个论坛来集思广益、取得共识，以利我国基础科学之顺利发展。

此致

敬礼！

唐敖庆

唐敖庆

唐有祺

唐有祺

敬启

一九九七年四月三日

图 7-8　唐敖庆和唐有祺写给李鹏的信

唐有祺认为，这种做法没有将化学学科的位置摆正。1997 年 4 月 3 日，唐有祺和唐敖庆给时任总理李鹏写信，阐述化学学科之意义和作用，并将文稿送给了温家宝和宋健同志。他们建议，如果不将化学学科的位置摆正，会产生严重

---

① 赵新生：庆贺唐有祺先生八十寿辰。见：唐有祺,《唐有祺教授八秩华诞志庆集》。石家庄：河北教育出版社，2000 年，第 220 页。

后果，作为一个国家行为，对待化学这样的基础学科，应该采取十分审慎的态度。在信中，他们列出了理由，也回应了与化学相关的质疑。

首先，他们认为化学在国民经济发展和人民生活中发挥的作用是别的学科不能取代的。人民生活所需的衣食住行以及医药等都离不开化学的直接或者间接作用。其次，从历史发展来看，化学研究成果的应用越来越广，分子生物学、材料科学、能源科学等一系列新兴学科的诞生、建立和发展，它们在化学的交叉领域形成了新的分支学科，如生物化学、材料化学，那么化学学科本身是否已经完成了历史任务，可以消亡或者让位于其他新兴学科了呢？唐有祺和唐敖庆认为，数学、物理、化学以及生物等大学科不会丧失其基础学科的地位。因为它们都承担着最基本的研究任务。虽然有不少学科与化学处在同一个物质结构层次上，有些是从化学分出去的，但是它们并没有把化学的基本任务或者核心任务带走。

另外，有人认为，在国外也有将化学放在物理科学之中，中国为何不能如此？唐有祺认为，这是对 Physical Science 的误解：

> 物理科学，英文里 Physical Science 是自然科学，不是物理科学，化学从来没有放在物理科学中。世界上，美国不管这么样，至少总比中国还要进步一点吧，还要稍微全面一点吧？Physical Science 不是物理科学，是自然科学，当然化学也在其中。如果化学不在 Physical Science 里，那化学在哪里？Physical Science 是自然科学，所以钱学森他不知道，他没有查字典，英文字典里面就讲，Physical Science 是自然科学。①

国外不仅没有将化学置于物理学的门类之下，而此时的美国，反而将化学作为中心学科。美国国家研究委员会的《化学中的机会》中提到了这种看法。而从学科之间的地位来看，化学在自然科学中也确实处在一个多边关系的中心。而化学在学科中的中心地位当源于与它突出的物

① 唐有祺访谈，2013 年 1 月 3 日，北京。资料存于采集工程数据库。

质及其转化的传统。实际上，物质和运动分别是化学和物理的侧重点的话，比较合理的提法显然是：化学和物理合在一起在自然科学中形成一个轴心[①]。

退一步讲，如果将化学归于“物理科学”，取消化学作为大学科的地位，会影响化学以及与化学有关的人才的培养。包括化学系如何办？其他领域需要的化学人才如何培养等问题。为此，唐有祺和唐敖庆建议，应该通过诸如香山会议这样的渠道讨论化学作为大学科的问题，以及化学与其他大学科之间的关系问题[②]。

在唐有祺和唐敖庆作为旗手的倡导下，化学界同仁齐心协力，在 1997 年 6 月 4 日，国家科技领导小组第三次会议决定要制定和实施《国家重点基础研究发展规划》之后，由科技部组织实施了国家重点基础研究发展计划（亦称“973”计划）。正式实施的计划中，恢复了化学作为基础学科的独立地位。唐有祺迄今仍认为，学科发展不能有沙文主义，化学不能去欺负物理学，物理学也不能欺负化学。

提出化学生物学概念

唐有祺充满期许的是，进入分子水平的生物学为化学提供了更多能充分发挥其作用的契机，中国的化学研究应该抓紧。因为，中国发展生命科学固不可无化学之参与，而化学在中国为了本身的发展也不可等闲视之。20 世纪 80 年代，正是中国应该开展化学生物学研究和培养这方面人才的好时光。化学生物学这一概念，是唐有祺最早在中国提出并对其进行清晰阐释的。

化学生物学这个词，唐有祺在加州理工学院留学时便已经接触并深刻

① 唐有祺：化学的回顾与展望。见：中国科学院编，《2003 科学发展报告》。北京：科学出版社，2003 年，第 27-36 页。

② 唐有祺和唐敖庆写给李鹏总理的信。资料存于采集工程数据库。

体会到它的含义了。随着生物学越来越多地进入分子水平，化学进入生物学领域越来越多，将从事这样一个新兴领域的人继续称为生物学家或者化学家都不合适了，于是有了化学生物学这个说法：

> 化学生物学是我的老师那个时候做的工作。Sturdiant 介绍鲍林的工作，用的就是 Chemical Biology，这个词很早就有了，我在 Caltech 的时候就有了。那个时候化学的人，你不可能搞了那么多化学，还叫生物学家？鲍林搞的和生物学不一样，叫化学生物学。因为你在化学系搞的，化学生物学，加了一门化学课，另外成立一个分系，等于生命物质的化学，应该属于化学。化学生物学讲究理性和逻辑。比如化学里两个方法，一个搞结构，分析结构这一类这么弄。鲍林的化学生物学也是这样，搞结构，把化学里头的理论搞清楚了，用到生物上面来，可以把蛋白质里头一种蛋白质的结构——α-螺旋体，可以用化学键理论推导出来，用 x 射线定，定出来都是对的。①

因为“学习苏联”，中国曾将生物化学从化学系转到生物系门下，这逐渐导致中国化学界对生物学开始疏远。后来听说莫斯科大学又将生物化学返回化学系，有人就提出我国的生物化学也应该从生物系回归化学系。

唐有祺认为，中国的化学工作者确实应该重视与生物学的关系，因为生命过程在本质上也是化学过程，生物学发展到今天，化学的作用是功不可没的，研究生命科学对化学来说不但大有可为，而且为了化学本身的发展，也不可置身于生命科学发展之外。

但是，他也很明确地提出，生物化学不需要，也不可能从生物系回归。他认为，生物学已进入分子水平的时代，生物化学实际上已是分子生物学，因而今天的生物系不可无生物化学。但是，化学学科始终是在分子水平上发展起来的，在物质结构的层次上化学可与分子同义，因而在化学系设置化学生物学可以取代原来的生物化学。

---

① 唐有祺访谈，2012 年 12 月 13 日，北京。资料存于采集工程数据库。

分子水平很高了。1957年、1958年、1959年，几个蛋白质结构出来了，1963年双螺旋出来了。这个时候你连鉴别分子水平的论文都拿不出去了，还谈什么培养人？那个时候苏联已经把生物化学弄到生物系了。人家问我，中国要不要把生物化学弄到生物系？我说不能，还是要有分子化学，把分子化学拿出去之后，生物学派留学生都派不出去，你要考虑这个问题。苏联将生物化学转到生物系，后来他又回去了。你看，我们用不着这么做。我把中国要折腾的事情解决了一些。不然学生连留学的机会都没有，不学分子水平学什么去？①

唐有祺坚定地认为生物系和化学系都应该开设分子水平上的生物化学方向，并且要针对生物系和化学系两者不同的学科背景、培养对象，在目标、要求和内容上应有所不同。

新生事物常常要冒被质疑的风险，唐有祺提出化学生物学的概念时，在国内并没有获得普遍的理解和认同。但是，20世纪80年代中后期以来，随着各国政府和科学界对生命科学、材料科学和生物技术等研究领域的日益重视，一大批边缘学科得以蓬勃发展，化学生物学就是其中之一。值得注意的是，20世纪90年代以后，一些著名的化学研究机构或大学正在纷纷进行调整，或改变系的名称，或在化学和生物学的交叉领域建立新的系。哈佛大学于1995年率先将其化学系改名为化学与化学生物学系。美国加州的斯克里普斯研究所也于次年成立了化学生物学专门研究机构。康奈尔大学也计划将化学系更名为化学与化学生物学系。与此同时，一批新的学术刊物反应化学生物学领域的专门刊物也相继出现，如《化学生物学》（*Chemistry &Biology*）。化学生物学作为一个新兴前沿交叉学科随之在欧美流行并被倡导，研究兴趣出现爆炸性的增长，成为一个重要的前沿学科方向。这让我们不得不对唐有祺的高瞻远瞩感到钦佩。

那么化学生物学的科学内涵是什么呢？它与分子生物学、生物化学的区别是什么？唐有祺指出生物化学和化学生物学是两个不同的概念，化学

① 唐有祺访谈，2012年12月13日，北京。资料存于采集工程数据库。

生物学可以看作一个特定的学科领域。

> 关键看是生物过程，还是化学过程。生物过程实际上有不少是化学过程，不过这个化学过程一定要有蛋白质、核酸作为媒介，作为机器。做机器，这叫分子机器。蛋白质核酸要看成分子机器才行，它自己本身可以不消耗，比如酶，蛋白质有些时候要作为结构的材料，生物体结构的材料，那还是化学过程。生命过程就是化学过程，这没有问题。生物化学按照原来的传统，生物化学就是生命物质的化学，参与生命过程的物质的化学。实际上本身是化学系统，不过它要考虑生命作用，这个因为生物学老早就重视了，所以生物学将生物化学拿出来没有关系，你去学化学就行了。①

这样一来，化学生物学是对分子生物学的有力补充，分子生物学采用定点突变的方法来改变生物分子如蛋白质和核酸的功能；而化学生物学是采用化学的手段，如运用小分子或人工设计合成的分子作为配体来直接改变生物分子的功能，是化学生物学这一领域的核心。

事实上，唐有祺在 80 年代末 90 年代研究的“生命过程中重要化学问题”，正体现了他对化学生物学研究的倡导。

---

① 唐有祺访谈，2012 年 12 月 13 日，北京。资料存于采集工程数据库。

第八章
构架中外化学交流的桥梁

科学没有国界，普遍主义是科学的特性之一，科学成果的广泛交流是促进科学发展的重要方式。新中国成立后，由于朝鲜战争、冷战、中美对抗、中苏对抗等原因，国际科学交流曾经缩减并一度中断。

改革开放后，唐有祺越来越意识到国际交流对国家的重要意义。他认为，中国的科研只有面向世界，放在世界的背景中定位和思考，充分利用国内外优质资源，借鉴外国的科研理念和模式，并立足自身的改革与发展，才能提高我们学术的起点，从而形成具有世界眼光和国际竞争能力的科研队伍。

唐有祺不仅如此倡导，也积极努力推进。从 1978 年开始，他在推动中国化学和晶体学研究的国际化方面不停地做出各种努力。1978 年中国加入国际晶体学联合会，是中国最早加入国际性学会的团体之一；1993 年国际晶体学大会在中国召开，是当时中国举办的规模最大、历时最长的国际性会议。国际学术交流的舞台上，活跃着唐有祺的身影。

开放政策决非权宜之计，闭关锁国是作茧自缚

“文化大革命”结束前夕，工宣队、军宣队让唐有祺去接待外宾。由于不少外宾认识唐有祺，接待工作特别顺利，期间他还接待了导师鲍林访华。“文化大革命”一结束，唐有祺便开始了频繁的国际学术交流。在唐有祺的努力下，中国加入了世界晶体学会大家庭，成为中国科学走向世界舞台的标志事件。而与国外中断联系多年之后，再次接触世界科学，让唐有祺极力呼吁中国的学术应该对外开放。

接待鲍林　恢复联系

唐有祺两次接待恩师鲍林访华，一次是 1973 年，另外一次是 1981 年。

唐有祺 1951 年回国后曾与鲍林失去联系，1973 年鲍林夫妇首次来华访问，彼此都很庆幸久别 22 年之后的重逢。当时中国和美国虽然刚恢复邦交，但“文化大革命”还没有结束，鲍林访华，不仅仅是因为学术交流，还有政治的因素。因为鲍林号召科学家们致力于和平运动，他倾注了很多时间和精力研究防止战争、保卫和平的问题。由于鲍林对和平事业的贡献，他在 1962 年荣获了诺贝尔和平奖。作为科学家和和平卫士，鲍林的影响遍及全世界。

图 8–1　1981 年 6 月鲍林及夫人、女儿 Linda 访问北京，唐有祺全家陪同（左起为：张丽珠、鲍林夫人、鲍林、唐有祺）

鲍林夫妇一行，受到吴有训、周培源、钱学森和柳大纲等先生的热情接待。唐有祺陪他

们参观中科院的研究所，去协和医院做讲座，并游览长城。

因为那个时候“文化大革命”还没有结束，不过他是美国的开明人士，所以我们国家对他还是很友好。科学院的老先生，以及一般的人，都知道鲍林，认为美国也是在整他。鲍林在美国，被认为是在进行非美活动，叫作 un-American activity，后来鲍林就到美国国会去讲，你说我非美活动，I'm more American than any American，比任何美国人都美国人。因为那个时候国际上有这种学术交流活动，还不是完全从科学上来的。他在科学上有一定的地位，还有一个是敢说话，我觉得还是从政治的角度。那次他带着夫人来，我陪他爬长城去了。当时公家让我在中南海的一个饭馆，请他吃饭。[①]

鲍林教授夫妇第二次来访是在 1981 年 6 月，初夏。唐有祺在 1980 年 10 月 11 日致信鲍林，邀请鲍林夫妇和女儿到北京大学做报告[②]。鲍林欣然答应，这次他们几乎全家都来了，唐有祺也出动全家来接待他们，陪同他们游览北京、爬长城、吃烤鸭。这次，鲍林受周培源的邀请，在北京大学做了报告，唐有祺专门写了中英文两份致辞，介绍鲍林的学术成就及这次访问中国的缘起[③]。回美国后，鲍林的夫人在那年秋冬之交不幸旧病复发而逝世。

图 8-2　1981 年鲍林夫妇访华时在北京大学做科学报告（右一为鲍林，右三为唐有祺）

① 唐有祺访谈，2012 年 12 月 13 日，北京。资料存于采集工程数据库。
② 唐有祺致信鲍林，1980 年 10 月 11 日。存地同①。
③ 唐有祺欢迎鲍林在北大演讲的致辞手稿。存地同①。

唐有祺全家都很怀念她。

从 1973 年开始，唐有祺一直保持和鲍林的通信，鲍林经常来信告诉唐有祺结构化学的发展动向。1986 年 7 月 29 日，鲍林写来信件，表示非常高兴在 6 月 1 日的《化学通讯》(*Chemical Communications*) 期刊上看到唐有祺发表的论文：[①]

亲爱的有祺：

看到 1986 年 6 月 1 日的《化学通讯》上刊登了你一篇关于一个罕见的包合物的晶体结构的论文，我非常高兴。你和你的学生能够测定出如此复杂的结构，这是好事。

我这段时间正在研究所谓的二十面体准晶问题，我认为已经解决了这个问题，随信附上了我的这篇文章。我差不多快完成这篇长文，专门讨论了冯先生和他在北京的合作者报道的十边形晶体。

莱纳斯·鲍林

直到 1994 年，鲍林已身患不治之症，6 月 20 日还给唐有祺来信[②]，希望唐有祺夫妇生活得好，并愿早日再看到他们。鲍林 1994 年 8 月 19 日去世，唐有祺感伤万分。

中国加入国际晶体学会：科学与友谊的盛会

在中国晶体学乃至国际晶体学史上，具有浓墨重彩的一笔，是 1978 年 8 月上旬，唐有祺率领科学家代表团到华沙出席国际晶体学联合会第 11 届大会。中国晶体学界以中国科学院为依附团体，在这一届代表大会上以全票被接纳为会员，被迎进了世界晶体学的大家庭。

去华沙交流，是唐有祺在“文化大革命”后第二次出国。1978 年 3 月，

---

① 鲍林致唐有祺的信，1986 年 7 月 29 日。资料存于采集工程数据库。

② 鲍林致张丽珠、唐有祺的信。资料原件存于唐有祺家。

图 8–3　1978 年 8 月华沙举行的第 11 届国际晶体学大会会议场景

全国人民代表大会决议，中国应当参与国际科学交流。这样，1978 年的 6 月，唐有祺和蒋明谦等由中国科学院派往法国考察结构化学，历时一月有余。从法国回来后稍作休息，唐有祺便率团去了华沙。代表团中除唐有祺以外，还有黄金陵、章元龙、梁敬魁、顾孝诚、何崇藩、范海福、林政炯、陈创天和杨翠英，一共 10 人，来自北京大学、福州大学和中国科学院物理所、物构所、生物物理所、硅酸盐所等单位。

8 月 3 日的华沙，雨过天晴，阳光明丽，市中心的科学文化宫会议大厅内灯火辉煌。这里正在举行国际晶体学联合会全会的开幕式。下午开幕式结束后，晚上的第一项议程就是讨论接纳中国和埃及入会问题。当各国代表经过讨论一致举手表决通过中国入会时，全场热烈鼓掌，欢迎以唐有祺教授为首的中国晶体学代表团入席。

国际晶体学协会创立于 1948 年，同年召开第一届国际晶体学联合会大会。此后，每三年召开一次，中国派代表团参加国际晶体学大会是第一次，而国际晶体学联合会是当时中国加入的少数几个国际科学协会之一。

入会讨论会结束时，许多国家的代表前来与唐有祺等中国代表团成员热情握手，衷心祝贺。对中国晶体学走向国际舞台伸出援手的霍奇金，则异常高兴。作为唐有祺的好友，霍奇金在促使中国代表团加入国际晶体学联合会方面作了很大的努力。顾孝诚回忆了当时的情景：

> 我们都看到，投票一致通过。我想，如果没有她（霍奇金）的介绍和努力，就不会出现这样的情形。在会上，我们遇到来自世界各地的人，他们都向我们表示祝贺，许多人说：你们来得太迟了，你们早就该来的，许多年前你们就是我们中间的一员了。我们很惊异地发现，许多人都知道中国研究小组。几乎所有的人都说他们最早都是从霍奇金那里听说的。①

8 月 4 日到 12 日，中国代表团和国际同行进行了学术交流，并展示了

图 8-4　1978 年 8 月参加第 11 届国际晶体学大会，中国代表团在会场合影留念

① （英）Georgina Ferry 著，王艳红、杜磊译：《为世界而生：霍奇金传》。上海：上海科技教育出版社，2004 年，第 328-338 页。

图 8–5 1978 年在华沙参加第 11 届 IUCr 大会（左三为唐有祺）

自己在晶体学领域的研究成果。参加这次大会的晶体学工作者多达 1700 多人，来自 50 多个国家，在大会上交流了论文 1000 多篇。中国代表也在会中交流了 9 篇论文。

这次国际会议，每天既安排了大型学术报告会，又有四五个中型学术讨论会，还有大量的是展讲（Poster Session）交流，也就是各国学者按专题分批展出自己的科学论文和有关图表、照片、模型、实物等，并亲自回答参观者的咨询，形若乡间集市摆摊。

在中国展讲台前，中国代表团展出的科学论文和实物模型也引起外国同行的广泛兴趣。这次大会，中国代表提交的 9 篇论文中，属于测定结构的工作有 3 篇，关于测定结构方法的研究 1 篇，相变、薄膜、晶体生长和材料等方面的工作共 5 篇。10cm × 10cm 的云母单晶体，由于其个体大、生长完整、结构无缺陷，尤其受到外国朋友的重视。日本京都大学物理系教授渡边倡次郎在参观后诚恳地表示："作为《应用晶体学杂志》的编委，我希望中国同行关于云母单晶体的论文能在我们杂志上发表。"一位正在就运用直接法测定单晶体结构问题著书的意大利学者，对中国晶体学者以直接法和非直接法相结合解决结构测定中所遇到的多解问题的论文甚感新奇，表示要把这种测定方法载入书内。

这届大会的主席、瑞典的阿尔纳·马格纳利先生，在就中国入会一事致中国科学院的信中写道："我们代表国际晶体学协会，对中国科学院加入本会表示极大的满意，对全会一致鼓掌通过这一决议感到无比高兴。我们殷切地希望与中国同行在晶体学领域内进行更广泛的合作。"①

8 月 11 日下午 5:30，驻波大使李则望为唐有祺等中国代表团的 10 人举行了酒会，并借此招待来自各国的大会参加者。到会的人很多，大家都喜出望外，喜形于色。因为这在"文化大革命"之后的中国，是一件开风气之先的快事。

图 8-6　1978 年 8 月中国代表团在华沙参加第 11 届国际晶体学大会期间的参观访问（左二为唐有祺）

12 日大会闭幕，13 日，代表团从华沙去波兰的弗罗茨瓦夫（Wroclaw），第二天上午参观低温和结构研究所。15 日，唐有祺等与霍奇金等参加费曼（Freeman）主持的报告会，下午去波捷边境游览，坐了缆椅观看山地景色。晚上坐火车去克拉科夫（Krakow），16 日早上到达，代表团去访问了克拉科夫大学及其博物馆，哥白尼曾在该校学习和工作。17 日，部分代表去参观了核技术研究所，下午坐火车回到华沙。

而这次大会，也让中国学者感受到，晶体学在近些年的飞速发展，研究课题几乎涉及各门科学和技术，而晶体学工作者也来自科学和技术中的各行各业。同时也让唐有祺迅速捕捉到了晶体学研究的前沿领域。他发现，从大会参加者的兴趣来看，注意力集中在蛋白质和核酸的晶体结构、

① 汪大钧：科学和友谊的盛会。《人民日报》，1978 年 8 月 6 日。

图 8-7 1978 年 8 月第 11 届国际晶体学大会后，代表团访问英国并在霍奇金家中做客（左五为霍奇金，左六为唐有祺）

新型化合物的结构化学、晶体缺陷、测定晶体结构和缺陷的新手段以及晶体学如何对能源等瞩目的问题做出贡献，等等。

18 日代表团通过使馆人员与驻波使馆商谈顺便访问英国之事。19 日参观华沙大学的应用物理学实验室。20 日在华沙参观夏宫和古城以及居里夫人的故居。21 日赴罗兹（Lodz）访问。晚上回华沙。霍奇金安排代表团前往英国，访问各地的实验室，并参加英国科学促进会在巴斯举行的会议。热情的霍奇金还邀请中国代表团的科学家。之所以顺便访问英国，唐有祺有自己的考虑。

> 到了波兰，发现波兰还不是科学很好。我要看看英国、美国这些国家的科学，我回去 27 年之后是什么情况，所以有这个用意。①

22 日，唐有祺等做离开波兰访英的准备工作。23 日上午，代表团与李则望大使及其同事辞行，下午 5 点到达伦敦。

从 8 月 23 日到达至 9 月 9 日回国，此次英国行一共 17 天。这次访问是由霍奇金委托英国皇家学会商同驻英使馆安排的。24 日上午，代表团访问了皇家学会。接着去了帝国学院，接待他们的是布勒（David Blow）。25 日早上，唐有祺一行人出发去了剑桥，肯纳德（Olga Kennard）接待他们参观了化学系。午前，去了英国医学会所属设在剑桥的分子生物学研究所，受到佩鲁茨的接待并共进午餐，下午先参观实验室，然后与科学家

---

① 唐有祺访谈，2012 年 12 月 4 日，北京。资料存于采集工程数据库。

座谈。应英方之请，唐有祺介绍了中国进行胰岛素晶体结构研究的过程和情况，然后代表团成员与英方参加者进行交流。1951年唐有祺回国途中，访问剑桥大学会时见到了布拉格（W. L. Bragg）时，佩鲁茨正好出差巴黎，这次他们是首次见面。此后，他俩之间的通信和交流一直不断①。

26日下午，唐有祺一行人坐火车北上去约克大学，约克大学的沃夫森（Michael Woolfson）和多德森（Guy Dodson）等来接站。晚间，与他们聚谈甚欢。沃夫森笑谈道："在华沙刚见到中国代表团的成员时，真有点以为他们是从另一个星球来的，但经过不断观察，认为他们与我们一样，也都是正常的人类一员。"对此，唐有祺也乐观地笑答"我们不一样，我们吃饭用筷子"。面对外国同行的玩笑，唐有祺并没有觉得自卑。

> 当时我对此完全没有什么反感，好像自己觉得自卑，没有这种想法。后来他高兴得不得了。我说，我们可能离开大家的时间太久了。其实我们是完全一样的。我强调一样，但是心里想的是不一样。我们当然不大一样，反正求同存异吧。②

这个不一样，就是唐有祺也觉察到，中国科学界在此科学发展一日千里的时代，与国外分隔得实在太久了。从此以后，沃夫森等成为唐有祺等中国学者的好朋友，多次访问中国，关心中国晶体学的发展，并与中国学者合作解决直接法中的问题。

27日和28日，代表团参观了约克大学的物理系和化学系，29日午餐后经曼彻斯特去沃灵顿。30日，参观了达斯伯里（Daresbury）实验室中的同步辐射装置和加速器。不久前，唐有祺与蒋明谦曾在法国参观过同步辐射实验室。他们意识到，同步辐射对晶体学的发展来说已是一个十分重要的因素。

---

① 佩鲁茨与唐有祺之间的通信。资料存于采集工程数据库。

② 唐有祺访谈，2012年12月4日，北京。存地同①。

9 月 2 日代表团在伦敦凭吊马克思（Karl Marx），并观光白金汉宫、西敏寺和议会等名胜。9 月 3 日，代表团去霍奇金家中欢聚。下午坐车去历史古城巴斯（Bath），晚上参加霍奇金主持的英国科学促进会的年会，当时霍奇金是年会主席。9 月 4 日，代表团访问参观了布里斯托尔大学；6 日，部分成员在伦敦参观帝国学院；7 日，代表团去牛津，参观访问牛津大学，参观了多晶实验室、包合物结构和生物大分子结构实验室。回国前夕，代表团在 9 月 8 日中午对接待过他们的英国皇家学会以及大学的成员进行了答谢宴请。

这次英国之行，参观牛津、剑桥、约克大学，让唐有祺留下了深刻的印象。

> 他们的研究那是很像样的，人员还有设备。因为祖师爷都在他们那里。不过这个很奇怪，最早发现用 X 射线衍射定结构的劳厄是德国人，弄到后来结构研究领域做得出色的都是英国和美国，法国都还有，但是德国很少。到后来，德国还是没有突出的成果。因为德国打仗了，结构这个东西由于是基础研究，所以到打仗就停掉了。我们这里不打仗，大跃进就把我们停掉了。①

访问结束后，牛津、剑桥和约克等大学许多国际著名的实验室都与中国建立了固定的联系，也进行了一些富有成效的合作。

华沙大会后不久，美国晶体学会当任会长格勒斯克（Jenny P. Glusker）想尽办法发出邀请，请唐有祺参加 1979 年春美国和日本联合召开的檀香山报告会，希望唐有祺能在会上介绍中国晶体学的研究情况。为了保证邀请信函能及时到达，她向几个地址发出了好几封信件，还请她的中国学生在信封上写上汉字。

> 美国要开一次美日联合的晶体学会。美国晶体学会的那时的会

① 唐有祺访谈，2012 年 12 月 4 日，北京。资料存于采集工程数据库。

长，给我写了一封信。她怕信寄不到，把我的地址写了科学院、北京大学，都寄给我同样的信，让中国学生写汉字的地址。她邀请我第二年，到檀香山去参加她的一个会议。后来我收到了，我想还是去吧。①

图 8-8　1979 年 7 月唐有祺在檀香山参加美日晶体学报告会时留影

1979 年，唐有祺如约参加了檀香山报告会②，并介绍了中国晶体学培养人才和进行研究的情况。在这次会上，唐有祺与来自美国和日本的晶体学家有了较多接触。格勒斯克曾经专门撰写文章对此作了详细的介绍，高度评价唐有祺为中国晶体学发展做出的贡献。霍奇金也特意会见了中国代表。她兴奋得像个小孩子似的开怀大笑，挥舞着胳臂大声说，终于有机会来回报中国人民的友谊，有机会来确认中国晶体学界在蛋白质晶体学方面的贡献。

参加檀香山报告会，唐有祺认为仍少不了霍奇金对中国晶体学走向国际舞台的努力和帮助，唐有祺认为她在科学上有国际主义精神。

这次会议，霍奇金也去了，格勒斯克也是受霍奇金的影响，霍奇金要她请我去，我估计有这个过程。霍奇金要让我们中国走出去，她费了好多心思。有的时候外国人的国际主义比中国厉害得多。改革开放之前，我根本不能出去，霍奇金让我带了学生到英国去参加会，她

---

① 唐有祺访谈，2012 年 12 月 20 日，北京。资料存于采集工程数据库。

② 檀香山美日晶体学报告会会议手册及名单。存地同①。

图 8–9 1979 年秋大阪大学角户正夫等访问北京大学谈合作意向，在未名湖畔留影（右四为唐有祺，右二为角户正夫）

给我路费给我什么，当然我也不好意思，可是那个时候我不能去，我不用花钱我都不能去。可是我不好说我们国家不让我们去，一言难尽。还有一次霍奇金说，我知道你们开了一次会，没有让我知道。霍奇金的国际主义比我们厉害得多了。她的确对我们这样一个国家，一心要帮我忙把晶体学搞起来，没有什么政治的目的。英国人怎么想，她不在乎。①

在檀香山会议期间，唐有祺还联系了在日本购买四圆衍射仪的购置事宜。会后归途，经过日本，唐有祺访问了理学电机株式会社。这年秋天，日本大阪大学角户正夫等来京回访。次年 11 月，唐有祺又去日本东京，祝贺日本晶体学会成立30周年②。如此往来，唐有祺和日本的晶体学界同行建立了密切的学术关系。

① 唐有祺访谈，2013 年 1 月 3 日，北京。资料存于采集工程数据库。

② 1980 年唐有祺在日本晶体学会成立 30 周年纪念上的发言稿。存地同①。

急呼打开国门，实行开放国策

唐有祺在1978年参加在华沙举行的国际晶体学大会回国后，中国化学会正在上海召开代表大会来恢复“文化大革命”中已停顿了10年的学会活动。大会负责人在9月10日和14日给唐有祺来电，希望他向大会介绍中国加入国际晶体学联合会以及访问波兰和英国的情况。

9月19日，唐有祺到了上海。20日，他向大会做了报告。报告内容包括四个部分：出访概况；国际晶体学联合会的组织及此次大会和代表大会的盛况；访问法国、波兰和英国的观感以及个人体会。

让与会者感触最深的，是唐有祺在个人体会中谈了三个方面：中国对外开门或关门、推陈出新和迎头赶上以及再论学科的作用。这些体会在大会中反应强烈。唐有祺在会上首先谈了中国的开放政策。他感叹道：

> 我1951年回国后，到今年——1978年再出国门，前后相隔27年，虽然法国和英国的传统和特色仍不减当年，但科学、技术和生产都很明显地发展了，社会和个人的生活更丰富了。实际上，第二次世界大战已经结束33年了。现在我国急需加速建设的进程，开门还是关门应该要着重考虑了。关门者闭关自守也。对一个追求进步和现代化的国家来说，实在看不出有什么好处。开门也不简单，先要明白开门的道理，然后还要拿好门的“钥匙”，即使往往是备而不用，但以防万一的考虑也不可没有。这样的开门决非权宜之计，在正常的情况下，应该是十分长远的方略。过去接待外宾、出国访问过于束手束脚，其实解放思想并不需要丢掉“钥匙”。是非和利害还是要讲的，主动权还是要的，但要平等待人，做到尽可能坦率、真诚对待域外科学家。当然，也不可太天真了。我国科学，相对来说进步慢了些，主要原因是不够安定和不开放。①

既然中国的科学发展滞后了，如何推陈出新和迎头赶上呢？这就涉及

① 唐有祺参加国际晶体学联合会第11届大会后的感言。资料存于采集工程数据库。

如何选择科学研究问题，国家如何从政策层面进行引导的问题了。唐有祺提到了去华沙参加国际晶体学大会期间遇到的一些事例。他发现，在法国里尔大学从事拉曼光谱研究人员，已有培养出了第三代教授。第一代教授进行拉曼光谱的开创工作，在可见波段观测分子的振动能谱，可免去当时在红外波段遇到的很多尚未克服的困难，但信号太弱，曝光时间太长。第二代教授解决了红外光谱仪的透镜、光栅和检测等技术问题，这时红外光谱异军突起，拉曼光谱就有点相形见绌了。在这种情况下，第二代教授仍然专研于拉曼光谱领域。正是这种坚持，激光这个簇新的技术因素出现了。第二代教授的学生——第三代教授正好迎接新时代给予这个领域以机遇。唐有祺将这个案例比作科学研究中要能坐冷板凳。科学研究中的问题一旦选择，就应当是坚持做下去。另外，在迎头赶上的过程中，要重视各个学科的发展，自然科学中数、理、化、生、地等大学科以及它们中的各个分支学科都要从科技发展的需要和可能以及结合长远和当前的实际来考虑，做到各得其所。

改革开放后，唐有祺越来越意识到国际交流对国家的重要意义。他认为，我国的科研只有面向世界，立足自身的改革与发展，放在世界的背景中定位和思考，充分利用国内外优质资源，借鉴外国的科研理念和模式，才能提高我们学术的起点，从而形成具有世界眼光和国际竞争能力的科学队伍。机会也悄然而至。

主办第 16 届国际晶体学大会

为申办国际会议做准备：小分子结构会议

晶体学是一门研究晶体结构、缺陷、生长及其性能的科学。1912 年劳厄等关于晶体 X 射线衍射效应的发现，实为自然科学发展中的一个重要里程碑。这一发现既完全证实了晶体的点阵结构理论，又为 X 射线晶体学的诞生奠定了基础。从此经典晶体学开始向现代晶体学过渡。晶体学在自身蓬勃发展进程中对化学、生物学有巨大的推动作用。当今结构知识的主要源泉仍为晶体结构，而工程技术材料又离不开晶体。这是晶体学所以成为一门重要学科的基本原因。晶体学与化学、物理、生物和地学等的密切关系，由来已久。而晶体学对于化学而言，显得格外重要。正如瑞士结构有机化学家邓尼兹（Jack Dunitz）[①]，1979 年在他所著的《X 射线分析和有机分子的结构》（*X-Ray Analysis and the Structure of Organic Molecules*）中所言：若无 X 射线晶体学之发现，当今化学学科之面目如何，实不堪设想。到 80 年代为止，晶体学与化学学科间的密切交往已经超过其他学科而跃居首位。因此，在晶体学领域能够举办国际性会议，是彰显一个国家的化学学科在这个领域的国际水平的重要标志。这也是唐有祺自 1978 年中国加入国际晶体学联合会之后，开始慢慢酝酿的一件大事。特别是 1978 年在华沙的那次招待会上，有学者高兴地问什么时候可以到中国去参加国际

图 8–10　1986 年 7 月唐有祺在英国曼彻斯特出席国际晶体学大会执委会会议（右二为唐有祺）

① 邓尼兹（1923–），苏黎世理工学院有机化学实验室教授，研究领域为利用晶体学结构分析处理化学问题，如结构和中环化合物的反应等。

晶体学大会的事情，让唐有祺铭记在心。

国际晶体联合会每三年一次的学术大会和会员代表大会，唐有祺都要参加。1981 年唐有祺去了加拿大。1984 年，在德国汉堡召开的第十三届大会上，唐有祺担任团长，与武汉地质学院北京研究生部的彭志忠、中科院生物物理所的梁栋才、福州大学的黄金陵、中科院物理所的林全等一行 8 人参加了会议。这次会上，唐有祺当选为执行委员会常委，这是中国当时在国际晶体学联合会中所获得的最高位置。除此以外，唐有祺继续当选为晶体学委员会委员，经过他的推荐，晶体学教学委员会同意接纳彭志忠为顾问，小分子委员会同意接纳黄金陵为顾问，原大分子委员会委员梁栋才任期届满卸任。此后，唐有祺每年都要去欧洲，但多半是去英国开执行委员会的年会。

随着唐有祺和其他中国学者晶体学研究工作的迅速展开，以及唐有祺与国际同行的交流日益密切，唐有祺感到，是时候为中国申请举办国际晶体学大会了。但是，改革开放不久，中国在举办国际性会议方面还没有经验，而且很多国家对中国的情况非常不了解。唐有祺设想着，先举办一个小型的国际会议试试看，于是在 1986 年举办了一个小分子结构会议。

> 后来我们慢慢也感觉到将来要分担一点责任，也想召开国际会议。当然霍奇金也跟我的想法一致。当时美国也在为举办大会做准备。这样，我们 1986 年举办了一个小分子结构报告会，是我们自己举办的国际会议，不是跟人家合作。当然，我到外头没有说我想申请举办大会，我自己想先试试看。①

为什么是这次会议只有小分子，不包括蛋白质等大分子呢？唐有祺也有自己的考虑。

> 小分子的结构报告会，不包括蛋白质。因为做小分子，简单一点。

① 唐有祺访谈，2013 年 1 月 3 日，北京。资料存于采集工程数据库。

中国当时开始做的大分子结构在国际上不算什么，但小分子做的还有一点分量，而且小分子的国际研究水平，我们可以掌握。而你要搞大分子结构，中国这方面的人水平上还有差距，需要请别人。我们也想看看这样的会议，外国人的反应怎么样。所以我们先做一个实验。[①]

1984 年，在汉堡大会上，有三个委员会正式提出在中国召开有关学术会议。其中，执委会议决定设立小分子协会 CSM（Commission on Small Molecules），并决定于 1986 年秋在北京举办首届“分子结构国际学术会议”，会议由国际晶体学联合会发起，并委托 CSM 和中国晶体学国家委员会与中国化学会联合主持筹备。而晶体学教学委员会主席书面正式提出于 1986/1987 年在中国举办晶体学教学国际讲习班，晶体生长委员会主席提出在中国举办有关材料科学的国际讲习班。而经费则大部分由国际晶体学

图8-11　国际小分子结构报告会参会人员合影（第3排左二为唐有祺，第2排左四为卢嘉锡，第 2 排左三为霍奇金，第 2 排右一为利普斯科姆）

① 唐有祺访谈，2013 年 1 月 3 日，北京。资料存于采集工程数据库。

联合会提供。这些体现了国际晶体学联合会对中国晶体学的重视，其中离不开的，是唐有祺的努力。

1986 年 9 月 15—19 日，在北京的香山饭店，由唐有祺负责的北京大学物理化学研究所主办了国际小分子结构会议，议题包括分子结构与生物活性、分子结构与化学反应、结晶学、构象分析和药物设计。15 日的开幕式上，严济慈教授与中科院院长卢嘉锡致辞，20 日晚，周培源接见了科学家。

会议举办得很成功，获得了国际同行的好评。参加的人来自 25 个国家，提交了 256 篇论文。大会报告人中有三位曾获诺贝尔化学奖，除了霍奇金，还有美国纽约州立大学豪普特曼（Herbert A. Hauptman）[①] 博士和美国哈佛大学的利普斯科姆（William Lipscomb）[②] 教授。豪普特曼博士在开幕式上作了 X 射线晶体学与直接法回顾的报告。五位中国学者在大会上分别提供了直接法新发展、簇合物的结构与活性、药物构效关系等报告。大会设立了 7 个分会，39 个分会报告，内容丰富多样，这些分会均由处于学科前沿的研究专家，如加拿大的无机结构化学博士布朗（I. D. Brown）等主持。学术内容强调了结构与性能联系这个主题，但亦对基础研究与学科领域间的交叉给予充分重视。

会议交流的主题突出分子结构与生物活性或化学活性间的联系，如涉及抗癌、抗疟化学治疗剂、荷尔蒙、植物生长素、农业化学试剂的结构与活性、分子结构与化学反应途径、分子结构与催化性能、分子间相互作用

---

① 豪普特曼（1917-），美国数学家，因发明了测定晶体结构的直接法而获得 1985 年诺贝尔化学奖。豪普特曼主要从事 X 射线晶体学中的相角问题和矩阵理论的研究，在研究解决相问题的概率论的同时，还筹建分子结构研究小组，20 世纪 70 年代在分子不变量的计算中取得了一系列重大进展，其中最显著的是他在四重及五重不变量计算方面的工作以及领域概念的引入，20 世纪 80 年代，他成功实现了将直接法技术和非晶态散射以及同态取代相结合。卡尔勒主要从事原子、分子、玻璃、晶体及固体表面结构的研究。

② 利普斯科姆（1919-），美国化学家，因对硼烷结构的研究而获 1976 年诺贝尔化学奖。利普斯科姆在庞大的硼烷领域的理论和实验研究，使无机化学中过去几乎是空白的硼烷化学领域得到了迅速发展，并被将来发展成一门重要的分支学科打下了基础。其在研究硼烷结构时所采用的低温 K 射线衍射技术，定域和非定域轨道多中心化学键的理论研究等成为研究复杂分子化学键最适用的估算方法之一。

与化学活性等领域有关选题，也包括晶体结构分析方法、晶体学计算、分子构象分析、结构与化学键基础理论方面的研究[①]。

唐有祺的好友，对直接法有很大贡献的英国约克大学沃森（G. D. Watson）教授也参加了这次会议。这次会议汇集了晶体学、结构化学专家名流和正处于学科研究前沿的中、青年科学家，是一次专家论坛。五位中国学者在大会上分别提供了直接法新发展、簇合物的结构与活性、药物构效关系等报告，展示了 1978 年以来分子结构研究方面迅速而丰盛的进展，并体验到中国在结构联系生物、化学活性研究上与国际水平间尚有某些差距。

曲折的主办权争夺战

主办第 16 届国际晶体学大会是对中国晶体学发展有着深远意义的大事。唐有祺对此做了重大贡献。国际晶体学大会是千人规模的晶体学家的盛会，争取其举办权对于一个国家来说，是科研水平和地位的象征，因此角逐主办权的国家很多。而对于改革开放不久，科学研究刚处于恢复阶段的中国而言，更是困难。

继 1984 年在第十三届国际晶体学联合会大会上当选为执行委员会成员后，1987 年在澳大利亚佩斯召开的第十四届大会上，唐有祺当选为副主席。在这届大会上，在以唐有祺为首的中国代表团的艰苦力争下，挫败美国赢得了主办权。由于受 1989 年政治运动的影响，1989 年 8 月在英国召开的国际晶体学执行委员会建议由美国举办第 16 届晶体学大会，取消了中国的举办权。唐有祺当时因签证问题并不在场，事后据理力争，最后在以霍奇金为代表的国际友人的帮助下，中国又于 1989 年底在伦敦举行的国际晶体学会特别代表会议上取回了主办权。

回顾 1993 年在北京召开第 16 届国际晶体学联合会学术大会与代表大

① 邵美成，徐筱杰，唐有祺：分子结构会议纪盛——兼谈晶体学在近代自然科学发展中的地位。《化学通报》，1987 年第 6 期，第 61-62 页。

会的主办权申请历程，唐有祺感叹，这是经过与超级大国代表的三次反复较量才取得的，来之不易。第一次，在 1987 年的澳大利亚佩斯（Perth），唐有祺和代表团成员在压倒多数代表的支持下赢得了主办权，其中反对中国举办会议的代表也有。

> 反对派呢，国际上也有。可是那时候的国际会议要到某一个国家开，没有美国的政治性同意，是办不到的。而我们中国要得到美国的政治性同意，那是很困难的。那时候卡得很厉害，幸亏什么呢？学会的活动，主要力量在欧洲，不过美国也是一个大力量，他要说一句话还是起很大作用的。可是毕竟人数、学会的数目、学科的数目，各式各样的学科，像晶体学会，英国人比美国人还是强一点。第一、第二任的晶体学联合会主席是英国人，晶体学会是英国管的，霍奇金有权力。要是没有这种关系还是很难。特别是美国，美国不会让你，而且美国也已经到过一次可以成立大会的时候，它已经举办过一次了。它因为再要举办，而我们中国把它抢下来。①

申请到国际会议的主办权，还有一个重要意义，那就是，这是中国的第一个一级学会争取到国际会议的主办权，其他学会，如物理学学会、化学学会还没有申请到过。

> 中国的其他学会，当时也没有条件申请举办国际性会议。一个是不敢，一个也因为不好掌握。你去做这个会议的人，要估计我们政府能够容忍到什么程度，你不能够说得太过，回来要犯错误。可是你要完全照着意思，这么唯唯诺诺地这么做，人家看你科学家根本没有自信。可是我的脾气，恰好能够掌握好。马屁不拍，可是我还是上道，因为毕竟还是要让中国了解，这次会议开了还是对国家的科学交流有益。②

---

① 唐有祺访谈，2013 年 1 月 3 日，北京。资料存于采集工程数据库。

② 同①。

1989 年 7 月，在英国召开的年度执委会，唐有祺因签证问题，未能前往参加。美国的执委在会上发难，要求重议这次大会的主办权。与会的一些执委在不明中国真相的情况下，通过了一项决议，建议改由美国代替中国主办第 16 届大会。但因这个决定改变了第 14 届代表大会通过的决议，所以必须经第 15 届代表大会通过才能生效。美方表示，只能接受在 1989 年内作出的决定。这样，国际晶体学联合会总部决定于 1989 年 12 月在英国伦敦召开特别代表大会。这种特别代表大会对国际晶体学联合会来说，是史无前例的。当时的形势十分严峻，对中国极为不利。但唐有祺认为这次特别代表大会事关我们国家的荣辱问题，这也涉及捍卫国际科联所制订的国际会议准则问题，必须理直气壮地去参加这次会议。

在中国科协的支持下，唐有祺一行人抵英国后，会前先从对中国友好的代表处了解情况，有针对性地帮助他们了解我国改革开放政策不会改变的现实，并强调了国际科联与国际晶体学联合会的基本原则，消除了不少如日本、英国、澳大利亚、比利时等代表对我国政策存在的疑虑，终于争取到了他们的支持。

唐有祺对执委会由于在未能了解真实情况下作出动议一事，主动表示了谅解。更重要的是唐有祺在大会上先后作了有理、有节的发言，阐述中国的形势和改革开放政策，正面说明我们的观点，尽可能不纠缠个别具体问题。

这次伦敦会议，主要是决定晶体学大会在哪里开。我讲了一下，这个风波不是什么，风波这个问题有些人也不对，也不光是政府，不民主什么的，不是这个问题。我说政府还是开放的，开放政策还是没变，而且基本上还是民主的。有两条，我们不说很民主，是越来越民主了，而且开放程度一直不变。所以举办这个会不变。我也不说我们国家已经很民主了，不是。我要实事求是，我也不能说过头，不然我要倒霉。所以他们也信服我。那个时候搞这种关系一定要沉住气，说到恰到其处，人家就不会怎样。因为他们都搞宣传，这还是很容易的，他们把我们说的比真的要坏得多。所以把真正的拿出来，还是过得去，没什么。美国代表提出的所谓人权问题等，所幸很多代表都已能明辨是非，我并不难于对付。①

这次伦敦特别会议，最后以 22∶15 票的比例，中国在逆境中夺回了主办权，但这还不能最后定夺，还要在第 15 届代表大会上通过。为了做好最后的争取工作，1990 年 7 月，唐有祺组织了一个 9 人代表团，事先做好了较充分的准备，每人都有明确的分工，参加会议的人齐心合力、团结一致地在各自岗位上认真开展了各方面的工作。唐有祺他们估计了可能发生的问题，并采取了适当的措施。对受人唆使拟在代表大会上提出反对意见的留学生，进行了推心置腹的交谈，也向执委会成员、关键性人物和与中国友好的外国学者做了工作，从而以 55 票赞成、10 票反对、3 票弃权顺利通过了最后一关。唐有祺感叹：

这些成绩的取得固然有我们的努力，但更重要的是有领导的支持和国外主持正义的学者帮助，应该说是我国改革、开放政策的实施与我国国际威望日益提高所取得的结果。由此，我对得道多助这句话更有体会了。②

新朋老友齐相逢

国际晶体学大会的主办权确定之后，唐有祺开始为大会的召开做各种准备。让唐有祺再次犯难的是，虽然争取国际会议不容易，但组织国际会议更加困难。

1991 年 4 月 27 日，在首届中国科学技术协会周培源国际交流奖的颁奖大会上，唐有祺提出了他面临的困难。

---

① 唐有祺访谈，2013 年 1 月 3 日，北京。资料存于采集工程数据库。

② 唐有祺:《唐有祺文集》。北京：北京大学出版社，1998 年，第 107 页。

> 最主要的问题是我们得不到政策上和经费上的具体支持，会议的经费至今未落实，从而也无法落实会址。而当前我国的大学尚未具备召开大型国际会议的条件，即使亚运村的会议大厦也仅仅是少数会堂的设施较好，如同时使用六个大型会场尚不理想，会场费却高达1美元／m^2单元时间，这还算半价优惠。所以预计第16届会议的会场和租用会场设备费就需要约2万美元／天。至于宾馆的住宿费用一般标准间每天多为60美元左右，缺少适合学术会议用的较低档的单人间住房。我们接待的国际组织领导人、大会邀请报告人的支出也是十分可观的。参加第15届会议的一些外国教授说，到中国去开会肯定会招待得很好，但担心食宿费一定很贵。①

这些问题如何解决呢？唐有祺建议研究和制订切实可行的措施。比如，制订一些支持在国内召开国际会议的具体优惠政策，为中国国际学术交流工作创造更好的条件。不仅如此，唐有祺也提出，如何保证科技人员必要的出国经费，也是一个老大难问题，并呼吁设立专项国际科技交流经费，支持中国学者在国际舞台上发挥应有的作用。

在中国科学技术协会以及国际纯粹与应用化学联合会的经费支持下，1993年8月21至29日，第16届国际晶体学大会在北京隆重开幕。参加者包括1200多名代表和298名偕行人员，代表中有来自52个国家和地区的外国学者近千名，中国大陆、台湾与香港的学者240多名。国际晶体学联合会执行委员会全体成员，与该会各专业委员会与地区学会的负责人全部到会。

霍奇金教授与活跃在国际晶体学各前沿领域的知名学者参加了大会。这时的霍奇金身体已非常衰弱，卧床不起，谁也没想过她会出席。但执着的霍奇金毅然决定在生命的最后也要支持国际晶体学会的工作，特别是在中国第一次举办这样的国际盛会，并表示即使死在中国也不介意。霍奇金坐着轮椅到了会场，虽然说话的声音已经十分细弱，但她仍然具有惊人的

① 唐有祺:《唐有祺文集》。北京：北京大学出版社，1998年，第107页。

记忆力和非凡的风采。回到英国后，霍奇金于 1994 年 7 月 29 日在家人的陪伴下结束了她辉煌而卓越的一生 ① 。

在大会开幕致辞上，唐有祺做了“中国的晶体学与晶体学界”报告，对霍奇金表达了感谢，将她称为将中国引入国际大家庭的向导。唐有祺将中国晶体学的发展分为三个时期：第一个时期是 1936—1948 年，留学回国的胡刚复、叶企孙和吴有训展开了晶体学研究工作。20 世纪 50—70 年代，唐有祺、陆学善、余瑞璜、卢嘉锡等进行了晶体学研究工作，特别是以胰岛素测定为契机展开的蛋白质晶体学研究工作，为晶体学在中国的生根或本土化发挥了关键作用。这是第二个阶段。第三个阶段从 1978 年开始，中国培养了新一代的晶体学家，更新了晶体学的研究和教学设备，提高了晶体学队伍的水平。

国际晶体学联合会主席、法国居里大学的欧济（A. Authier）教授做了热情洋溢的讲话，并向日本加藤范夫（N. Kato）教授颁发了埃瓦尔德奖 ② ，该奖是以该联合会发起人命名的，每届大会奖励一名学者。最后由加藤范夫教授做了动力学衍射理论的个人发展史的报告。

开幕式后，大会分两个平行大会场，共做了 18 个大会报告，并在 62 个分会上做了 369 篇分组报告，还以墙报的方式交流了 880 篇科研成果。大会还附设了仪器、图书等展览。大会前后分别在福州、北戴河、杭州与北京举行了小分子结构、同步辐射、中子散射、粉末衍射和电子晶体学理论与技术等五个卫星会议。大会内容颇为丰富多彩。在这次大会上充分展示了晶体学在广泛的实际应用领域所取得的最新科研成果，包括晶体学主要的新方法，如直接法、反常散射法以及用粉末数据进行从头计算来确定结构等。

---

① 中国科协学会学术部编:《学术建设与自主创新》。北京：科学技术文献出版社，2007 年。

② 埃瓦尔德曾在慕尼黑大学学习，1912 年埃瓦尔德得知劳厄 X 射线衍射实验后，发现只要用晶胞常量的倒数 1/a，1/b，1/c 作为一种格子的平移周期（称为倒格子），再做一个与入射 X 射线波长有关的球（即埃瓦尔德衍射球），即可解释衍射的几何关系，并在 1916–1917 年完成了 X 射线衍射动力学理论并发表。第二次世界大战后，他积极提倡建立国际晶体学会，主编《晶体学报》(Acta Crystallographica)，为晶体学的发展做出贡献。1985 年，埃瓦尔德去世后，国际晶体学会设立了埃瓦尔德奖，奖励在 X 射线衍射动力学理论方面做出重要贡献的科学家。

另外，在大会的交流论文中还包括中国的一批引人注目的研究工作。如胰岛素及其各种衍生物、丝氨酸蛋白酶抑制剂、天花粉等核糖体失活蛋白的结构与功能研究、蛋白质结构预测、微重力条件下蛋白质晶体生长、盐及氧化物的单层分散现象研究、材料晶体生长等多方面的最新科研成果。中国被本次大会国际程序委员会选用的论文数是所有国家中最多的。

这次大会是国际晶体学联合会在亚洲举行的第二次会议，第一次是1972年在日本京都举行的第九次大会，这也是首次在发展中国家举行的大会。不过，这次会议参加人数之多，规模之大，居非欧洲地区大会的首位，居前十六届大会的第三位。这是中国科技界承办的规模最大、会期最长的国际会议之一，也是化学界组织的最大的国际学术会议。会后，不断有国际学者给唐有祺写信，认为会议组织得非常成功①。

这次大会有1/4的代表是青年学者。国际晶体学联合会十分重视为青年晶体学工作者提供国际交流的舞台，仅大会就资助了国内外年轻学者百余名，从而使许多青年学者的科研成果获得了交流机会。唐有祺的学生来鲁华，当时是中国最年轻的女教授，做了“蛋白质中多肽片断的结构柔韧性与其在数据库中的序列分类的关系”分组报告；山东大学晶体材料研究所博士后方奇做了“DMIT衍生物的构象和非线性光学性能”分组报告；南京大学固态微结构国家重点实验室副教授胡正伟做了“五磷酸镧的铁电域结构的原位同步辐射形貌研究与相转变”分组报告。更可

图 8-12　1993年唐有祺（右三）在北京召开的第16届国际晶体学大会上与参会学者交流

① Theo Hahn 致唐有祺的信，1993年10月1日。资料存于采集工程数据库。

喜的是，从本次大会上看到许多发达国家有关晶体学的重要实验室，都有中国人参与。例如各发达国家蛋白质晶体结构实验室的成员中都有中国人，其中许多人已成为骨干。这也正如唐有祺所言，晶体学在中国已经结束了启蒙和本土化的时期，开始生根发芽了。

通过这次会议，唐有祺和其他组织人员发现，中国一些科研单位的仪器装备与测试手段均落后于发达国家，这不利于我国晶体学研究工作向纵深发展。

而这次会议的筹备，也加速了中国晶体学会的成立。在 1978 年中国加入国际晶体学联合会时，唐有祺就意识到，中国此时就应该有晶体学会，但是到 1984 年，中国晶体学会还未成立，这严重影响了晶体学的发展。1982 年，中国科协批准成立了中国化学会晶体化学委员会。但是，唐有祺与中国的晶体学同行认为，晶体学应该作为一级学会成立，虽然可能性很小，但是参加筹备的晶体学家都认为晶体学是一门对化学、生命科学及材料化学都有非常重要作用的学科，应该成立一级学会，虽然困难，但一定要争取。唐有祺更是鼓励大家必须不懈努力，“不以成败论英雄”直到成功为止。在唐有祺的坚持下，中国晶体学会终于在 1994 年成立，并在 5 月 31 日至 6 月 1 日，在北京大学召开了中国晶体学会第一次理事会，唐有祺和邵美成、梁敬魁、黄金陵轮流主持了会议①。

促进中国科学界的整体国际化

加入国际科学联合会

除了在国际晶体学会的出色表现，唐有祺的视野更加宽广，他随中国科学界深入到更广阔的天地。

① 1994 年中国晶体学会第一次全体理事会议纪要。资料存于采集工程数据库。

尽早恢复中国在国际科联理事会中的席位问题，是中国科学研究者的多年愿望。1982年9月13—17日，以中国科协主席周培源为团长的中国科协代表团出席了在英国剑桥大学举行的大会，唐有祺便是其中一员，同行的还有胡亚东、中科院地质研究所的刘东生、中科院生物化学研究所的曹天钦、中科院外事局的方均。由于唐有祺在科学外交活动方面的丰富经验，科协的这次活动特意安排了他。经过大家一番周旋，促使中国加入了国际科学联合会（简称国际科联）。国际科联恢复了中国在国际科联中的席位，为中国科学界在国际科学活动中的地位打通了道路。

国际科联创建于1919年，前身为国际研究理事会，总部设立在巴黎。1931年，在布鲁塞尔召开的会议上，改为国际科学联合会。国际科联的宗旨是协调和促进自然科学方面的各种国际科学协会的活动，鼓励国际科学活动以利于全人类，促进各国科学研究工作的发展，鼓励、安排、组织、设计和协调国际跨学科科学研究计划与联合国各专门机构和其他有关机构保持联系，与其他有共同兴趣的国际委员会、联合会或组织进行必要的接触。国际科联有很高的国际学术地位，它的学术活动、科技项目和计划都是各国的科研重点，因此得到联合国教科文组织和各国政府的重视和支持。1946年，中国便是国际科联理事会的全国性会员，周培源曾在当年出席了在美国召开的理事会，并在第三届国际应用力学大会上当选为理事会理事。

新中国成立后，中国也参加过一些国际科联会员组织，但因台湾问题而退出。1973年1月，国际科联主席库伦致函中科院院长郭沫若，希望帮助中国恢复国际科联会员资格。应中国科协副主席周培源邀请，国科联主席库伦、秘书长斯塔夫罗和执行秘书贝克于同年5月访华，就恢复中国在国科联的会员资格问题进行会谈。1979年，中国科协书记处书记王顺桐率团访问法国时，在巴黎与国际科联秘书长进行了会谈。两次会谈虽未取得一致意见，但增进了双方的了解，为以后关系的发展奠定了基础。1976年后，国际科联成员相继接纳中国有关学会入会。

在关于是否恢复中国在该理事会中的全国性会员资格的讨论会上，周培源在主席台就座并发表了讲话，一开始便引得台下唏嘘一片。

图 8-13 1982 年 8 月中国代表团在英国参加国际科联举行的大会（左二为唐有祺，左四为胡亚东，右一为霍奇金）

周先生很有气魄，而且名气大。我们参加的是国际科联的会，但是英国的皇家学会都知道周培源。他一上台就说，今天非常高兴再次参加国际科联的会议，1946 年国际科联理事会的第一届全体大会，我就参加了。我与这个组织已经有了 36 年的往来。大家一想就知道他多厉害了，这样大家一下就被征服了。后来投票，那些事先没有表态支持我们的代表，也大多给我们投了赞成票。于是恢复中国席位的问题一下子就通过了，而中央研究院以中国台北的名义在国际科联占据席位。英国人前两天在我们做他们的工作时，还表现得模棱两可，特别滑头。不像美国人直来直去，支持台湾他就说。英国人模棱两可，和我们耍滑头，我们哪里耍得过，英文又没那么好。最后还是通过了。周先生的声望在这里起了很大的作用。①

由于曹天钦曾由李约瑟博士介绍获得英国文化委员会奖学金，赴英留学，并在剑桥大学攻读化学。会议结束后，唐有祺一行人和曹天钦一起，

① 胡亚东访谈，2013 年 7 月 3 日，北京。资料存于采集工程数据库。

访问了李约瑟在剑桥的研究所。胡亚东对此印象非常深刻。

> 鲁桂珍非常好，很和善，是 Robinson 学院的管家之一，我们就住在 Robinson 学院。当时鲁桂珍还是很受欢迎的，也受李约瑟器重的。她的腿不好，上二楼的楼梯上不去，她的楼梯有一个扶手。李约瑟特意给鲁桂珍做的，把扶手做成一个轨道，有一个椅子，椅子放在扶手上面，轨道一开，椅子就呜呜地上去了。①

唐有祺等人在英国一共待了两个礼拜。除了加入国际科联的活动，还与英国皇家学会谈了合作的事，包括地质、化学方面的合作。地质方面是刘东生负责，化学方面则是唐有祺和胡亚东。皇家学会还设宴招待了他们。

图 8-14 1982 年 8 月访问剑桥大学李约瑟研究所（左一为鲁桂珍，左二为唐有祺，左三为曹天钦）

皇家学会之行结束后，刘东生到爱丁堡去访问，曹天钦留在李约瑟研究所，唐有祺和胡亚东就到了牛津，大家分开各自活动。唐有祺带着胡亚东去了霍奇金家里，霍奇金送给他们一人一张唱片。

频繁的国际学术交流

唐有祺的国际学术交流活动，可以用非常频繁来形容。从 1978 年开始，他每年都要出国交流若干次。除了国际晶体学会等国际学会、国际团

① 胡亚东访谈，2013 年 7 月 3 日，北京。资料存于采集工程数据库。

图 8-15　1986 年 4 月 13 日中国化学会在杭州召开的代表大会部分参会人员合影（前排左五为唐有祺，前排左四为唐敖庆，后排右三为徐光宪，前排右三为高小霞，前排右四为黄维垣）

体的活动，他还与国外的研究机构进行了多次互访。

1986 年 4 月 13 日，在中国化学会于杭州召开的代表大会上，唐有祺与田昭武、黄维垣和徐光宪一起当选为第 22 届理事长。接下来的四年，唐有祺代表中国化学会参加了若干国际活动。

唐有祺的每次出访，行程都安排得非常密集。他充分利用国际平台为中国科学的发展搭建国际平台，争取资源和机会，学习研究和管理理念，或展示中国科学研究的成果。1987 年 8 月 5 日到 9 月 15 日，唐有祺不仅参加了在澳大利亚举行的第 14 届国际晶体学会议，在美国波士顿召开的第 34 届国际纯粹和应用化学联合会（简称 IUPAC）联合会议，在新奥尔良召开的第 11 届国际各国化学会长会议[①][②]，在华盛顿召开的中美化学

① 世界各国化学会会长会议是 1967 年美国化学会的会长奥温伯格（Charles G. Overberger）发起，他邀请了其他国家的化学会会长来聚谈互相关心的问题。当时加、法、意、日、荷、瑞典、联合王国和西德接受了邀请，他们认为会议很有成效，此后就每两年举行一次，由东道国化学会长邀请其他各国会长参加。

② 1987 年第 11 届世界化学会会长会会议手册。资料存于采集工程数据库。

会双边座谈会议。而且，唐有祺还利用会议间隙访问了加州理工学院等机构，应邀在美国加州理工学院做了超导相化合物的制备和结构研究的报告[1]，并在其设在加州门罗帕克的正分子医学研究所访问了导师鲍林。这次行程，唐有祺与 IUPAC 的主席和秘书长商谈了争取 1991 年在中国举行第 33 届 IUPAC 大会的事宜；应美国化学会长古德（Mary Good）博士的邀请，做了“中国化学之现状和未来方向”的报告，会后这个发言被美国化学会的刊物报道；为中美化学会之间的互访与交流进行了商谈，并解决了中国化学会在美国扩大期刊征订的问题[2]。

Certificate of Membership
American Association for the Advancement of Science
This certifies that
PROF YOUQI TANG
by special invitation, is an International Member of the American Association for the Advancement of Science (AAAS), and is entitled to all benefits and privileges of professional membership in AAAS including 51 weekly issues of SCIENCE — AAAS' renowned journal of scientific research and news.
This certificate of membership is extended this 9th day of September 1994.
Richard S. Nicholson
Executive Officer
IMPORTANT: PLEASE READ THIS: This certificate is valid for 60 days upon AAAS' receipt of your International Member Acceptance Form.

图 8-16　美国科学促进会发给唐有祺的会员证书

1987 年的 11 月，唐有祺去大阪大学与蛋白质研究所进行交流。1988 年 10 月 1 日，受自然科学基金委派遣，唐有祺率团往北美考察结构化学，访问了普林斯顿大学、哈佛大学等高校。12 月，应第三世界科学院长邀请，唐有祺前往意大利座谈设立新研究机构问题。

IUPAC 每两年召开一次学术大会，这个学术大会包括化学的所有学科和分支，给化学学科的发展提出指导性意见。每次大会均有诺贝尔奖获得者做报告。过去，这种大会一般都在欧洲或美国召开，但在 1989 年 8 月瑞典隆德召开的 IUPAC 第 35 届全委会上，时任中国化学会理事长的唐有祺代表中国化学会提出主办 1993 年第 34 届学术大会的申请，得到一致通过。

① 1987 年唐有祺访问加州理工大学的日程安排及做报告的海报。资料存于采集工程数据库。

② 唐有祺：关于要在美国参加三个会议的报告（1987 年 6 月 5 日手稿）。存地同①。

第 34 届 IUPAC 学术大会由中国化学会主办，于 1993 年 8 月在北京顺利举行，江泽民主席曾经接见与会的 IUPAC 主席等负责人。1994 年 9 月 9 日，美国科学促进会（American Association for the Advancement of Science，AAAS）邀请唐有祺作为国际成员，享有专业成员的权利。国际学术交流活动之多，无法一一详述，唯有唐有祺对中国化学发展的关切之心以及开阔的学术胸怀让我们心生钦佩。

第九章
科学研究的谋略者

专注于自己专门的研究领域，是科学研究者自然而然的兴趣取向。与众不同的是，唐有祺既是结构化学研究领域的专门家，还是一位科学研究的谋略者，他对科学研究的整体规划有着自己的思考。他倡导探索出生命过程中的重要化学问题，为化学学科开辟化学生物学新的方向。他还提出了建设分子工程学新学科的理念，以功能导向为目标，逆向而行，应用目标与学科建设并重。

唐有祺历任国家教委科学技术委员会的副主任和主任，全国政协科学技术委员会副主任。基础研究的模式与中国特定的历史境遇之间的关系，基础研究如何实现应用导向，科学教育特别是研究生的培养目标和培养过程中的课程设置如何突显基础科学的重要性，高校如何适应社会主义市场经济，优秀科研人才如何培养等等都是唐有祺关切的重要问题。

基础研究的模式与国情

20 世纪 80 年代末，中国科学界对基础研究的问题非常关注。应该如何看待基础研究的作用和地位，中国基础研究的政策导向是什么，基础研究的力量应该如何培育，等等，这些问题都没有获得清晰的认识。1987 年，国家科委组织了对全国基础研究和应用研究现状及发展情况的调查研究。1988 年，全国政协科技委员会成立了关于加强基础研究工作问题专题研讨组，由邹承鲁、唐有祺、阳含熙、马大猷、蒋丽金、叶大年、唐敖庆、王大珩等政协委员组成，邹承鲁和唐有祺担任组长。

1989 年 2 月，国家科委召开了全国基础研究和应用基础研究工作会议，会议明确指出，基础性研究是中国科技发展战略部署中的三个层次之一，对促进国民经济、社会发展和国防建设具有重大意义。

1989 年 5 月 30 日，全国政协科学技术委员会首次讨论基础研究问题，唐有祺在全国政协七届三次会议上发言，以“我对基础研究的认识和感受”为题，从自己少年时代对基础研究和应用研究之间关系的认识出发，谈到了他在留学归国之初、“反右”运动、“文化大革命”、改革开放之后不同阶段国家对基础研究的认识和政策导向。从美国留学后回国之初，唐有祺体会到中国当时的基础研究的条件虽然很差，但形势和气氛很好。

> 记忆犹新的是当我从国外经广州坐火车到上海时，在车站上有带了红袖章的工人纠察队检查行李，当他看到我带回很多结构模型和科学图书时对我特别尊重，并谈了欢迎我这样的人回国的话。当时中国科学院成立不久，并在与高校合作上曾有过一段亲密无间的黄金时期。此后到 1957 年前的短短几年中，我们国家确实在基础学科的队伍和实验室建设方面投入了力量，打下了一定的基础。①

但是从 1957 年的“反右”运动开始，由于对知识和知识分子的态度发生转变，基础研究受到了压制，虽然到 1963 年基础研究又稍见生机，但是不久发生的“文化大革命”，一般性基础研究工作都趋于停顿。唐有祺认为，在历史发展的不同阶段，对待基础研究的态度反映了当时知识

① 唐有祺：我对基础研究的认识和感受（手稿）。资料存于采集工程数据库。

分子政策及其执行中的问题。而这种对基础研究重视与忽略的反复，是因为国家在对知识和知识分子在建设中的作用缺乏本质的认识和长远的考虑，有着实用主义的倾向，而国家对曾经得心应手一时的“人海战术”也恋恋不舍。

1978 年之后的十年，唐有祺感受到基础研究工作的环境较过去有两点值得称道的改进：第一点是基础研究已经名正言顺，不被视为异端，第二点则是科学家有了学术研究的自主权。虽然如此，让唐有祺仍感担忧的是，虽然在 80 年代末，国家已经意识到了基础研究的重要性，但是具体应该如何发展，特别是中国的基础研究应该如何发展，仍然模糊不清。

国外对基础研究的政策导向如何呢？通过唐有祺的考察，他发现科技比较发达的国家对基础研究的做法大相径庭，这与不同国家的历史文化和政治经济环境都有关系。美国一直在从国外引进科技人才，拥有一个大的高校体系，建立了新的学位制度，倡导学术民主。英国原来是殖民大国，又是经济、军事和文化大国，两次世界大战之后，英国的经济和军事地位虽然降低，但科学仍然是第一流的。唐有祺同意胡刚复先生的看法，发展科学是一种周期很长的行为，取得优势要靠几代人的努力。正如英国，科学发展的优势一经取得，就有了充足的后劲，不容易失去。日本和苏联呢？唐有祺澄清，认为日本和苏联在基础研究方面不重视，完全是一种不应有的误解。

> 日本从明治维新以来，追踪西方科学，并为己所用，是不遗余力的。第二次世界大战中日本败北后，它是靠技术来恢复和发展经济的，它开发技术是从世界范围内吸取科学成果，并靠本国的科学队伍和实验室做后盾的。应该说，日本是最会借用别国的科学技术来发展本国的经济和科技的国家。它能“借得动”以至“借得好”别国的科学技术，如果说它自己已不需要一个规模较大、素质较好的基础研究队伍和一大批设备精良、门类齐全的实验室，那将完全是无稽之谈。这样的队伍和实验室不但是开发技术的后盾，也是不断提高整个国家

科学水平和人民素质的重要保证。[①]

苏联的情况，在唐有祺看来，它的科技实力很强，有一定的基础，十月革命后理应得到较大发展，但是政治对学术的横加干预，以及过度重视军事地位，科学发展导向了为军事服务。这样看来，中国的经济要发展，需要依靠科学技术，特别是要以基础研究作为后盾。

接下来的政协会议，唐有祺又以“基础研究的模式与国情的关系”为题，再次以国外对基础研究的政策导向与他们的政治、经济、军事和文化环境之间的关系为例，强调基础研究没有固定的模式，不能离开本国的大环境，中国应该结合国情，探索适合其既有基础和现有条件的基础研究模式。

带着这些问题和观点，1990 年 3 月，在广泛征求意见的基础上，全国政协专门委员会专题调研组形成了“关于进一步加强基础研究工作的意见和建议”，呼吁国家进一步明确基础研究在中国的重要地位和作用，制定长远的政策，对基础研究工作进行宏观统筹和统一规划，尽早制定基础研究中长期发展规划，确定重点，重视高校的基础研究工作，积极开展国家合作与交流，重视学术民主。在队伍建设上要吸引更多的中青年科技工作者从事基础研究，提高基础研究的经费，经费来源依靠国家财政拨款，同时实行多渠道支持的方式。将国家自然科学基金作为基础研究课题经费的重要来源[②]。

我们看到，政协全国委员会专门委员会《简报》第 45、140、156、157 期，都是“加强基础研究”系列专题座谈会简报[③]，主要讨论的是唐有祺提出的“应用基础研究”[④]。“加强基础研究”系列会议一共开了 5 次，最后一次是在 1992 年 3 月 5 日[⑤]。

---

① 唐有祺：我对基础研究的认识和感受（手稿）。资料存于采集工程数据库。

② 全国政协专门委员会专题调研报告之八“关于进一步加强基础研究工作的意见和建议”。存地同①。

③ 1991 年全国政协简报第 45、140、156、157 期。存地同①。

④ 1991-1992 年全国政协科技委员会“加强基础性研究”专题组工作安排。存地同①。

⑤ 唐有祺给钱学森的信，1992 年 8 月 15 日。存地同①。

什么是应用基础研究？既能应用于实际的工业生产，又能促进科学研究领域新知识的发现，这是唐有祺提出的应用基础研究的核心观点。这个观点的提出，也是基于中国的现实，作为自力更生的中国，要将有限的基础研究力量用在刀刃上，也不能回避经济发展提出的要求，与此同时，还要注意到学科自身的水平。而应用基础研究，便能实现这样的目的。唐有祺和林炳雄等进行的ZSM-5分子筛的结构研究就是最典型的案例。他们的这项研究从1981年起，先分析产品的结构，搞清了与性能密切相关的三个特征结构参数，发现了ZSM-5分子筛的结构易变性，及时对合成工作提出有指导意义的结论。1982年全国分子筛会议上，被公认他们的结论是新颖和有意义的。他们提出的观点已经被产业部门采纳。不仅如此，他们有关分子筛催化剂等论文，已经连续在1983年（美国）、1984年（南斯拉夫）、1986年（日本）的国际会议上作为大会报告宣读。此项目与环氧乙烷银催化剂等在1986年被教委评为科学技术进步奖一等奖。这项研究用于生产，产生了经济和社会效益，又发展了科学。

图 9-1　1993 年唐有祺参加全国政协会议留影

1991年11月4日，唐有祺在《人民日报》第3版发表文章，祝贺钱学森获奖。12月27日，钱学森致信唐有祺，表达了自己对应用基础研究的理解。认为该问题处于中国社会主义建设的深层次，国营大、中型企业要真正靠技术进步提高生产力；批评技术开发研究不统筹集中而搞“二亩地”式的分散、重复工作；研究单位是小圈子“个体户”的组织等，钱学森认为这类基础研究的困难在于体制改革。钱学森还附上了一篇在中央组织部、中央宣传部、中国科协组织的报告会上的讲稿，其中专门对体制改革提出了建议，想听取唐有祺的意见。钱学森认为真正的基础研究，则应该由国家统筹，充分利用国际交流与合作，开展有中国特色的研究问题。这方面经费不多，队伍要精干[①]。钱学森还将自己11月5日关于“我们要用现代科学技术建设有中国特色的社会主义”的发言稿一并寄送给唐有祺[②]。1992年2月26日，钱学森又将他在中国科协四届二次全委会议上的讲话寄给唐有祺[③]。

1992年8月15日，唐有祺回信钱学森，提到在参加加强基础研究的讨论会议中，从事基础科学和工程技术的研究者都认为，基础性研究很重要。他同意钱学森的看法，应用基础或基础应用研究中困难的解决有赖于深入一步的体制改革。

> 我认为，科技体制改革刚起步，有了一些认识，当务之急是如何落实已经制定的不少方针或方针性意见。它们是：科技是第一生产力；经济建设依靠科技，科技面向经济建设；经济要转入依靠科技进步和提高劳动者素质的轨道上来；发展科技事业，提高劳动和素质，基础在教育；为了实现现代化的宏伟目标，跟踪世界高新技术，必须继续加强基础性研究，增强科技实力和发展后劲；进一步加强科技法制建设，建立健全保护知识产权的制度，发挥专利制度在发展科学事业和经济建设中的作用；加速科技成果转化为生产力；等等。[④]

在科学家的倡议下，对基础研究重要性的认识在国家层面得到提高，国家对基础研究更加重视和支持。中国开始进行基础研究的体制改革工

① 钱学森给唐有祺的信，1991年12月27日。资料存于采集工程数据库。

② 钱学森寄给唐有祺的讲话稿，1991年12月27日。存地同①。

③ 钱学森寄给唐有祺的讲话稿及邮寄信封，1992年2月26日。存地同①。

④ 唐有祺给钱学森的信，1992年8月15日。存地同①。

作。从建立国家重点实验室和部门开放实验室入手，增拨实验室运行补助费，为实验室更好地发挥作用和完善基础性研究的学术环境创造了条件。从 1992 年起，国家进一步增加对基础性研究的投入，国家自然科学基金有了较大幅度的增加，又拨出专款支持攀登计划的实施。1993 年 1 月 5 日，国家还启动了自然科学基金制度为时 5 个月的调研工作，力图进一步发展和完善科学基金制度，促进中国基础科学的发展，同时促进基础研究与应用研究之间的联系。除此以外，在国家科委的组织下，中国科学院基础研究局展开了基础性研究所的改革试点工作。1994 年 7 月，唐有祺作为评议组成员，对化学研究所、生物物理所进行评议[①]。

紧接着，1995 年 4 月，为部署和规划“九五”和到 2010 年期间中国基础性研究工作[②]，国家科委基础研究高技术司召开了“面向 21 世纪我国基础研究发展战略”香山科学会议，唐有祺受邀参加并与宋健、朱丽兰、张存浩分别主持了会议[③]。来自国家科委、国家教委、中国科学院、国家自然科学基金委员会、农业部、卫生部、地矿部等有关部门的负责人和近 70 位科学家参加了会议。这次会议上，杨国桢发表了对基础性研究结构改革的看法，林泉做了“基础性研究也要有新的解放、大的发展——关键在质的转变”的发言，唐有祺则再次强调要重视基础研究。这次会议，就基础性研究的战略地位和作用取得了共识，认为要积极创造条件促进中国基础性研究的发展，还要大力宣传科学技术对国家的重要性，提高全民族对科学技术重要性的认识[④]。

不过让唐有祺仍感遗憾的是，虽然重视基础研究强调了若干年，但是依然没有得到足够的重视。他认为，有了基础研究，科学才能够循序渐进。现在虽然知道基础科学的重要性，但是究竟重要到什么程度，政府层面还应该有更深刻的体会。

---

① 中国科学院厅局文件基字（1994）059 号。资料存于采集工程数据库。

② 1995 年科技发展“九五”计划和 2010 年长期规划（征求意见稿）。存地同①。

③ 国家科委司发文 国科高字［1995］013 号。存地同①。

④ “面向 21 世纪我国基础研究发展战略”香山科学会议日程、报告与邀请函。存地同①。

重视生命过程中的化学问题

从化学学科中开辟和强化的化学生物学是唐有祺瞄准国际前沿，提出并加以倡导的方向之一。生命过程在本质上是化学过程，生命过程的进行需要依赖蛋白质和核酸等生物大分子的参与。生物体内的化学物质及其变化正是生命现象的基础。生物学在 19 世纪后半期出现的三个重要发现：进化论、细胞学说和遗传定律，为生物学奠定了学科框架。唐有祺认为，生物学要在此基础上进一步发展，特别是要揭示更基本的共性和实质，极大限度地消除其神秘色彩以及解决农业和医药方面的问题，必须从化学的角度来研究生命和生物，并将认识的层次深入到分子水平。因而，唐有祺敏锐地觉察到，生命过程中化学问题的研究是化学学科在目前以及将来发展中的前沿领域之一。

20 世纪 80 年代末，生命科学成为世界科学研究的当采学科，是科学地形图上的亮点，美国、欧洲和日本都对它很重视，列为优先发展的学科。而此时的中国，化学和生物学曾一度出现脱离，彼此交叉甚少，特别是生物学领域，与国际学术界的差距很大。带着从化学的视角研究生命和生物，从分子水平认识生命现象，并由此带动中国的化学与生物学向国际学术前沿接轨的愿望。唐有祺首次在公开场合讨论他的想法，是 1989 年 11 月 26—28 日在复旦大学举行的“生命化学研讨会”。他提出了化学研究者从分子水平研究生命现象的理念，并就化学工作者如何参与这项工作提出了具体的看法。国家科技委化学学科组副组长、北京大学的金声，以及兰州大学的刘有成，从事生命化学研究和教学工作的研究者纷纷参与了讨论，并被唐有祺的新理念所吸引。1990 年，唐有祺组织翻译的《生物化学》由北京大学出版社出版 ①。1991 年 12 月 17 日，在中山大学参加第二次高等学校生命化学研讨会上，唐有祺就此专门做了报告 ②。

---

① （美）Stryer，L. 著，唐有祺等译校:《生物化学》。北京：北京大学出版社，1990 年。

② 1991 年第二次高等学校《生命化学研讨会》会议手册。资料存于采集工程数据库。

图 9-2 1991 年 12 月 17 日唐有祺在中山大学第二次高等学校生命化学研讨会暨国家教委科技委化学学科组会议上做报告

1991 年 10 月，唐有祺以“生命过程中的重要化学问题研究”为题申请国家攀登计划项目。

我觉得生物学达到了分子水平。当然现在到了基因水平，那个时候是分子水平，不过基因水平完全是分子水平。没有分子水平，没有蛋白质、核酸结构，谈不到基因水平。国外对生命现象的研究已经到了分子水平，我们国外还没到，提不到其他东西，所以我特别强调分子水平。我想以化学学科为主力，为分子水平研究生命现象提供一些基础和条件。因为生物界的研究，要把它变成分子水平，缺的部分还是化学，还不是生物。不过生物部分也不够。①

唐有祺希望这个项目能够成为一粒种子，他来播种，采摘收获果实的

① 唐有祺访谈，2012 年 12 月 27 日，北京。资料存于采集工程数据库。

是中国化学界和生物学界。为了让这个项目能够墙内开花墙外香，唐有祺团结并鼓励了一大批化学家转向从事化学与生物学的交叉研究。

“方向犹如鸟首，苟无双翼仍难以起飞。”唐有祺如此比喻来说明研究方向的重要性[①]。“生命过程中的重要化学问题研究”应该从哪里着手呢？哪些是“重要”化学问题呢？考虑到蛋白质、核酸及糖是涉及生命活动本质的三类生物大分子，是维持生命机器正常运转的最重要的物质基础。蛋白质的功能分子，负责执行各种生物机能，核酸是信息分子，担负着遗传信息的储存，传递以及表达等基本生物功能。糖类不仅是生命物体的能量源泉，而且更为突出的是高密度的信息载体，是参与功能神经活动、信息识别以及应答方面的基本物质。特别是糖类，在生物领域，非常重要而且研究起来有一定困难，中国并没有进行系统地研究。为此，唐有祺选择了糖化学前沿研究、蛋白质结构与功能及其全新设计，具有催化活性的生物分子及其体系研究这三个方向作为主要研究内容，希望通过这三个方向的引领，假以时日，能成大器。

方向选定以后，如何集中化学界有志于生命科学研究的优势力量，加强学科之间的结合，开展糖化学、全新蛋白质的设计和合成以及生物催化等生命过程中重要化学问题的研究呢？唐有祺的设想是，项目要着眼于充分发挥化学学科和队伍在中国生命科学研究中的作用，也要为中国化学的推陈出新提供动力。

唐有祺的学生，1989年在唐有祺的指导下在北京大学化学系获博士学位后留校任教的来鲁华，被委以重任，负责该项目的具体工作，她回忆了项目在集中全国的研究力量方面所作的努力。

从管理的角度来讲，当时太多的人要进来。不是光说谁做得不好，谁做得好，而是跟项目的大方向一致。比如你都组织什么人进来，每个人想做什么，这些都要有所考虑。我们收到很多研究计划，

① 唐有祺，黄其辰：两种核糖体失活蛋白的活性中心几何构型和反应机理的结晶学研究。《自然科学进展》，1994年第4卷第5期，第523页。

比如有的老师都想做生物，他写几页纸，说我想做啥，我们再通过项目专家组开会，让每个申请者进来讲一下，最后专家组决定。因为你不可能将每个人都放进来，你要看什么人比较合适，怎么样引导。这个攀登预选项目特别早，那时候国内在化学界做生物的人还不够多。唐先生弄这个项目，他不是为我们自己想的，他认为我们应该推动整个化学界的人去做生物。①

最后，通过多次讨论，以唐有祺为首席科学家的这个攀登项目组织起来了。中国科学院细胞所的施履吉，有机所的黄维垣、吴毓林，感光化学研究所的蒋丽金，复旦大学遗传所的赵寿元，南京大学生化系的朱德煦，北京医科大学（现为北京大学药学院）的张礼和等人组成了研究团队。

当时参加的人数比较多的，是上海有机所，他们的生物有机国家重点实验室。有吴毓林、吴厚明、俞彪老师，俞彪比较年轻，他做糖化学。有机所的惠永正②先生，也是觉得化学的人，做生物很重要。他也和唐先生一起推动这个项目。这个项目最后有一块是做糖，糖化学和生物交叉，他在有机所也做全合成，但是其实他是做糖化学的。还有，微生物一个组，做糖生物学。张礼和老师做核酸的。变成这个项目，做蛋白质、核酸和糖的都有。③

这个项目启动后，遇到了一些困难，还不是经费方面的，主要还是中国生物学的研究基础比较薄弱，化学研究者进入生物学领域，有一定的困难。而那时候正好是国际上生物学发展很快的时候。当时国际上，化学家做生物方面的研究，虽然时间不是特别长，但是由于他们在生物学领域的基础，发展起来特别快。项目组也意识到这个问题，为了克服这一困难，

① 来鲁华访谈，2013 年 9 月 18 日，北京。资料存于采集工程数据库。

② 惠永正（1939–），1962 年毕业于北京大学化学系。1962 年 9 月起在中科院上海有机化学研究所从事研究工作，曾任副所长、所长。后任国家科委副主任、科技部副部长。

③ 来鲁华访谈，2013 年 9 月 18 日，北京。资料存于采集工程数据库。

项目参与者花大力气、跨越门槛进入生物学领域。

大家都得花很多时间去好好学生物。有的人就说，我站在我原来老的学科上去做一点，稍微做一点，但是我不愿意踏进去，总是有这样的情况。在我看来，你要花很多时间去好好学学生物，还是要跨很大一个门槛，做进去。然后慢慢地意识到，一个是你自己要去做，另外你要发现生物里面哪些比较重要，这个是一个过程。①

图 9–3　1996 年 7 月 29—31 日唐有祺参加攀登项目——生命过程中重要化学问题研究验收会（前排右一为戴立信，前排右二为黄维垣，前排右三为唐有祺）

积极参与国际交流，也是项目组成员克服门槛跨越问题的有效途径。项目组经常组织一些国际会议，邀请国外同行到中国讲学，并有目的的派研究者去国外访学，积极与国外同行交流沟通。特别是，从 1987 年开始，唐有祺便与日本大阪大学的蛋白质研究所建立起了长期的合作关系②，黄其辰、来鲁华等都到大阪大学进行过访问研究，还有更多的学生被派到大

① 来鲁华访谈，2013 年 9 月 18 日，北京。资料存于采集工程数据库。

② 唐有祺写给 Osaka 教授 Katsube 的信，1990 年 8 月 28 日。存地同①。

阪大学进行短期交流，参加年会。这对推动中国在蛋白质晶体学领域从弥补国际差距到进入前沿领域的探索发挥了重要作用。

20 年多年过去了，如唐有祺所愿，这个项目扎下了深根并开始开花结果。化学融合到生物学的研究领域带动了生物学的快速发展，从化学方面为中国生命科学的研究和发展开创了新的局面，同时也为化学本身的推陈出新提供了动力。

图 9-4　1996 年 7 月 29—31 日唐有祺在攀登项目“生命过程中重要化学问题研究”验收会上做报告

到了今天，这个项目虽然已经结束了，但是有越来越多的研究者开始进入这一领域。在国内，这个方向也越来越受到重视，北京大学等高校和中国科学院的北京化学研究所、上海有机所等研究机构纷纷成立了化学生物学系或化学生物学研究中心。唐有祺和同仁的努力，大大缩短了中国和世界前沿的距离。这个项目在推动国内化学界去做生物方面的研究，并且有目的的让做生物学的人参与到化学研究之中，在这两方面都发挥了很重要的作用。这也是唐有祺设计这个项目最重要的目的：推动化学和生物的真正交叉。

逆向而行，倡导分子工程学

“如果有一天可以按人的意志安排一个个原子，那将会产生怎样的奇迹。”这是诺贝尔物理奖得主费曼（Feymann）的期望。与“生命过程中重要化学问题”一样，“功能体系的分子工程学”是唐有祺开辟的又一个面向国际前沿的学术方向，他倡导的功能体系的分子工程学缩短了现实和假设之间的距离。

头脑中盘旋的分子工程学思想

早在1978年，唐有祺就将分子工程学作为结构化学发展中的一个新动向并以此来指导科学实践。

唐有祺认为，作为一个化学工作者，他对分子工程学确实有点向往，甚至偏爱。他认为这可能与他长期从事物理化学教学、结构化学研究以及经常考虑学科的作用和发展问题有关系。

什么是分子工程学呢？它是随着化学等相关学科的发展，特别是结构化学的发展，从化学和相邻学科中产生的。随着化学在分子水平对物质结构的掌握日益得心应手，剪裁分子的提法便应运而生。接着，按照某种特定需要，在分子水平上实现结构的设计和施工的分子工程和分子工程学便产生了。

与传统的化学相比，分子工程学有什么特点呢？传统的化学着眼于整理天然产物和耕耘周期系来发现和合成化合物。先合成化合物，再从中筛选出人们所需功能的物质。分子工程学正好相反，它逆向而行，以功能为导向，进行结构的设计和施工。其对象不再局限于分子，而是功能体系上，而且功能体系的功能也不限于化学性质或化学制备，而是涵盖了与高技术密切相关的光、电、声、磁功能以及生物功能。

实际上，在20世纪中叶，符合分子设计和分子工程思想的成功实例便已经出现了。例如，运用已知原理设计溶剂、螯合剂、分子筛以及某些功能高分子。70年代的唐有祺，在结构化学和物质结构的课堂上，便可以运用已知的知识和原理将如何设计出EDTA这样的螯合剂分子讲得头头是道。当时分子筛、直链烃－尿素包合物以及冠醚等都是他在课堂中津津乐道的话题。

70年代初的一次备课，让唐有祺感受到了结构原理在分子设计中的魅力。唐有祺在备课时需要剖析和消化某工厂从日本引进制造维尼纶的流程，其中一个环节，是分离低共沸物中的两个组分：乙酸甲酯和甲醇。由于在共沸物中两个组分表现出相同的挥发趋势，在蒸发过程中组成不变，因而分离它们不能靠普通精馏方法，需要应用萃取精馏原理引进一个萃取剂作为第三组分来拉住沸点较高的甲醇，这样乙酸甲酯便更易挥发。而甲醇在第三组分的作用下，与乙酸甲酯分别从蒸馏塔底和塔顶采出。其中采用的第三组分便是水，其作用是显而易见的。当唐有祺用物理化学，包括结构化学的原理来分析水是否是最合适的萃取剂时，得出来的结论是：这个角色非水莫属。其中，最影响萃取剂性能的因素是氢键①。这个发现给了唐有祺不少启示。

让唐有祺更加希冀的是，中国科学在分子水平上有所作为。于是，在1978年全国科学大会召开前夕，出版了一本科普读物《现代科学技术简介》，唐有祺在其中介绍"结构化学的概况和动向"时，曾归纳出这个学科的四个动向，其中之一是分子工程学。这是唐有祺令分子工程学第一次见诸文字。

分子工程学学科需要建设

唐有祺意识到，虽然列举出一些应用分子设计的实例不是难事，在自己的研究中将分子设计应用起来还不是件得心应手的事。什么原因呢？因为这是一个新的领域，而且是一个需要不同学科交叉来共同建设的领域，它没有成熟的理论，更谈不上方法。

让唐有祺萌发希望的，是他自己的一次成功实践。20世纪70年代，在研究高效催化剂的过程中，他注意到：氯化物和氧化物这样的活性组分在高比面载体表面上的分散方式及其与所得催化剂活性有较大的关系，初步得出活性组分有呈单（分子）层分散的倾向。经过反复实验，最后得出了自发单层分散原理。这次研究揭示出了共性，针对的是离子性组分单层分散在高比面载体表面上所形成的体系。因此，这个原理一经建立，就为

① 唐有祺：分子工程学学科建设刍议。《科学》，1996年第6期，第8-10页。

相应的学科分片奠定了基础，它的指导意义也就不再局限于催化剂了，最后可以成为设计与制备可能基于这一类体系的催化剂、吸附剂和固体电解质等功能体系的科学依据。唐有祺由此相信，在研制某一类功能体系时，如能做一个科学研究中的有心人，是有可能揭示出规律以至原理的。化学这样的学科，是有可能更广泛地开展分子工程学的工作以及承担学科建设任务的。

不过，唐有祺也认识到分子工程学作为化学的一个新分支，或其发展中的一个新阶段，思路和做法是应该有所不同的。它是逆向而行的，因为它是根据所需性能来对结构进行设计和施工的。其次，它的对象不但不局限在单个化合物上，而且还要把着重点放在复杂的一些体系上。这些要求必然会促使化学更重视贯通性能、结构和制备这三者之间关系的理论，并引起它对这三个方面的视野大为开阔。

从学科之间的地位来看，化学在自然科学中也确实处在一个多变关系的中心。从化学发展水平不断提高以及面临着不断更新的需求来看，化学学科已显得越来越有可能和需要去迎接一个以“分子设计”为中心的新工作模式了。这个工作模式，唐有祺称为化学工作的分子工程学模式。也就是，分子工程学将改变传统的合成 – 结构 – 性能研究模式，以特定功能为导向，在分子水平上实现结构的设计和施工。功能体系的分子工程学既要着眼于有广阔的应用前景的功能体系，还要有建设学科的意识，将制备组装功能体系时发现的现象、经验提升为规律或原理。

按照这样的思路，化学的发展当会更多地注意生物或工程技术性能与结构的关系，它会更多地涉及分子结构以外的结构类型和层次。而不仅仅是合成单个化合物上。这样的发展目标，使得分子工程学为化学的推陈出新提供了一份动力。唐有祺甚至认为，分子工程学发展的影响所及会对化学的长远发展以及继续跻身于基础学科的前列大有裨益。

临渊羡鱼不如退而结网。1987 年唐有祺大胆提出应该将分子工程学作为一个学科来建设，而且以功能为导向、分片建设分子工程学。

根据实践中所得的启示，唐有祺认为，在起步阶段，应该通过若干类功能体系的研制工作，来带动分子工程学中有关部分的建设。在研制选定的功能体系过程中，至为关键的是要留意和揭示有助于建设学科的规律性以至原理。由于功能体系门类繁多，有必要从有利于揭示原理这一角度出发，将具有共性的体系归类，以便对学科进行分片建设。因此，唐有祺倡议，在起步阶段，分子工程学学科建设应包含两个要点：首先是通过研制功能体系来带动学科的建设，其次是功能体系按其本质和原理的共性归类，分片建设学科[①]。

入选首批攀登计划：功能体系的分子工程学

分片建设分子工程学的想法成熟之后，唐有祺开始组织和指导科研团队开始进行分子工程学新学科的建设，先后完成了《分子工程学学科建设刍议》《国家“八五”基础研究重大项目建议书》，确立了建设分子工程学学科的目标和做法。“功能体系的分子工程学研究”被确立为首批基础研究攀登项目。攀登计划在当时并不多，首批更是少之又少。从1989年开始到1992年，经科学界的认真讨论研究后遴选了30个国家基础性研究重大关键课题，构成了攀登计划的首批项目。

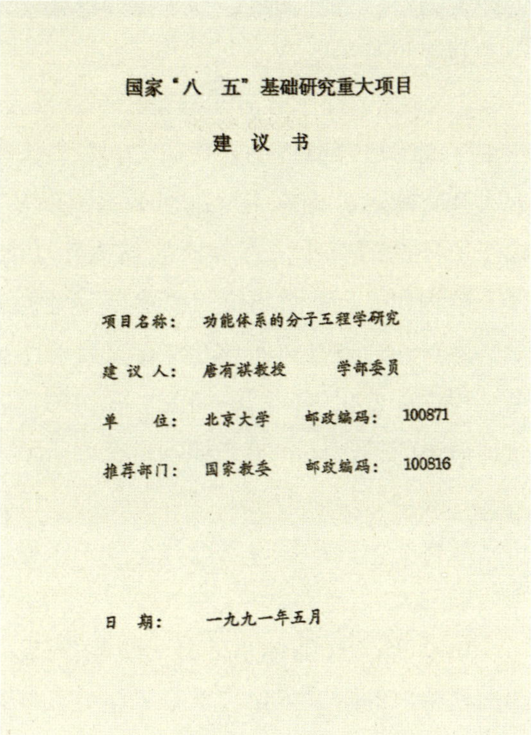
国家“八　五”基础研究重大项目

建　议　书

项目名称：　功能体系的分子五程学研究

建 议 人：　唐有祺教授　　学部委员

单　　位：　北京大学　　邮政编码：　100871

推荐部门：　国家教委　　邮政编码：　100816

日　　期：　一九九一年五月

图9-5　唐有祺撰写的《功能体系的分子工程学研究》建议书

① 1991年国家“八五”基础研究重大项目“功能体系的分子工程学研究”建议书。资料存于采集工程数据库。

钱学森得知唐有祺建设分子工程学的设想后，致信唐有祺：分子工程这样的课题，应作为国家级“尖端科技”，组织全国力量协同作战[①]。

一直跟随唐有祺做攀登项目“功能体系的分子工程学研究”的学生郭国霖，总是折服于导师创建新学科的气魄和认真负责的精神。郭国霖曾经担任这个项目的课题秘书，他做的第一件事情是协助唐有祺起草项目建议书。他回忆，当时光初稿就写了三稿，费了很大的心思，“但先生觉得还是不够完善，最后决定在此基础上自己亲自来完成”。最终出炉的《功能体系的分子工程学学科刍议》成了项目建议书的纲领和10多年来分子工程学研究的经典文献。整篇文章不仅文字简练优美，而且逻辑严密，论证有力。郭国霖后来才知道，为了撰写这篇文章，唐有祺构思了数十日，常常工作到深夜两三点。

自1987年提出分子工程学学科建设设想以来，唐有祺带领研究团队，组织了跨学科跨单位的合作研究，复旦大学化学系的高滋、吉林大学的徐如人和梁映秋，南京大学的游效曾，以及山东大学的杨孔章都加入团队。由于不同的研究单位在高比表面微孔功能体系和分子有序组合体系的制备、结构和性质研究方面已经有了一定的工作经验，并对加强分子工程学学科意识的迫切性有所体验，而又各有所长。由于唐有祺当时已担任“生命过程中重要化学问题的研究”项目的首席科学家，因而组织了以北京大学桂琳琳为第一届和第二届项目首席科学家，北京大学、吉林大学、南京大学、复旦大学、山东大学等单位的一批优秀科学家为科研骨干的研究队伍开展旨在研究和建设功能体系分子工程学的工作，唐有祺则一直受聘为项目顾问。

1992年，“功能体系的分子工程学研究”项目正式成为由北京大学作为主持单位的国家项目，北京大学、吉林大学、南京大学、复旦大学、山东大学、中国科学院化学研究所等单位参与这项研究。按照以功能为导向分片建设的策略，研究团队积极开展了分子工程学相关研究，在高比表界面功能体系、光电功能体系及蛋白质功能设计及应用等方面取得了一些重

① 钱学森致唐有祺的信，1992年7月16日。资料存于采集工程数据库。

要的分子工程学研究成果，发展了一系列性能突出的功能单元和设计、合成与组装方法，为进一步开展分子工程研究提供了坚实的基础。依据自发单层分散原理研制的 CO 吸附剂等产品已实现了产业化，为中国煤化工的发展提供了重要的技术基础。

项目主要参与者，复旦大学的高滋认为：

> 逆向而行，这是 1991 年我参加国家“八五”基础研究项目“功能体系的分子工程学研究”立项讨论会时第一次听到的：唐先生提出“分子工程学作为化学的一个新分支或其发展中的一个新阶段，其特点是逆向而行的”。当时我听起来又是很新鲜，事后经过讨论才知道这句话在唐先生心中酝酿已久，也是唐先生多年来科研实践的心得，现在提“逆向而行”是水到渠成，而且这样做对化学的长远发展和培养人才大有裨益。[①]

图 9-6　1996 年 10 月 8 日唐有祺在实验室与学生交流（左一为唐有祺，右一为来鲁华，右二为王继成）

① 高滋：记得最牢的两句话。见：唐有祺，《唐有祺教授八秩华诞志庆集》。石家庄：河北教育出版社，2000 年，第 201 页。

在项目的执行过程中，高滋组织的课题组试着改变传统的思维和研究方式，利用已有的性能、结构和制备之间关系的知识积累，以功能为导向进行一些催化和吸附新材料的设计和研制，并在研究过程中重视总结规律。课题组在固体超强酸和层状磷酸盐等新催化材料的设计合成等方面取得较好的成绩，初步尝到了“逆向而行”的甜头。而其他课题组也在研究中拓展了队伍，扩大了范围。

北京大学则继续在唐有祺等根据一些实验现象提出的 $TiCl_3$ 以单层分散形式存在于 $MgCl_2$ 载体表面，是该催化剂具有极高催化活性的主要原因的基础上，又确定了氧氯化催化剂中的 $CuCl_2$ 也是单层分散在载体 $\gamma-Al_2O_3$ 表面上的。为了探索这种现象背后的机制，北京大学物理化学研究所开展了长达 20 年的系统研究。另外，在纳米结构光电功能材料与器件领域，他们探索了基于新型纳米结构半导体光电极的太阳能电池、半导体纳米网及 ZnO 光子晶体激光、长波光激发铕离子高效发光纳米生物探针、酞菁光导体纳米簇和新型单层有机光受体。在金属纳米簇基催化剂方面，他们探索了非保护型金属及合金纳米簇以及纤维素至多元醇转化环境友好催化体。在二维分子多孔网络结构的步进式精确调控与大面积跨台阶组装领域扩展了研究。特别是在蛋白质功能设计方法及应用方面，北京大学的研究团队系统地针对蛋白质相互作用规律进行了研究，发展了计算蛋白质相互作用能的统计势方法，并分析了蛋白质作用界面的规律和关键作用位点，建立了计算蛋白质相互作用能的综合打分函数，研究了动力学因素对于蛋白质相互作用的影响，建立了定量预测蛋白质相互作用动力学常数的方法①。

最重要的是，在“功能体系的分子工程学研究”攀登项目的带动下，一批研究人才得到了培育，研究领域也慢慢得到了扩展。1990 年在桂琳琳与唐有祺指导下到北京大学从事博士后研究的王远，1997 年结束在日本的研究工作后，回到北京大学物理化学研究所工作，他参与了唐有祺指导的

① 唐有祺，徐如人，郭国霖，等：分子工程学。《化学通报》，2011 年第 11 期，第 970-982 页。

分子工程学项目研究。让他感叹的是，唐有祺能够通过这个项目整合并培养人才。

> 当时参加的人比较多，攀登项目实际上后来衍化出很多的大项目。最早的时候，科学院化学所的白春礼、朱道本老师他们都在里面。后来他们就独立出去做“973”了，朱道本老师后来做固体电子。在人才培养方面也做了很多贡献。当时我们这个项目里面，杰出青年基金获得者就有二三十个，后来不断地出去，又有新的成长起来。在人才队伍培养本身，这个项目起到很大作用。这个项目还出了很多院士，像朱道本、麻生明、万立骏、周其林，他们都在这个项目里面做过，出了一大批的人才。唐先生选人很有眼光，能够把这么多人整合在一起，并培养起来。①

2000 年 4 月，吉林大学和中国科学院上海有机化学研究所作为主持单位，扩大了研究队伍，以“创造新物质的分子工程学研究”为主题，承担了国家重点基础研究发展计划（“973”计划）项目。在分子工程学建设研究中取得的成果，受到了学术界的广泛关注。2005 年，唐有祺与徐如人一起受国际刊物《催化论题》（*Topics in Catalysis*）总编辑之邀，编辑了一期名为《催化体系的分子工程学》（*Molecular Engineering of Catalytic Systems*）的专刊，介绍了项目组在相关领域的研究进展。

这门唐有祺在古稀之年倡导提出的分子功能体系的分子工程学学科一直延续到今天，仍然是研究热点。最明显的是，在唐有祺的倡导下，北京大学化学系在 1994 年改名为北京大学化学与分子工程学院，直接从名字上凸显出对唐有祺分子工程学理念的认可。2011 年，吉林大学再次作为主持单位，承担了第 3 期功能体系分子工程学方面的“973”项目，使分子工程学的研究得以在中国持续发展，研究队伍不断扩大。项目继续坚持以功能为导向、分片建设分子工程学的策略，与此同时，该项目还将在分子

---

① 王远访谈，2013 年 7 月 17 日，北京。资料存于采集工程数据库。

水平上深入研究功能基元的结构控制方法、本征物化性质、结构与功能关系及组装规律，在一些领域应采用发展功能体系与揭示本质规律并重的原则，积极推动分子工程学学科的建设。

唐有祺提出的分子工程学的思想，不仅带动了人才的培养，还改变了研究者从事科学研究的思维和方法。对王远而言，参与这个项目，收获最多的是研究思维的转变。

> 我们做研究的时候会有方法学上的考虑。比如我们做催化，用金属胶体来组装催化剂，这和传统催化剂的制备方法不一样。传统的催化剂制备，是把金属离子套上去，然后还原。但是如果将金属胶体做好了吸附在表面上，这个就可以形成结构功能体系，你可以通过基元来组装功能体系。如果你要做组装负向催化剂的话，这个保护基就不利，它就会影响金属和载体的作用，载上去也不容易。所以当时我们就希望去发展非保护基胶体，使用溶剂和简单离子能够稳定，这实际上就是功能导向的问题。比如说你如果不是从这样的功能出发，你不去造这样的材料，而是找这个东西来用。我查查现有的方法里面有什么可以用金属做胶体的，有没有保护基？我们是倒过来去考虑。我们在 2000 年当时发表了一篇文章，建立了一个新的方法，到现在 10 多年过去了，很多人拿这个做燃料电池，因为它确实有很多特点。这样一个功能导向的思想，从开发一些方法，认识一些规律来讲，是挺有意思的事情。我的催化体系就在唐先生这个思路上做。①

关怀科学教育与高层次人才培养

国家教育委员会（现称教育部）科学技术委员会 1987 年 10 月 9 日在

① 王远访谈，2013 年 7 月 17 日，北京。资料存于采集工程数据库。

北京成立。国家教委科技委作为指导高校科技工作的高级咨询机构，力图在促进国家科技进步和经济、社会发展，提高高校教育质量和学术水平，推动科研与教学结合、科研与生产的联系等方面发挥着重要作用。成立时，委员会有 57 位委员，都是国家教委聘请的专家学者。

1987 年，唐有祺开始担任教委科技委的副主任，主任是清华大学从事理学研究的张维[①]。1990 年起，唐有祺担任主任。在国家教委科技委任职期间，唐有祺在研究生的培养目标设定、高层次人才的培育以及高校如何适应社会主义市场经济、化学教育与知识普及等方面做出了积极的贡献。

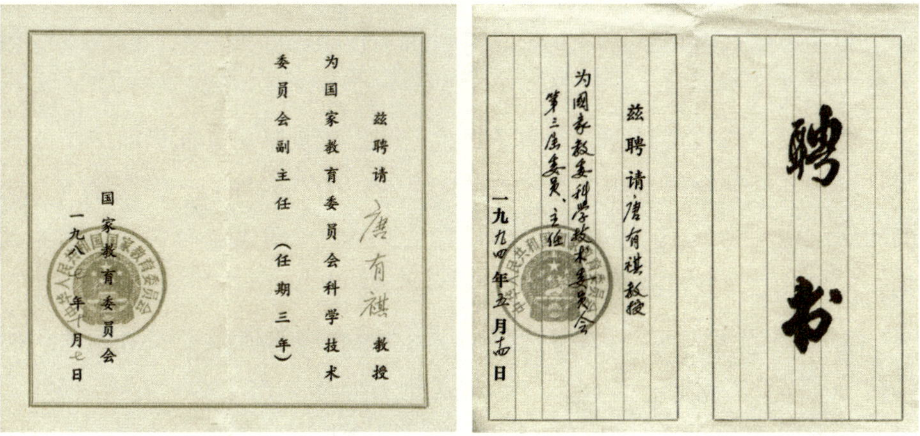

图 9–7　唐有祺分别被聘为国家教委科学技术委员会副主任和主任的聘书

提议和推动跨世纪优秀人才工程的设置

1993 年，面对中国逐步建立社会主义市场经济体制的新形势，时任国家教委科技委员会主任的唐有祺，思考了高校科技工作如何适应社会主义市场经济的问题。他鼓励高校科技工作者要振奋精神、主动适应。高校过去兼顾学科发展和社会需求，密切结合科学研究和培养人才，争取政府支持和开展横向合作等方面有许多经验，但是在体制上还需要从四个方面率先改革：解决高校运行机制、使高校的组织结构适应科技发展的需要和市

① 关于成立国家教育委员会科学技术委员会的决定。资料存于采集工程数据库。

场竞争的形势、政府和高校要下大力气解决科技经费严重不足的问题、花大力气强化科技成果转化环节。特别是，唐有祺意识到，人才问题是高校科技适应社会主义市场经济过程中必须关注的大问题。高校目前的人才问题和整个国家的科技人才问题一样，最关键的环节是优秀人才的选拔和任用问题。为此，唐有祺呼吁，吸引留学人员回国和稳定国内成长的优秀年轻人才，应该得到高校科技界以及有关的行政管理部门的重视。

国家应该采取措施吸引并培育优秀科研人员，这样的想法一直萦绕在唐有祺的心头。一直主张临渊羡鱼不如退而结网的唐有祺，在1992年12月14—17日，组织科技委的人员召开了全体会议，以贯彻党的十四大和邓小平同志南行谈话精神、开创高校科技工作新局面为主题、围绕改革与发展，展开了热烈讨论。会议讨论了如何尽快培养造就年轻学科带头人与骨干的问题，高校学科带头人中年轻人缺乏，出现断层，而目前中国的政策和环境条件使得不少优秀人才流向国外和国内高薪部门，使得原本存在的断层问题更为突出。为此，委员们建议实施以培养造就年轻学科带头人为主要目标的“跨世纪人才工程”。

1993年2月，时任教委科技委主任的唐有祺致信温家宝同志及江泽民总书记、李鹏总理，提出“尽快造就新一代高水平的学科带头人与骨干是一项极其重要而紧迫的战略任务，应当引起高度重视”，并建议国家组织实施一项以培养学科带头人为主要目标的跨世纪人才工程。接着，唐有祺给朱开轩和李铁映写信，反映了科技委专家们的建议，希望国家财政拨一笔专款，设置“跨世纪人才工程”基金，组织实施以培养年轻学科带头人为主要任务的“跨世纪优秀人才计划”，并推动整个科技、教育队伍的建设。

1993年4月和10月，唐有祺又两次致信李岚清副总理，反映了关于组织实施跨世纪优秀人才计划的建议。唐有祺的信末还附上科技委关于“跨世纪人才工程”的具体建议，提到了国家立即组织实施“跨世纪人才工程”的必要性、主要目标、方针原则、主要措施和实施方法。其中这项工程的主要目标是到2000年，在全国范围培养造就1000名左右具有较高学术水平和良好思想品德、事业心强、有组织能力的优秀年轻学科带头人，其中部分成为杰出人才。基本解决重点学科和国家重点科研基地的后继带头人问题，适当兼顾其他。为实现高层次人才培养立足国内和开展高水平科研打下基础①。

根据李岚清副总理结合“211 工程”一并实施的批示，1993 年 10 月，国家教委发布了《跨世纪优秀人才计划》实施方案、《跨世纪优秀人才计划》基金试行办法，以及“跨世纪优秀人才计划”基金评审办法。这项计划开创了中国在科学教育领域设立优秀年轻人才计划的先河，是中国在培养高层次学科带头人和骨干力量方面的创新之举。

1997 年，时任教委科技委主任的唐有祺，在回顾十四大以来高校科技工作取得的成就时，提出让他感到特别高兴的是一大批优秀青年教师正在茁壮成长，涌现出年轻骨干。由于重视人才在社会上蔚然成风，促使年轻人才成长并脱颖而出的环境大大改善。《跨世纪优秀人才计划》在连续实施的 4 年中，共评出 240 名优秀人才，给予了他们较大强度的资助。之后，国家和有关部门陆续实施《国家杰出青年科学基金》《百千万人才工程》等人才培养计划，大大推动中国学科带头人与骨干人才的培养工作②。到 2001 年底，《跨世纪优秀人才计划》在自然科学领域资助的 557 人中，已有 5 人当选中国科学院院士或者中国工程院院士，95 人被聘为“长江学者奖励计划”特聘教授，121 人获得“国家杰出青年科学基金”资助③。

“博士不博”、导师与研究生培养质量

中国在 1981 年通过了学位条例，1982 年付诸实施。20 年间，学位制度已经日趋完善，功绩也有目共睹。在实施学位条例的 20 年间，唐有祺亲自培养了多批学位研究生，参与和主持了几届学位委员会的化学学科评

---

① 唐有祺写给李岚清的信，1993 年 10 月 15 日，资料存于采集工程数据库。

② 唐有祺：十四大以来高校科技工作取得显著成就。《北京高等教育》，1997 年第 5 期，第 24–26 页。

③ 陈至立：序。见：教育部科学技术委员会编，《教育部“跨世纪优秀人才计划”成果选编第 1 辑》。北京：高等教育出版社，2002 年。

议组的工作，还对学位法中某些环节的实施问题提出了建议。

1985年唐有祺到全国各地检查硕士学位质量后[①]，针对某些学校硕士研究生课程设置偏细、偏宽的现象，强调硕士生应按二级学科口径来培养，要注意优先安排二级学科的基础知识和基本实验课程。有了基础才谈得上培养能力和有创造性，盲目地做“加法”的教学和学习方法是注定要失败的。而这个基础，便是对科学理论和概念的透彻理解。

20世纪90年代，有舆论认为中国培养的“博士生不博”，也就是培养出来的博士生没有达到高水平。唐有祺认为，博士生未必要做到很博，不能望文生义，不能用博与不博来衡量博士生水平的高低。博士生的基础要打好，理论和实践并重并深入到某一专题中去，这样才会取得做学问的能力，深度和广度是相互依存的。对学问来说，没有深度就谈不到广度。而在学问深处，各个学科之间盘根错节，才出现了真正可取的广度。培养研究生，尤其是博士生，基础一定要打得好。除此以外，博士生宁可专一点，也不要追求皮表的博。

如何提高研究生的质量呢？唐有祺认为许多学校不管条件成熟与否就招研究生，想办研究生院，一味追求扩大规模，这样是很难保证研究生教育的质量的。国家应该制定出不同类型的硕士生和博士生的培养目标，根据经济和社会发展的需要调整培养规格。其次，要按照国家经济建设和产业结构调整的需要，以及教育、科技发展的趋势来进一步调整研究生教育的学科、专业结构，以满足国民经济主要领域对高层次人才的迫切需要。另外，研究生的全面素质要提高。对博士生应该在才和德两方面提出具体要求。从才的方面来说，主要是培养他们的独立工作能力以及取得科研成果的创新程度。这就要求导师既不能认为自己没有学过的知识、方法和原理，就一定无用，也不能要求自己的研究生完全按照自己走过的路子走。导师要有意识地培养研究生，尤其是博士生的创新能力，而对选题、实验、结果分析和整理结论等具体工作，要多放手，不要插手太多。对创造性的评价，应该是在课题涉及的科学领域中，从一定的目标来看，得到了什么

① 1985年学位和研究生工作简报第18期。资料存于采集工程数据库。

新现象、新观点、新结果、新结论，以及朝着这个目标究竟走了多远。

唐有祺特别强调的是，导师言传身教的重要性。在研究生培养过程中，导师对学生的成长起着极其重要的作用。导师的治学态度、做人之道，甚至一言一行，无不对自己的学生产生潜移默化的影响。而且，不仅要身教，导师还要言教，导师仅仅为学生做表率还不够，还得时常和他们讲道理，不管他们爱听与否。这样才能真正提高研究生的质量[①]。

化学教育的人才培养与知识普及

20 世纪 90 年代年起，国家意识到文科类的高等化学教育停顿 40 多年造成的缺陷。为普及化学知识，提高全民族的科学文化素质，许多高校陆续为文科、财经、政法类等专业开设了一些自然科学选修课，化学选修课受到欢迎，但是给文科学生开设化学课程也遇到了困难，特别是缺乏合适的教材和参考书。为了解决此问题，1994 年 1 月，国家教委高教司在北京大学召开了“为高等学校文科、财经、政法类专业学生开设化学选修课的教学和教材建设研讨会”，唐有祺在会上作了发言，并确定了文科选修课教材的编写大纲，在唐有祺和北京医科大学王夔的主持下，成立了教材编写组。1997 年 7 月，唐有祺和王夔作为主编，为全国文管类各专业编写的化学教材《化学与社会》由高等教育出版社出版，这本书以化学知识为主线，以社会广泛关注的有关问题为视点，阐述了化学与社会发展的关系。《化学与社会》一书还获得教育部的科技进步奖二等奖。

唐有祺还就化学教育面对不同群体的目标提出了自己的见解。他认为化学教育的任务不仅要培养一批跨世纪的优秀化学家，还要对工程、医药、农林、文史哲、政经法等各类专门人才进行现代化学知识的普及。在文科和工科中推出新的普通化学的经验正在聚集，新世纪工程技术人员所需现代化学知识纲目和系统正在酝酿、试验和汇集。而化学专业和应用化

① 王秀花，李湘：立足国内 培养高质量的高层次专门人才——访国家教委科技委员会主任唐有祺教授。《中国高等教育》，1996 年第 6 期，第 14-15 页。

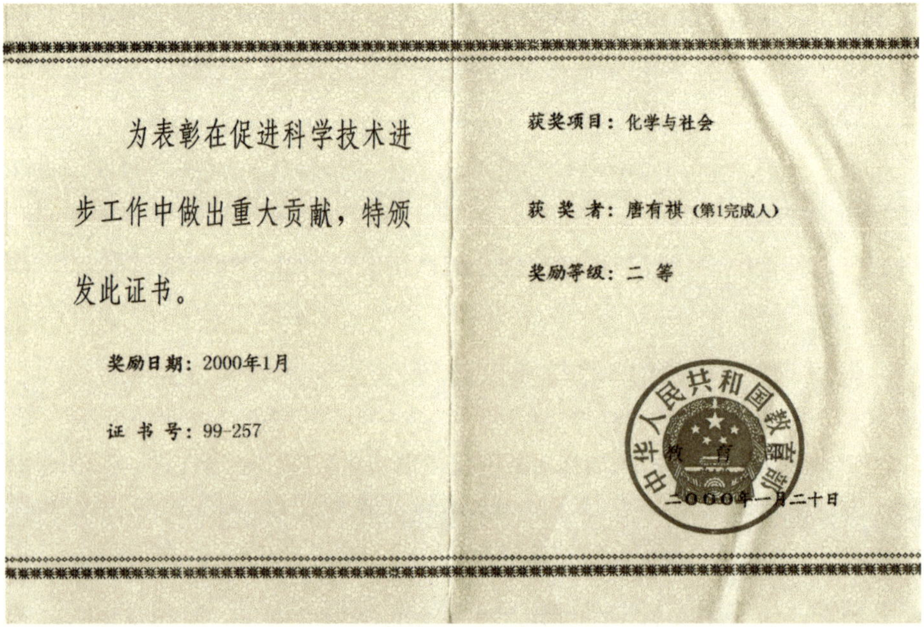

图 9–8 《化学与社会》获得教育部的科技进步奖二等奖

学专业，传统的无机、有机、分析和物理化学四门基础主干课的教学方案已经沿用了快一个世纪，要删减哪一门都不可能，但是内容、更新、课程设置的顺序以及教学方法都亟待调整。唐有祺建议对化学教育进行改革，包括加强能力的培养、教学内容、教学手段和方法的更新，学分制的贯彻以及师资队伍的建设等都是需要研究的问题①。

在 20 世纪 90 年代，唐有祺还参加了各类学术评议工作，担任学术期刊或丛书的主编或编委、顾问。1995 年 12 月，国家科学技术委员会成立中华人民共和国国家科学技术奖励评审委员会，唐有祺受聘为评审委员会委员，参加了国家科学技术奖励评审工作。他连续担任三届中华全国青年联合会主办的“中国青年科学家”评审顾问，是国家重大科学工程项目的评审委员，担任物理化学学科委员会主任。此外，唐有祺是《中国化学》（英文版）（*Chinese Journal of Chemistry*）特邀顾问，《自然科学进展》顾

① 华彤文，唐有祺：化学的继往开来和化学教育。《教学与教材研究》，1995 年第 3 期，第 16 页。

问,《中国科学》《科学通报》编委、《当代前沿科学百科全书》编委、《中国当代科技专家大典》的编撰顾问、《中国科学技术专家传略》理科编委会编委，还是东北大学、内蒙古大学等高校的名誉教授。1996 年 8 月，唐有祺获得 1996 年度何梁何利基金科学与技术进步奖 [①] 。

从 1997 年开始，唐有祺开始辞去他的学术职务，将学术舞台让给年轻人。2001 年 4 月 25 日，北京分子动态与稳态结构国家重点实验室和学术委员会换届，唐有祺担任名誉主任，主任一职由来鲁华担任，副主任为张兴康、王远等 [②] 。他的学生乃至在他主导的两个攀登项目带动的一批化学、生物学、物理学领域的研究者，继续在唐有祺的科学思想的启迪下，畅游于国际学术前沿领域。而中国科学在政策层面也继续以唐有祺倡导的重视基础研究为导向，提供体制上的激励，积极鼓励优秀科研人员的成长。

---

① 何梁何利基金获奖通知书。资料存于采集工程数据库。

② 关于北京分子动态与稳态结构国家重点实验室和学术委员会换届的通知。存地同①。

结 语

在对唐有祺的学术成长经历进行详细考察之后，我们尝试借用科学哲学、认知科学、认知心理学、科学史、科学社会学等领域关于科学研究方法、科学创新思维、科学研究工具等方面的概念工具与理论，析究唐有祺学术成长的阶段特征、学科特征以及社会文化特性，发现唐有祺的学术成长经历有以下特点。

热爱生活，保持好奇心

唐有祺的个人电脑上留有他的人生格言：我的一生是涉足科学、崇尚科学的一生。一生要涉足科学，是因为他始终保持着对科学、生活和自然的热爱和执着。

唐有祺自小喜欢自然，向往野外生活。初中一年级时，因为喜欢江南水乡的各种好玩的事情，他选择了一个学期在家自学，并且获得了相当高的满意度。其间不仅摸索出学习的方法，划船的技艺也得到了提高，在同济大学时还担任龙舟赛的舵手。初中二年级，唐有祺便有了自己的相机，摄影是他一辈子的爱好。有了子女之后，闲暇时他常带家人去旅游、游泳。他喜欢摄影，爱好美食。对于新生事物，唐有祺总是兴趣盎然。在北京大学，他家最早购买了从苏联进口的电视机。胡亚东最早就是在唐有祺家看到了新出现的数码相机。90 年代初，当普通人还不知道计算机为何物时，唐有祺家里就拥有了全套的微机设备并经常上网，而此时他已经快 80 岁。如今，一个 90 多岁的老人还很喜欢用苹果公司生产的 iPad 和 Air 笔记本等最新电子产品。

这是唐有祺对大自然、对生活、对新生事物的好奇与热爱，这种热爱不仅蔓延到他对科学研究充满热情，还给他的科学创造带来活力。因为，创造性的想象力也不是凭空产生的，多名诺贝尔奖得主强调研究者需要有广阔的视野，这种视野的广阔性不仅要求科学家了解自然科学的各个领域，还需要科学家接触文学、艺术乃至大自然。诺贝尔化学奖得主福井谦一[①]认为大自然有着种种难以用语言形容的丰富内涵[②]。霍夫曼[③]则认为，他的生活动力来自一种强烈欲望，就是要与他人以诗的语言和量子力学的语言分享这种大自然的美。在他看来，寻求美几乎不可避免地会对科学产生兴趣。导致发现的，是对科学美的敏感性和鉴赏力，而不是仅仅靠计算数字[④]。

唐有祺在小学时代，通过读一本关于爱迪生的小书，便对电产生了极大的兴趣。初中阶段便自己动手拆卸电铃试图了解电的原理，高中得知麦克斯韦的电磁感应原理之后，懂得了技术发明、科学原理与创造之间的关系。高中物理和化学课向唐有祺展现的一个看不见摸不着的微观世界，又激发了他的对物质世界的浓厚兴趣。因为对数学的兴趣，唐有祺小学阶段

---

① 福井谦一（1918–1998），日本理论化学家，因通过前线轨道理论和分子轨道对称守恒原理来解释化学反应的发生而成为 1981 年诺贝尔化学奖两位得主之一。

② Kenichi Fukui. Role of Frontier Orbitals in Chemical Reactions. Science，1982，218（4574）：747–754.

③ 霍夫曼（1937–），美国物理学家和化学家，因通过前线轨道理论和分子轨道对称守恒原理来解释化学反应的发生而成为 1981 年诺贝尔化学奖两位得主之一。

④ Roald Hoffmann. Molecular Beauty. The Journal of Aesthetics and Art Criticism. 1990，48(3)：191–204；Roald Hoffmann. The Same and not the Same. New York：Columbia University Press，1995.

便明白要专心做有兴趣的事情。初中阶段，唐有祺对数理化都发生了兴趣，他学会了如何在自己感兴趣的领域更多地分配时间，体悟到学习不是靠背诵和记忆，而是基于理解。而高中阶段喜欢阅读英文报纸，被国外的教育、经济、文化理念所吸引，对国外世界产生的好奇，又促使唐有祺决心要学好英语。在同济时期他努力学习德语，还自学世界语，为出国留学和接触美国、德国等国家的化学与化学工业奠定了基础。

科学家早期的科学成就和经历对于他们此后的创造力而言非常重要。初高中阶段对科学研究的兴趣使得科学家能够获得正面奖励，并持续激励他以后的研究。这种强化系统鼓励了潜在的多产的科学家来进行研究和发表[①]。唐有祺对数理化的好奇心以及初高中阶段屡次获得的高分，形成了优势积累，并成为他的内在动力，进而寻求创新、革新，从而形成有创造力的科学家的品质。我们看到，唐有祺在决心从事科学研究之后，不论环境如何变迁，是顺境还是逆境，总是不断挑战新的前沿，锲而不舍地进取。

就读名校，师出名门

在唐有祺的学术成长过程中，上海中学独特的教学理念训练了唐有祺的思维方式，注重实践的同济大学，富有科学想象力的导师鲍林都对唐有祺的科学研究风格的形成产生了影响。

20 世纪 30 年代的上海中学，教育强调学生的语言表达能力和数学基础思维能力，这与美国的大学教育理念是一致的。这种教学理念与丰富多彩的校园生活，使得唐有祺在中学时期不仅掌握了学习方法与实验能力，还通过聆听学术演讲、参观工厂等活动开拓了眼界，这为他今后在科学研

① Steven M. Segal，Thomas V. Busse，Richard S. Mansfield. The Relationship of Scientific Creativity in the Biological Sciences to Predoctoral Accomplishments and Experiences. American Educational Research Journal. 1980，17（4）：491-502.

究与管理领域总能提出一些异于常人的超前想法奠定了基础，也让他一直保持着对生活的热忱与激情。

同济大学强调实际操作与动手能力，化学系的课程注重实践，以培养工业建设中所需要的化学研究与技术人才为目的。抗战时期的同济大学，虽然多次迁校，但是王葆仁和顾敬心等老师都想方设法让学生完成实验。而且王葆仁关于教育要独立自主，以及提倡理论与应用并重的观点，在很长一段时期仍然影响着唐有祺。唐有祺后来在化学和化工方面的基础，在实践方面的能力，都得益于在同济大学期间的学习。

唐有祺在物理和化学两方面的浓厚兴趣与基础，让他成功地获得了鲍林的青睐，直接进入加州理工学院学习。在美国期间的学习和研究，唐有祺不仅从鲍林那里学到了结晶化学和结构化学、分子生物学的前沿知识，成为探索晶体学研究方法和蛋白质晶体学前沿领域的早期探索者之一，还掌握了科学研究方法，学会捕捉科学问题、思考科学概念，这使得他后来看问题做学问，总是处在学术的最高端。

鲍林一直关注原子和分子的结构问题，巧妙地利用新发现的 X 射线衍射法，并利用推测来研究晶体结构；研究领域涉及化学、物理学、生物学和医学等多学科领域，对结构、理论和实验化学融会贯通，而且在研究量子化学和其他化学理论时，创造性地提出了许多新的概念。从鲍林那里，唐有祺学会了从结构的视角剖析化学问题，学会了实验技巧，并通过对专门领域的细致考察提出新概念。从加州理工学院留学回国后，虽然国内科研仪器条件差，但唐有祺仍利用有限的仪器条件，从结构的视角研究了漂白粉的稳定性等问题。这个独特的视角，促使他做出了新颖的结果，获得国际同行的称赞。唐有祺对化学生物学、分子工程学、应用基础研究等新概念的阐述和倡导，亦是得益于在鲍林那里受到的科学思维训练。

在“文化大革命”期间，唐有祺能够争取到石油化工领域的催化剂研究项目并发展出自发单层分散原理，也与此有关。唐有祺对工业催化剂研制的出发点与化工研究者不同，他从微观结构的角度，在理解结构与性能之间关系的基础上，运用结构化学的概念解决问题。正因为此，自发单层分散原理后来成为设计和制备可能基于这一类体系的催化剂、吸附剂和固体电解质等功能体系的科学依据，而唐有祺的研究也从留学美国期间的体相结构研究扩展到表面领域。

思考科学创造的过程

对科学发展史上重大科学发现的关注，并积极思考科学创造过程，从中获得科学研究方法与思考路径的启迪的同时，把握学科发展方向，是唐有祺学术成长的第三个特征。在研究中强调 X 射线作为分析手段的重要性、重视结构与功能关系的研究在实践中的意义、逆向而行探索化合物合成与产物功能之间的关系、利用分子水平的生命现象研究为化学推陈出新提供契机，这些都是唐有祺积极思考科学创造过程的结果。

重大科学发现是科学进一步发展的灯塔和坐标，它们标志的重大突破，往往导致的是常规科学的快速发展，科学发展中发现的新现象，一些科学家的头脑里自然而然地就会浮现历史上相应的划时代成就。不同的是，唐有祺不仅关注这些现象，还会对其中的相应思想重新加以诠释，以期从中得出对新现象的说明，并有可能产生新的理念。

唐有祺在美国留学时期便意识到，20 世纪初期物理学的一个重大发展趋势是由宏观进入微观领域，如何通过实验技术有效获得关于物质微观结构的信息是关键。我们也发现，多个诺贝尔奖的获奖成就都与利用 X 射线作为分析手段方法的改进有关[①]。将 X 射线晶体学引入蛋白质领域，作为研究蛋白质结构的最主要方法，是 1964 年化学奖得主霍奇金的贡献，她通过 X 射线技术确定了重要生化物质的结构，并解决了晶体学中的“相位问

① 如 1964 年化学奖获奖成就是通过 X 射线技术确定了重要生化物质的结构。1985 年化学奖获奖成就是因发明测定晶体结构的直接法，开创了用数学模式测定晶体结构的方法。而晶体学中“相位问题”的解决获得两次诺贝尔化学奖，2010 年化学奖得主利用电子显微镜确定的核糖体三维结构解决了核糖体分辨率的“相位问题”，再利用“重原子簇”化合物方法提高分辨率，即使用一种包含 18 个钨原子的重原子簇（互相结合）使得它们彼此紧密结合。

题”。唐有祺经常思考的是，蛋白质的 α－螺旋结构是鲍林提出来的，氢键也是他提出来的，为什么蛋白质的双螺旋结构不是他提出来的呢？通过这些，唐有祺体悟到，物理学的仪器技术对化学发展的重要性，以及物理学、数学、化学和生物学交叉的重要性。

化学从经典的经验科学、定量研究转变为现代化学，仪器在其中发挥了革命性的作用。工具、仪器和化学中观念的变化之间有着密切联系。唐有祺意识到，DNA 双螺旋结构的发现，离不开物理学家和生物学家的共同协作，也离不开新的技术发现在化学和生物学领域的应用。特别是，通过这些重大科学发现，他觉察到结构和结构分析是化学学科发展中最为活跃的基本因素之一。

唐有祺从美国留学回到清华大学后，带着对 1912 年劳厄 X 射线衍射法的新发现带来化学研究领域变革的深刻体会，虽然没有条件做科研，但是他首先想到的，便是将结构化学与化学键方面的最新理论和方法通过开设“分子结构和化学键”课程的形式介绍给国内。从清华调到新北大之后，唐有祺编写了中国第一本结晶化学著作，在北京大学设立物理化学专业的重点方向：分子结构及化学键。在将把 X 射线晶体学前沿知识带到大学课堂的同时，筹建实验室并进行了中国第一批晶体结构的测定工作，这些都为后来中国研究者开展 X 射线晶体学工作奠立了基础。

复杂有机物的合成被认为是一门艺术，化学家从直觉出发合成复杂的化合物，对反应初始原料、路线的选择没有特定的原理可依。带着对化学理论需要逻辑性，将把零星或散乱的知识依照本质联系和因果关系纳入一个严密的逻辑体系的思考，认识到传统化学学科从合成到筛选的缺陷，唐有祺提出的以功能为导向、分片建设分子工程学的策略，不仅带动了人才的培养，还改变了研究者的研究思维方式，并使之成为研究者可以供借鉴和应用的合理方法，研究成果受到了国际学术界的广泛关注。

唐有祺不仅自己思考科学创造过程，还将他的体悟和学生分享。他的学生来鲁华，正因为从唐有祺不时讲述的这些科学史上的故事中受益，她也意识到科学教育中最缺乏的也许是对科学创造过程的忽视和不了解。为此，她给本科生和研究生开设了专门的课程，通过阅读科学史上的经典著作和论文，通过分析科学发现的过程，体悟科学研究的方法，训练学生的科学思维，鼓励他们去发现问题。唐有祺的女儿唐昭华，亦是因为唐有祺时常提到热力学的发展史，她从中感悟到热力学的进展离不开物理学、化学和生物学的共同推动。所以她虽然专门从事生物化学研究，但却对热力学极感兴趣，并从热力学的视角思考生命问题。

超前的学术意识，勇于开拓新领域

唐有祺对物理、化学、生物学、数学都关注且精通化学的各个学科门类，这造就了他开阔的思路，从而能够把握学科发展的大方向，所以，他的研究步伐总是比国内同行更快一些。在科学研究工作中，唐有祺对于科学问题常有令人吃惊的超前思维，并勇于开拓新的研究领域。这种对学科发展方向的敏锐触觉，结合唐有祺对中国科学发展现状的思考，以及对中国科学研究力量的整合，使得唐有祺为中国化学学科的发展做了影响深远的奠基和启蒙工作。我们看到，唐有祺培养的研究团队不仅限于北京大学，还包括中科院、复旦大学、吉林大学等；整合的研究人员不仅限于化学领域，还触及物理学界、生物学界和地质学界。

20 世纪 50 年代，唐有祺本着他对化学与物理学学科之间关系的把握，意识到物理学让化学如虎添翼，X 射线衍射法成为化学研究的利器，他带领研究团队进行了一大批小分子晶体结构测定工作。不仅如此，他积极整合北京大学、中科院化学所和物理所的研究力量进行合作，充分利用物理所的 X 射线衍射仪的优势，进行晶体结构测定，研究领域扩展到无机化学、分析化学、有机化学、药物化学、矿物学等二级学科密切相关的结构问题。这对中国化学界的晶体结构和化学键本质的研究既起到了播种的作用，又对结构化学在本土生根、开花和结果有所促进。

20 世纪 60 年代，唐有祺觉察到，绝大部分无机物和有机物的结构型式通过 X 射线衍射方法获得了认知，而且各种键长和键角都可以查到，氢键的结构化学特征和数据也已掌握，重要的结构原理大都有了总结。而且，结构分析的原理、技术和设备发展很快，解析小分子结构的晶体学已经从新兴手段变成了常用工具。这时，唐有祺适时地提出来单晶结构分析方法应该探索分子的结构与功能之间的关系为目的，并在生物大分子上开展工作。

因为“文化大革命”，唐有祺的想法仅在胰岛素的晶体结构测定工作上得以实现，但正是这项中国第一个蛋白质晶体结构测定工作，带动了中国分子生物学、化学生物学，特别是生物大分子晶体学的发展，为中国的结构生物学培养了人才。

“文化大革命”刚一结束，他所指导的研究团队的工作便不再局限于解析单个小分子的结构，而是逐步开展了系列化、有意义、高难度的晶体结构和结构化学研究，发现了新颖的结构型式，解决了有关的化学问题。

与此同时，唐有祺让研究团队向蛋白质晶体学方向扩展。很快，北京大学在国内首次应用分子置换法成功地测定了胰蛋白酶与Bowman-Birk型抑制剂的复合物立体结构。考虑到蛋白质分子的氨基酸序列中很可能隐藏着高级结构的信息，为了揭示这种信息，唐有祺设立蛋白质结构预测的研究方向，并从结构与功能关系的视角出发，带领研究小组开始了蛋白质的结构预测和分子设计研究。随后又开展了多肽的合成与表征工作。接着，又将研究方向转移到蛋白质的结构、模拟以及药物设计领域，这个领域确实具有前瞻性。对生命现象的化学探讨，在世界范围内来看，自20世纪后半叶起，成为化学家越来越关注的领域。在分子水平上探讨生命现象，其中重要的是弄清生物大分子的结构并对其进行有目的的操作。我们发现，20世纪80年代之后诺贝尔奖得主的创新，有不少就是提出了研究生物大分子的新的分析手段。

到了20世纪80年代中后期，唐有祺不仅在中国首次提出并阐述化学生物学的概念，强调化学与生物学交叉的重要性，他还意识到，仅仅将他对学科发展的敏锐嗅觉局限于研究团队之内还不够。虽然国际上已对从分子水平研究生命问题投入相当的热情，但是此时的中国，化学和生物学曾一度出现脱离，彼此交叉甚少。为了让化学研究工作重视生物学问题，唐有祺通过“生命过程中重要化学问题研究”攀登项目为平台，团结并鼓励了一大批化学家转向从事化学与生物学的交叉研究。唐有祺考量的，不仅仅是生命过程中的哪些问题能称之为“重要”，还有项目要着眼于充分发挥化学学科和队伍在中国生命科学研究中的作用，也要为中国化学的推陈出新提供一份动力。

在学生来鲁华眼里，老师唐有祺是一位学术思想非常活跃、考虑问题非常全面的长者，有着不同寻常的睿智和对科学的敏锐感觉。他总是认真地考量学科发展的前景，然后在尽可能高的水平上前瞻，总是能够做出有所创新的建议。

> 如果我们那时候守着小分子做结构，肯定就不行了。早年，唐先生他们解析一个晶体结构，就是一个博士论文，因为那时候都是手算的。80年代初，他就意识到了，晶体学越来越变成一个工具了。我们结构教研室如果仅仅限于解结构，不会做别的，肯定不行。那怎么办呢？我们一方面往无机方面做，做材料、做功能，研究具体的问题。一方面就是去做更难的结构，那就是做生物去了。唐先生的大局观比较好。①

根深方能叶茂，越基础越优先

唐有祺用挖坑植树形容科学研究的基础学科交叉与创新之间的关系，“根深方能叶茂，植大树要挖深坑。为挖得更深，就得把口拓得更宽，仅在表面刨是挖不深的，深挖扩口交替进行，相辅相成。”形象、生动，意味深长，也就是创新要从源头进行，学科交叉更容易获得收获。“学

① 来鲁华访谈，2013年9月18日，北京。资料存于采集工程数据库。

科在其深处盘根错节，治学当先言深，然后扩展以言广”是唐有祺的治学格言。

如何才能将研究之根挖得更深？那就是注重基础。“First principles first”，即越是基本越要优先，这是唐有祺对科学教育和科学研究一直保有的态度，这一研究理念也渗透到他的研究团队之中。

少年时代的唐有祺，通过对比爱迪生与法拉第、麦克斯韦，体悟到科学研究是技术发明的原动力。大学毕业后创办实业的经历，唐有祺亲身体验到只有加深化学和化工知识基础，工业应用才能取得突破。我们看到，唐有祺此后的研究都集中在基础研究领域，而且坚持认为，创新要与积累相结合，才能积微成巨，为创新争到新的起点，以致取得重大突破。

正因为意识到基础研究的重要性，唐有祺不仅多次呼吁国家要重视基础研究，在体制上保证基础研究的地位，对基础研究工作进行宏观统筹和统一规划，建立激励机制，他还在研究生教育中强调基础课程的重要性，要求研究者对科学核心概念、规律有相当深透的掌握。

当然，唐有祺强调越基础越优先，并非代表他不关注应用。作为一名科学家，他强调的是，重视基础可以为应用找到突破口，科学家在重视基础、关心应用的同时，还要顾及学科的发展与突破。

基于对结构与功能关系的深刻理解，唐有祺在进行催化剂研究时，能够提出自发单层分散理论模型，并成功应用于 CO 高效吸附剂的研制并实现工业化生产。进而，在自发单层分散理论和固体表面结构与功能研究基础上，提出分子工程学的思想。有了深厚的理论研究功底，提出科学模型和理论，并将其进行工业应用，再到发展到以此为基础建设新的学科，这样一条路线，是唐有祺积极倡导的。

让中国的科学研究走向世界舞台

唐有祺是活跃在世界化学舞台上的来自中国化学界的一颗耀眼的明

星，是科学交流新模式的指引者。1989 年，在美国做博士后的钟边笑告诉唐有祺，在与国外教授交流时，Klemper 教授认为唐有祺是中国唯一一位在国际上引人注目的无机化学家 ①。引人注目的，不仅是唐有祺在学术研究领域的累累硕果，还有他对中国晶体学界和整个中国科学的国际化进程的积极推动。这些都源于他对中国科学国际化的关切，源于一位科学家的责任感。

唐有祺在美国留学时期，他已经成为晶体学研究学术共同体的重要成员。他在晶体学研究领域取得的成果，让他在留学期间以及从美国回到中国的旅途中，结识了不少学术同行，并在回国后尽可能地与他们保持密切联系。特别是他与鲍林和霍奇金在学术上的密切往来，成为中国晶体学界国际化的重要铺垫。

在唐有祺的努力和霍奇金的帮助下，中国晶体学会成功地加入了国际晶体学会，这是中国最早加入国际组织的科学学会，在中国晶体学乃至国际晶体学史上，写下了浓墨重彩的一笔。

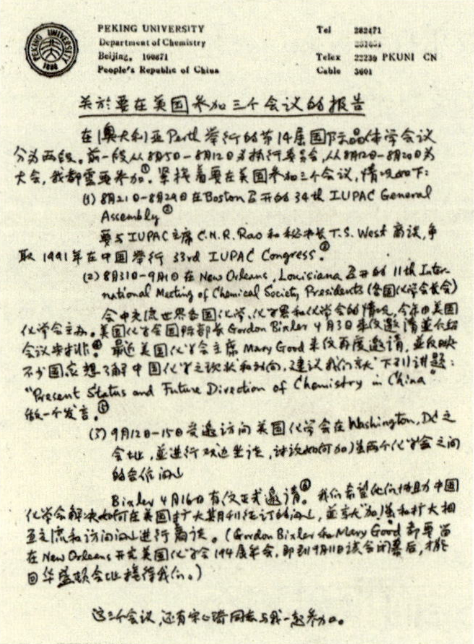
PEKING UNIVERSITY
Department of Chemistry
Beijing, 100871
People's Republic of China
Tel 282471
251031
Telex 22239 PKUNI CN
Cable 3601

关于要在美国参加三个会议的报告

在澳大利亚Perth举行的第14届国际晶体学会议分为两段。前一段从8月5日—8月12日为执行委员会，从8月12日—8月20日为大会，我都需要参加。① 紧接着要在美国参加三个会议，情况如下：

(1) 8月21日—8月29日在Boston召开的34th IUPAC General Assembly②

要与IUPAC主席C.N.R. Rao和秘书长T.S. West商谈，争取1991年在中国举行33rd IUPAC Congress。③

(2) 8月31日—9月1日在New Orleans, Louisiana召开的11th International Meeting of Chemical Society Presidents（各国化学会长会）

会中交流世界各国化学、化工界和化学会的情况，今年由美国化学会主办。美国化学会国际部长Gordon Bixler 4月3日来信邀请并介绍会议安排。④ 最近美国化学会主席Mary Good来信再度邀请，并反映不少国家想了解中国化学之现状和动向，建议我们就下列讲题："Present Status and Future Direction of Chemistry in China"做一个发言。⑤

(3) 9月12日—15日受邀访问美国化学会在Washington, DC之会址，并进行双边会谈，讨论如何加强两个化学会之间的合作问题

Bixler 4月16日有信正式邀请。⑥ 我们希望他们协助中国化学会解决如何在美国扩大期刊征订的问题，并就加强和扩大相互交流和访问问题进行商谈。（Gordon Bixler和Mary Good都要出席在New Orleans开的美国化学会194届年会，即到9月11日该会闭幕后，才能回华盛顿会址接待我们。）

这三个会议，还有宋心琦同志与我一起参加。

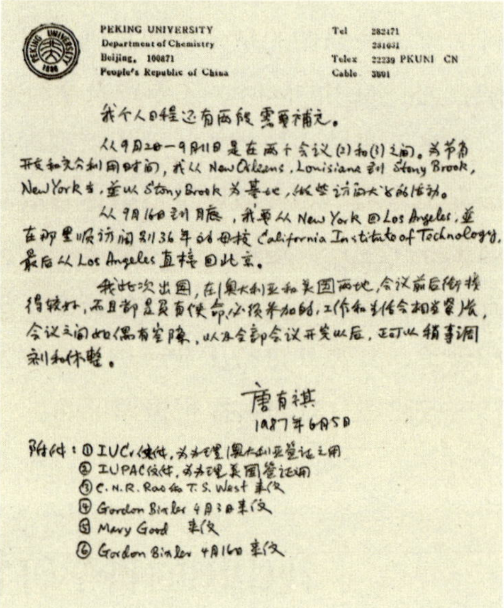
PEKING UNIVERSITY
Department of Chemistry
Beijing, 100871
People's Republic of China
Tel 282471
251031
Telex 22239 PKUNI CN
Cable 3601

我个人日程还有两段需要补充。

从9月2日—9月11日是在两个会议(2)和(3)之间。为节省开支和充分利用时间，我从New Orleans, Louisiana到Stony Brook, New York去，并以Stony Brook为基地，做些访问大学的活动。

从9月16日到月底，我要从New York回Los Angeles，并在那里顺访阔别36年的母校California Institute of Technology，最后从Los Angeles直接回北京。

我此次出国，在澳大利亚和美国两地，会议前后衔接得较好，而且都是负有使命必须参加的，工作和生活会相当紧张，会议之间如偶有空隙，以及全部会议开完以后，正可以稍事调剂和休整。

唐有祺
1987年6月5日

附件：① IUCr信件，为办理澳大利亚签证之用
② IUPAC信件，为办理美国签证用
③ C.N.R. Rao和T.S. West来信
④ Gordon Bixler 4月3日来信
⑤ Mary Good 来信
⑥ Gordon Bixler 4月16日来信

图结 1–1　唐有祺提交的出国参加会议报告手稿

① 钟边笑致信唐有祺，1989 年 7 月 12 日。资料存于采集工程数据库。

1978 年，唐有祺适时地提出了中国的学术应该开放。在中国加入晶体学会后，他开始为国际晶体学大会在中国召开进行申请和准备的工作。1993 年在中国召开的晶体学大会，是当时中国举办的规模最大、历时最长的国际性会议。

从 1977 年开始，唐有祺的国际交流异常频繁。这些国际交流，有的是为了争取国际会议在中国的举办权，有的是交流新的科学成果，有的是获取科学交流的资源，有的是将中国科学家的成果介绍出去，有的是开辟国际科研合作的新渠道，有的是为中国的科学研究与工业结合探索国际模式。

唐有祺的工作，让中国科学家面向世界提供了平台，引导中国的科学家将研究工作放在世界的背景中定位和思考，充分利用国内外优质资源，借鉴外国的科研理念和模式，提高学术起点，为中国形成具有世界眼光和国际竞争能力的科学队伍起到了积极的推动作用。

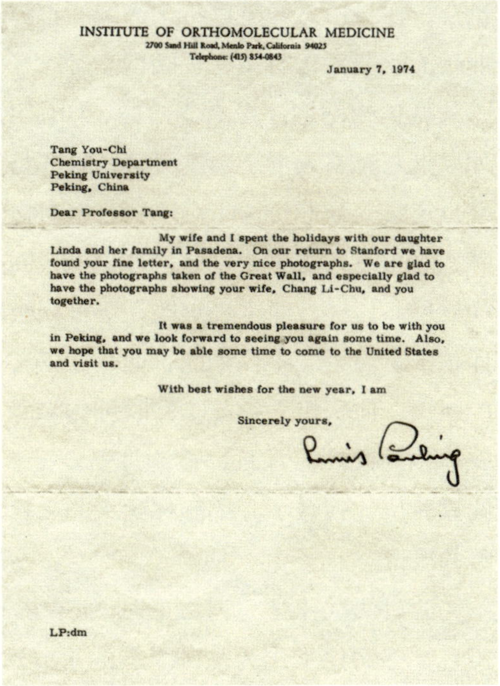

INSTITUTE OF ORTHOMOLECULAR MEDICINE
2700 Sand Hill Road, Menlo Park, California 94025
Telephone: (415) 854-0843

January 7, 1974

Tang You-Chi
Chemistry Department
Peking University
Peking, China

Dear Professor Tang:

My wife and I spent the holidays with our daughter Linda and her family in Pasadena. On our return to Stanford we have found your fine letter, and the very nice photographs. We are glad to have the photographs taken of the Great Wall, and especially glad to have the photographs showing your wife, Chang Li-Chu, and you together.

It was a tremendous pleasure for us to be with you in Peking, and we look forward to seeing you again some time. Also, we hope that you may be able some time to come to the United States and visit us.

With best wishes for the new year, I am

Sincerely yours,

LP:dm

图结 1-2　鲍林 1974 年写给唐有祺的信

正义直言，有胆识

唐有祺不仅学术思想活跃，有独特见解，而且敢于讲真话，为中国科学的发展建言献策。在他的正义直言下，共振论在中国没有过多地扣上政治的帽子，化学学科在中国受到了作为基础学科的公正对待，中国重点学科和国家重点科研基地的后继带头人问题得到解决。

唐有祺在高中时代便被林肯的名言所吸引，“你可以一直愚弄某些人，你可以某些时候愚弄所有人，但是你不能一直愚弄所有人。”① 一向反对死记硬背的唐有祺，不仅将这句名言熟记于心，而且将它作为行事的准则。

当共振论遭遇来自科学界和非科学界的批判，对共振论的批判成为苏联化学批判浪潮的顶峰时，唐有祺 1953 年主持的中国化学界对共振论的讨论会，在讨论方向上进行了大胆的把握，将讨论者的议题指向学术问题而非政治问题。唐有祺在美国留学时已经了解到共振论批判有三个派别，关于共振论的问题还没有弄清楚，中国化学界批判起来不会有新意，而且，如果批判时有人提出新的见解，除非与苏联的调子合拍或者更高，发表出来肯定会受到非难。审时度势，唐有祺将报告会的重点放在学习原来不很熟悉的布特列洛夫化学结构理论上，回避共振论来介绍有机结构理论方面的发展。这样，原本设定的一场批判会变成了学术讨论会，唐有祺巧妙地保护了参会者。不仅如此，他在担任《化学译报》主编时，也表现出非凡的胆识，他积极介绍美国和欧洲作者的译文，调整了《化学译报》向苏联一边倒的倾向。并且，在鲍林受到批判时，他和胡亚东还在《化学译报》的显著位置刊登了介绍鲍林生平的文章，以实际行动告诉同行应该客观对待共振论。

面对两次化学“消亡论”，唐有祺不仅在公开的会议上发出强有力的声音，强调化学作为基础学科的重要性，还与唐敖庆联名上书李鹏总理，从学科之间的关系以及化学的作用出发，阐述化学学科的地位。这些都体现了唐有祺的谋略以及作为一个科学家的责任感。我们也看到，他的举动不仅鼓舞了化学研究者的信心，还捍卫了化学学科的自主性，促使中国政府对化学学科的发展投入了应有的关注。

在改革中国科学研究的评价和奖励机制的举措方面，唐有祺也胆识卓绝。当高校面对社会主义市场经济的冲击产生各种不适时，唐有祺致信国

---

① 原文为：You can fool some of the people all of the time，and all of the people some of the time，but you can not fool all of the people all of the time.

家领导人，建议国家组织实施一项以培养学科带头人为主要目标的跨世界人才工程。他的建议被采纳后，国家财政拨专款设置了“跨世纪人才工程”基金，组织实施了以培养年轻学科带头人为主要任务的“跨世纪优秀人才计划”，并推动整个科技、教育队伍的建设。这项计划开创了中国在科学教育领域设立优秀年轻人才计划的先河，是中国在培养高层次学科带头人和骨干力量方面的创新之举。这项新的激励机制，使得年轻科学研究人才由此脱颖而出，为中国科学的发展注入了活力。

附录一　唐有祺年表

1920 年

7 月 11 日，出生于江苏省南汇县新场镇（现属上海市浦东新区）。

1925 年

秋，入读新场镇正明初级小学堂。

1928 年

小学三年级开始，学校用白话文教学和写作；由此喜欢上白话文，还用白话文办黑板报、写文章。

1929 年

阅读家里订的两种杂志《小朋友》和《儿童世界》，提高阅读能力。

1931 年

7 月，小学毕业。在新场小学完成整个小学阶段的学习，算术常常拿满分，对常识课有兴趣，而对手工课和画画兴趣不大。

9 月，在周浦镇的南汇县立初级中学上初中，离家 12 千米，坐船要 1 ~ 2 小时到家。平时在学校寄宿。

9 月 18 日，和全校师生一起中午吃干饭、晚上吃稀饭，把省出来的钱捐给东北义勇军。

对电产生兴趣，崇拜爱迪生。

1932 年

1 月 28 日，休学一个学期。在家一边和小伙伴玩耍，一边自学。

9 月，参加插班考试，重新考入初二，继续初中学习。

受国文老师影响，读鲁迅的书。

通过自学，对数学产生浓厚兴趣，把解题当作一种乐趣。

1934 年

9 月，考入江苏省立上海中学高中部，工科班。

在上海市区龙门师范原址上了一个学期的课。

1937 年

7 月，从上海中学高中毕业。报考清华大学，但逢“七七事变”，考试取消。转而报考同济大学化学专业并被录取。

9 月，同济大学已从上海吴淞迁到金华，从上海经温州去金华。由于战乱搬迁，并未上课。

1938 年

1 月，随同济大学迁到江西赣州。

7 月，随学校从赣州迁到广西八步。

冬，随学校迁移到云南昆明。

1939 年

1 月，到达云南昆明。

1940 年

11 月，随同济大学迁到四川宜宾附近的李庄，校本部在禹王宫，工学院在东岳庙，戏称为“寺庙大学”。

1942 年

6 月，大学毕业。毕业论文是物理化学方向，毕业后没有留校工作。抱着工业救国的理想，参与国家经济建设。

7—11 月，去昆明协助顾敬心老师筹备制磷厂（昆明 23 兵工厂分厂）。

12 月，到重庆渝鑫钢铁厂工作，研究从白云石中提取氧化镁以做碱性耐高温炉衬。

1943 年

春，参加国民党政府经济部由“考试院”举行的考试，由于没有化学类的名额，参加化工类的考试。

9 月，考入中央大学化学系当研究生，不久放弃学习机会，离开学校。

10 月，与人合办一个专制电解铁片的实验厂——重庆钟声电化冶炼厂。从德文资料上找来制备可替代当时奇缺的矽钢片材料的高纯度电解铁片，产品质量很好但成品率低。被王葆仁推荐给李约瑟，但是在重庆时没见到李约瑟，见到李约瑟的夫人 Dorotty，并邀请她参观了电化冶炼厂。

12 月，通过了国民党政府经济部“考试院”的考试，将被安排战后赴美实习或工作。

父亲唐宗泰去世。

1945 年

抗日战争胜利后，回到上海。

10 月，在同济医学院工作，教授化学。还在同济大学上海校友会兼职。

准备出国，从南京办的官员护照，又从经济部获得 180 美元的资助。最初申请的是瑞士联邦理工学院并被录取。后来改申请美国的一所普通大学。

1946 年

8 月，从上海搭乘“梅格斯将军”（Meigs General）号轮直航赴美国旧金山。

9 月，入美国进加州理工学院化学系攻读博士学位。主修化学，副修物理，导师是鲍林（Linus Pauling）教授等。主攻方向是 X 射线晶体学和化学键本质。

1950 年

年初，完成博士论文，内容涉及合金系 Pb–Tl 和 Pt–Cu 中形成超结构及六次甲基四胺与二氯化锰生成复合物的本质等问题。

5 月，获得博士学位，并留校任 George Ellery Hale 博士后。

博士后工作期间以一些血红蛋白晶体为对象涉足蛋白晶体学。这一研究是具有开拓性的，困难之多可想而知。

7 月，设法建成一个能在零下的恒温条件下培养晶体并摄取衍射图的实验室，同时还掌握了按一定取向封存蛋白晶体在能与母液达成气 – 液相平衡的薄壁管中的技术，然后从动物的血液中制取一氧化碳合血红蛋白晶体，进行 X 射线晶体结构分析。

完成了分别从叙利亚田鼠和人类胎儿血液制得的一氧化碳合血红蛋白单晶，并进行了 X 射线衍射和晶体参数的测定，发表两篇短文。涉足并跨进蛋白质晶体学和正在进入分子水平的生物学。

年底，黄子卿先生同叶企孙、张子高先生商议，聘请其回清华任教。

1951 年

5 月，离开加州。从 Pasadena 出发，经纽约去英国伦敦，访问牛津和剑桥大学晶体学实验室。结识了包括霍奇金（D. Hodgkin）教授在内的不少英国同行，并建立深厚友谊。

7 月，经过法国、德国、丹麦，辗转到瑞典首都斯德哥尔摩参加第二届国际晶体学大会，宣读论文两篇。会后，应邀访问荷兰的大学和研究机构。

从法国马赛登船，经地中海东行，1 个月后抵达香港，未上岸即被政府接待人员接去广州。归途从 5 月离开加州算起共历时三个月。

8 月，到上海探望离别 5 年的母亲。大连综合工业试验所所长张大煜先生到上海招聘归国留学生，受到其盛情邀请，婉言谢绝。

9 月，北上到清华大学化学系任教。

9 月下旬，随中国科学院吴有训副院长等去大连综合研究所参加首次学术报告会。

10 月，与已分离 14 年的大哥唐有祥聚会。

1952 年

1 月 18 日，在上海与张丽珠结婚。

为清华大学化工系 1948 和 1949 级学生讲授“物理化学”基础课程，并在化学系讲授“分子结构和化学键本质”等课程。

8 月，被分配到从沙滩迁来原燕京大学校址的新北京大学工作，并举家迁往新建的中关园宿舍，从此任教于北京大学。

加入九三学社。

1953 年

开设了晶体学和晶体化学课程，并招收研究生和进修教师。

4 月，儿子张昭达出生，黄子卿先生为之取名昭达。

共振论受到批判后，受中国化学会之托，筹备和主持召开有机化合物结构理论讨论会。

1954 年

应教育部聘请，与吉林大学余瑞璜教授合办晶体学讲座，学员来自化学、物理学和地质矿物学界。

7 月，女儿唐昭华出生。

1955 年

开始在中国科学院应用物理研究所任兼职研究员。

9 月，与胡亚东等合作创刊《化学译报》。

1956 年

回国后的第一批结构化学和晶体结构论文在《化学学报》上发表。

在中国科学院北京化学研究所兼任研究员。

当选中国化学会第 18 届理事会成员。

1958 年

晶体结构研究工作完全停顿。

春，下厂参加技术革新运动，研究为什么“超声波”的应用能导致省煤等问题。

9 月，被派去清华大学讲授结晶化学。

1959 年

9 月，英国牛津大学霍奇金（Dorothy Hodgkin）教授首次来华访问，率英国科学家代表团赴北京参加中华人民共和国成立 10 周年庆典，并来北京大学做关于维生素 B 晶体结构的学术报告。唐有祺与其聚会。

1962 年

7 月，去新疆乌鲁木齐向当地高校讲授物质结构课。

9 月，恢复招收研究生和开展科学研究工作。

12 月，成为中国科学院编译出版委员会委员，主任委员是竺可桢。

1963 年

8 月 28 日—9 月 4 日，参加在长春召开的中国科学院数理化学部举办的“全国第一次物质结构学术报告会”，做了题为“晶体结构和分子的立体构型”的报告。

10 月，在南开大学召开的高等学校有机化学学术报告会上做了有机物电子结构理论问题的报告。

先后在中国物理学会和在吉林大学召开的全国物质结构学术报告会上做了关于“晶体结构和分子立体构型”的报告。

1964 年

关于“晶体结构和分子立体构型”和“有机物电子结构理论问题”的报告先后在《科学通报》1 月号和 5 月号上发表。

3 月 28 日，国家科委为实施国家重点科研项目——物质结构，决定在吉林大学、福州大学和北京大学建立三个科研基地，与唐敖庆、卢嘉锡分别收到下达编写计划的任务书。唐有祺是“物质结构”项目的召集人之一。

5 月，《统计力学及其在物理化学中的应用》在科学出版社出版。

10 月，担任晶体学专业委员主任。

1965 年

春，为了筹建科研基地，去上海等地调查科研工作已经化工方面的进展和生产情况。

9 月，到京郊三家店参加“四清”工作。

1966 年

4 月 21 日，从京郊调回参加吴有训先生主持的牛胰岛素合成工作鉴定会。会中决定开展胰岛素晶体结构测定工作，并委以重任。

4 月底，回三家店继续参加“四清”工作。

1968 年

开始整理《对称性原理》讲义。

1969 年

与学生下放到房山农村劳动。

1970 年

冬，从农村回城，为即将入学的工农兵学员下京郊各化工厂和石油化工厂准备新教材。

1971 年

3 月，在北京化工三厂编写聚合乙烯的齐格勒（Ziegler）催化剂和有关反应器的讲义。

参加了分辨率为 2.5A 的猪胰岛素晶体结构鉴定会。

1972 年

带学生去北京化工研究院等处搞开门办学。

1973 年

4 月，受邀去上海有机化学研究所参加锂同位素分离问题的讨论会。

9 月，鲍林教授和夫人首次访华。在协会医院做报告时与鲍林见面，这是离开美国 22 年后首次见面。

1974 年

中关园住处的两间卧室已被分去，搬家到蔚秀园公寓居住。

11 月，在多次下厂的基础上写成书稿《化学动力学和反应器原理》，并由科学出版社出版。

1977 年

3 月，开始讲授曾中断 10 多年的“统计力学”课程。

4 月，《对称性原理（一）——对称图像的群论原理》出版。

9 月 27 日—10 月 31 日，在北京参加全国自然科学学科规划会议，被授权筹建北京大学物理化学研究所。

11 月，北京大学同意其到中科院生物物理所胰岛素晶体结构分析室指导工作。

1978 年

2 月，为迎接和参加科学大会，在《现代科学技术简介》中写了一篇题为《结构化学的概况和动向》的文章。

6 月 14 日—7 月 7 日，受中科院派遣，与蒋明谦去法国考察结构化学。

6 月 23—30 日，访问法国上阿尔萨斯大学、国家有机材料科研实验中心等单位。

8 月 3—12 日，去华沙参加第 11 届国际晶体学大会并以国家晶体学委员会的名义加入国际晶体学联合会（IUCr），任代表团团长。

8 月 13—29 日，会后访问英国，考察晶体学发展和动向。在英国，由皇家学会协助霍奇金接待，中国代表团成员在霍奇金家中做客。

8 月 26—29 日，访问 York 大学。

9 月 19—20 日，到上海参加中国化学会全国会员代表大会，介绍出国访问情况。

年底，到广州参加国家科委召开的化学学科组会议。

1979 年

3 月 26—30 日，应美国晶体学界的邀请，去檀香山参加美日晶体学报告会，并介绍国内工作，徐筱杰随行。会议期间联系了四圆衍射仪的购置事宜。

4 月 8—14 日，同日本学者一起到日本访问，参观了生产实验仪器的日本理学电机株式会社。

5 月，接待瑞典有机化学代表团。

7 月，《对称性原理（二）——有限对称群的表象及其群论原理》由科学出版社出版。

10 月，日本大阪大学角户正夫等来京回访。

10 月 23 日，当选为九三学社第六届中央委员会委员。

1980 年

1 月，去印度马德拉斯开会，商议亚太地区晶体学组织问题。

继续研究催化剂和自发单层分散问题，并开展金属有机物的结构化学研究。

10 月，日本学者 kakudo 和 kasai 来访，与同事在北京大学临湖轩接待。

11 月，被增补为中国科学院化学部学部委员。

11 月 14 日，去日本东京祝贺日本晶体学会成立 30 周年，并代表中国晶体学家发言。

以四圆衍射仪和光电子能谱仪为核心的实验设备到位，结构化学研究已扩展为体相和表面两个方面。

冬，接待了来华访问的霍奇金与 Tom Blundell 教授，包括中国科学院和北京大学等单位。

1981 年

6 月，鲍林教授和夫人及其爱女 Linda Pauling Kamb 等从天津来北京，并访问北京大学。两家人欢聚一堂。

7 月，去成都参加全国催化和动力学报告会。

8 月，赴加拿大渥太华参加第 12 届国际晶体学大会。会后访问美国纽约州立大学布法罗（Buffalo）分校和加州大学伯克利（Berkeley）分校，分别结识了 Phil Coppens 以及 G. Pimentel 和 Sung-Hou Kim 等。

10 月，去长春初评高校系统学位授予单位。

母亲郑玉英去世。

1982 年

8 月，随周培源先生，与胡亚东、刘东生、曹天钦、方均等同行去英国，经过一番周旋，中国科协加入了国际科联协会（ICSU）。在英国期间在剑桥大学与李约瑟、鲁桂珍等见面，并得其帮助阅读资料。

10 月 18—25 日，在济南参加理科化学教材编审委员会召开的物理化学和结构化学编审小组联席会议。

11 月 22 日，参加在北京召开的中国化学会第 21 届代表大会第二次常务理事会会议。

在蔚秀园住了 8 年，又搬回中关园住。

1983 年

3 月，恢复生物大分子晶体结构工作。

5 月 20—30 日，在上海生化所参加生物学部对该所的评议，并参观访问。

9 月 7—25 日，主持教育部委托北京大学和郑州大学在郑州举办的结晶化学教学讨论班，就结晶化学的基础知识、基本理论、最新发展及其在各学科中的应用做了多次演讲。

兄长唐海去世。

1984 年

3 月,《相平衡、化学平衡和热力学》出版。

4 月 6 日，北京大学物理化学研究所正式成立。

6 月 30 日，加入中国共产党。

8 月，去德国汉堡参加第 13 届国际晶体学大会，并被选为 IUCr 执行委员会成员。

10 月 24 日，参加综合大学化学课程改革和课程结构研讨会。

1985 年

1 月，应香港中文大学邀请前往讲学 4 周。

5 月，在中科院武汉分院主持波谱实验室验收会。

5 月 30 日—6 月 2 日，受国务院学位委员会委托，率考察组考察 5 个城市中的 8 所大学和 2 个研究所培养物理化学、有机化学硕士生的情况。

6 月，在中山大学开会初评高校系统学位授予单位。

7 月，赴英国彻斯特（Chester）出席 IUCr 的执委会，并顺访约克（York）和利兹（Leeds）大学。

8 月 17 日，国家教委科技司发文给北京大学，希望北京大学提名一位第三世界科学院院士并填表，北京大学推荐唐有祺为候选人。

9 月 8 日，参加国家教委和国务院学位委员会在人民大会堂联合召开研究生指导教师座谈会并发言。这是为庆祝第一个教师节而举行的座谈会。

9 月 13—14 日，在国务院学位委员会“物理化学”“有机化学”两个学科硕士学位质量检查总结会上代表专家组做总结。

10 月，担任国家科委博士后科研流动站管理协调委员会化学学科专家组组长，任期两年。

12 月 26 日，成立北京大学结构化学开放实验室，任开放实验室学术委员会主任。

1986 年

3 月初，在厦门大学论证该校拟建立表面物理化学重点实验室。

4 月 13 日，中国化学会在杭州召开的代表大会上，与田昭武、黄维垣和徐光宪一起当选为第 22 届理事长。

7 月 4 日，在中国科学院、北京大学、清华大学部分科学家座谈会上发言，指出要发挥中关村地区的优势，形成科研、教学“金三角”。

7 月 21 日，去英国彻斯特出席 IUCr 的执行委员会，并顺访剑桥大学物理化学系的 J.Thomas 教授。

9 月 15—21 日，组织和筹备了在北京香山饭店召开国际小分子结构报告会。

11 月，清华大学恢复理学院，去参加庆祝活动。

12 月，与唐敖庆一起倡导，由《物理化学学报》出一期纪念黄子卿、傅鹰、蔡镏生、吴学周四位教授的专刊。

1987 年

2 月 24 日，参加中国化学会 22 届理事会第二次常务理事会。

3 月 2 日，参加在科学会堂为北京大学与中科院拟建立的分子动态和静态结构联合实验室举行的论证会。

3 月 10—13 日，参加在北京召开的全国第二届计算机化学年会并讲话，宣布中国化学会常务理事会正式通过成立中国化学会计算机化学专业委员会。

3月13日，物理化学研究所的应用物理化学实验室烧制钇钡铜氧高Tc超导体成功。

3月23日，大阪大学蛋白质研究所在北京大学与物理化学研究所签订合作协议。

4月13—16日，赴英国斯旺西（Swansea）大学参加插层化合物报告会。

6月，主持在北京召开的国际计算化学报告会。

6月9日，担任北京医科大学药学院药物药理实验室学术委员会委员，同时担任此职的还有彭司勋等13位同志。

7月，参加教委在承德评议重点学科的会议。

8月中旬，赴澳大利亚珀斯（Perth）参加第14届国际晶体学大会和出席IUCr的执行委员会，当选第15届副主席，并为中国取得了第16届大会的办会权。

8月24日，赴美国西部访问母校Caltech一周。25日，在Caltech做了关于超导氧化物的报告，并在其设在加州Menlo Park的正分子医学研究所拜访导师鲍林。

8月31日—9月1日，赴美国东部代表中国化学会参加在New Orleans举行的第11届世界化学会会长会，并做题为“中国化学之现状和未来”的报告。

10月7—11日，参加在北京召开的中国化学会光化学委员会成立暨第四届全国光化学学术讨论大会。

10月9日，教委成立科学技术委员会，担任副主任，张维教授担任正主任。

10月30日，在南京大学论证配位化学实验室。

11月10日，在上海有机化学研究所列席黄其辰的博士论文答辩会。

11月，赴大阪大学与蛋白质研究所进行交流。

1988年

1月17日，赴湛江各高校做报告。

2月8日，参加关于知识分子创收的座谈会。

3月6日，当选为中国人民政治协商会议第七届全国委员会委员。

4月，中国化学会邀请耿其昌、李维康伉俪表演京剧艺术，唐有祺夫妇与其共进午餐。

4月13日，接待自美国来华讲学的Nguyen-Huu Xuong。5月与他全家同游十渡和香山。

4月16日，瑞典的Kai Siegbahn来北大访问。

5月10—30日，参加基金委重大项目评审，担任包括分子反应动力学和金属有机两个重大项目的评审委员会组长。

5月14日，赴南京大学参加物理化学报告会。

6月，全国政协科技委员会成立了关于加强基础研究工作问题专题研讨组，邹承鲁、唐有祺任组长。

8月，赴奥地利维也纳参加IUCr的执行委员会。

9月13日，全国政协科学技术委员会首次讨论基础研究问题。当选为第7届全国政协常委。

10月1日，受自然科学基金委派遣，率组前往北美考察结构化学。2—16日访问Princeton大学、Pittsburg大学、Harvard大学、MIT和Wisconsin大学等。18日去加拿大，经渥太华赴Kingston、London、West Ontario、Guelph和Toronto等地访问大学。

12月4日，应第三世界科学院院长Abdus Salam邀请前往意大利Trieste座谈设立新研究机构问题。

12月，接受科协王素鸾在刘惠陪同下的采访，阐述对基础研究的看法，并据此发了一期《科协情况》。

12月18—20日，赴武汉分院参加国家波谱重点实验室验收会。

1989年

4月，参加在清华大学召开的上海中学校友会。

5 月，在政协会议上发言，谈基础研究的模式和国情的关系。

5 月 8 日，结合自身体会和发达国家开展基础研究的成功经验，在政协会议上发言谈“对基础研究的认识和感受”。

8 月，赴瑞典。先在斯德哥尔摩旧地重游，然后去 Lund 参加国际纯粹和应用化学联合会的代表大会。

9 月 30 日，参加为庆祝中华人民共和国成立 40 周年，在人民大会堂举行的招待会。

秋，李远哲访问中国化学会，唐有祺与其交谈。

11 月 26—28 日，参加在上海复旦大学举行的“生命化学研讨会”，就生命科学的重要地位和高校化学工作者如何参与工作问题作了讲话。

12 月，赴伦敦参加 IUCr 召开的非常代表大会，会议要决定 16 届大会是否仍在北京召开；经过一番周旋，中国取回了办会权。

1990 年

3 月，全国政协科技委员会成立的关于加强基础研究工作问题专题研讨组，由邹承鲁、唐有祺任组长，在广泛征求意见的基础上，形成了“关于进一步加强基础研究工作的意见和建议”。

4 月，参加中科院化学部在无锡召开的学部委员会。

4 月，参加国家教委在北京京郊召开的大学化学教学研讨会。

5 月 8—13 日，受全国政协科技委的委托在南京参加国家科委召开的全国火炬计划工作会议，并于会后与在南京地区工作的北大校友和南京大学陈懿、杨昌正等聚会。

5 月 26—29 日，参加国家科委受党中央之托召开的科学家座谈会，并发言。会后受到江泽民等中央领导的接见。

6 月，赴英国访问牛津、剑桥和皇家学院等学术机构，先后受到霍奇金、Max Perutz、Michael Woolfson 以及 John Thomas 等的接待。

7 月，赴法国波尔多（Bordeau）参加第 15 届国际晶体学大会。

9 月，在北京参加了亚洲运动会的开幕式和闭幕式。

10 月，大阪大学来北京大学签订其蛋白质研究所与物理化学研究所之间的合作协议书。

10 月 27 日，参加在北京举行的中国化学会、国家自然科学基金委员会化学部 1989 年度青年化学奖颁奖仪式，主持会议并宣布了获奖者名单。

12 月 10 日，国家科委综合计划司通知唐有祺就“应用基础研究”的概念和案例问题向国家科委提交一份研究报告。

12 月下旬，教委科技委换届，被聘为主任，张维任顾问，并增聘清华大学吴佑寿等为副主任。

1991 年

1 月 31 日，启程赴美，先在东部与昭达聚会，然后西行去加州。

3 月，人事部、全国博士后管委会对全国博士后管委会专家组成员进行了调整，被聘为化学组召集人及成员。

4 月 27 日，参加中国科协振华基金会国际交流科学基金在人民大会堂举行的颁奖仪式，获奖。

4 月 29 日，基金委重大项目结构化学研究验收完毕。

5 月中旬，接待来访的香港中文大学庄国芬等。

5 月 23—27 日，作为中国化学会的代表，受邀参加中国科学技术协会第四次全国代表大会。

6 月 15 日，担任第三届国家自然科学奖励委员会副主任委员。

7 月 8 日，主持全国政协科技委员会“加强基础性研究”专题组召开工作会议。

7 月 10—13 日，参加在北京举行的国家自然科学基金委员会二届一次全体委员会议。

8 月 31 日，接受国家科委为攀登项目颁发的首席科学家聘书。

9 月 27—29 日，攀登项目——生命过程中的重要化学问题研究的专家委员会首次会议在复旦大学召开。

10 月 1 日，开始享受国务院特殊津贴，并颁发证书。

10 月，因“X 光电子能谱数据库（ESCADB）建立及应用”项目获得中国科学院科技进步奖二等奖。

10 月 22—26 日，在武汉化工学院院召开了中国化学会第五届胶体与界面化学学术研讨会，向大会发去贺信。

11 月 12 日，赴复旦大学东苑宾馆参加材料化学报告会，并做了关于分子工程学学科建设的报告。

12 月 8—11 日，参加在北京举行的国家教委科学技术委员会 1991 年度全体会议，并和吴佑寿、石元春、汤钊猷、韦钰分别主持了会议。

12 月 13—14 日，作为验收委员会委员，参加在上海召开中科院生命有机化学国家重点实验室验收会议。

12 月 16—20 日，赴中山大学参加第二次高等学校生命化学研讨会，会后去佛山大学和深圳大学参观访问。

12 月 27 日，钱学森寄送关于“我们要用现代科学技术建设有中国特色的社会主义”的发言稿，签名并请其指正。

12 月，唐有祺研究小组因“胰蛋白酶和 BOWMAN-BIRK 型抑制剂复合物系列立体结构”的工作获得国家自然科学奖三等奖。

1992 年

2 月底，钱学森把 2 月 26 日在中国科协四届二次全委会议上的讲话赠送唐有祺。

3 月，主持全国政协科技委“加强基础研究”专题组座谈会，讨论基础研究与学科发展至今的关系问题，并发言。

4 月 20 日，受聘担任国务院学位委员会第三届学科评议组（化学评议组）成员。

4 月 21 日，在中国科学院第六次学部委员大会上做了题为“化学学科之继往开来”的报告。

4 月 26 日，受清华大学化学系邀请，参加 1952 届两个年级中返校的校友聚会，其中有龚育之和顾国英等。

5 月 31 日，赴大阪大学联系科研合作和了解衍射设备等事，并赴名古屋和东京访问。

6 月，受共青团中央办公厅和全国学联办公室邀请，担任中国大学生实用科技发明大奖赛顾问。

6 月 3—6 日，在北大主持理科基础教学培养基地评选会。

6 月 18 日，参加学位委员会召开的第三届学科评议组召集人会议。

7 月 19 日，赴美国交流讲学和参加第 16 届国际晶体学大会预备会。

8 月 2 日，赴匹兹堡参加美国晶体学报告会，并为第二年将在北京召开的第 16 届国际晶体学大会做准备。

9 月 6 日，从美国返回。

9 月 30 日，受聘为功能体系的分子工程学研究项目专家委员会顾问。

10 月 15 日，赴上海有机化学研究所听取攀登项目——生命过程中的重要化学问题研究的工作汇报，并召开第二次专家委员会会议。

10 月 27 日，参加关于完善科学基金制度的国际会议，并阐述了基础研究在培养研究生中所起的作用。

11 月 11—20 日，赴新加坡参加亚太地区晶体学报告会。

11 月 23—27 日，攀登项目——功能体系的分子工程学研究启动，并在北京大学召开专家委员会会议。

12 月，受聘为国家攀登计划“功能体系的分子工程学研究”项目顾问。

1993 年

1 月 5 日，时任中共中央政治局候补委员、书记处书记温家宝同志到国家自然科学基金委员会考察工作，和朱光亚、侯祥麟、卢良恕、孙鸿烈、丁石孙、赵玉芬等同志一起与温家宝进行了座谈，阐述对完善科学基金制、稳住人才、推动基础科学发展等方面的意见。

1 月 13 日，作为鉴定委员会委员，参加国家科委召开的“沈阳市科技进步条例立法研究”软课题成果鉴定会。

2 月 19 日，当选为中国人民政治协商会议第八届全国委员会委员。

2 月 26 日，参加“中国青年科学家奖”颁奖典礼。

4 月 8—11 日，参加香山科学会议并发表讲话。

4 月 26 日，参加科学基金会和团中央召开的青年科学家座谈会。

5 月 7 日，接待荷兰的 Burggraaff 夫妇来北京大学访问、交流。

5 月 20 日，在北京大学化学系做了关于化学和分子工程学的报告。

5 月，由其主编的《中国科技专家传略·理学篇·化学卷 1》出版。

5 月，接到人事部、全国博士后管委会通知，被聘为中国博士后科学基金会第二届理事会理事。

5 月，受聘为中国科学院化学研究所第七届学术委员会委员，任期四年。

6 月 1 日，会见来访的日本理学株式会社志村晶。

6 月 4 日起，在北京大学主持理科基础教学培养基地评选会。

8 月，接待来北京大学访问的李远哲夫妇。

8 月 21 日下午，在第 16 届 IUCr 大会在北京开幕式上，做题为“中国晶体学和晶体学界”的报告。

10 月 19 日，赴复旦大学参加激光化学实验楼——抹云楼落成典礼。

10 月 31 日，与张丽珠去看望周培源及夫人。

11 月 11—21 日，应英国议会科技委员会之邀，率全国政协科技委员会代表团访问并参观了英国的科技机构和设施。

12 月 13—14 日，在北京召开攀登项目——生命过程中的重要化学问题研究的项目汇报会。

12 月，因为在编撰出版《中国大百科全书》工作中做出重要贡献，受到国家新闻出版总署的表彰。

1994 年

1 月 6 日，被聘为东北大学名誉教授。

1 月，国家教委高教司在北京大学召开了“为高等学校文科、财经、政法类专业学生开设化学选修课的教学和教材建设研讨会”，在会上作了发言，并确定了文科选修课教材的编写大纲，在唐有祺和北京医科大学王夔的主持下，成立了教材编写组。

1 月 19 日，主持全国政协和中国科协合办的北京科技界新年茶话会。

3 月 28 日，代表全国政协科技委接待美国华人百人团，并座谈中国科技情况。

3 月 31 日，参加教育和科学技术专题座谈会，担任主持人，讨论题目包括建立高质量的私立教育机构，产品转让的全方位优质管理，发展高技术的工业区——加州硅谷的工业转化模式以及有关妇幼保健和医学研究的政策。

4 月 24 日，在清华大学参加张子高铜像落成仪式。

5 月 9 日，在杨福家陪同下赴嘉定参观上海原子能研究所。

5 月 14 日，被聘为国家教委科学技术委员会第三届委员、主任。

5 月 14—17 日，在京举行了国家教委科学技术委员会全体会议，61 位新老委员出席了会议，完成了换届并研讨了科技工作。

5 月 21 日，参加南昌召开的物理化学学报编委会。

5 月 31 日—6 月 1 日，参加在北京大学召开的中国晶体学会第一次理事会议。

6 月 2 日，应邀参加共青团中央举办的“科技与创业：当代大学生与中国的跨世纪发展”座谈会。

6 月 4 日，去清华大学参加博士学位论文答辩会。

6 月 8 日，被国家环境保护局邀请为“三峡地区水污染及环境管理情况调查专家组”成员。19—26 日，随国家环保局考察团视察三峡建设中的生态问题。

7 月 12 日，中科院举行基础所试点评议，13 日起去中科院化学所和生物物理所评议。

8 月 3—4 日，参加在南戴河召开的教委科技委主任会议。

8 月 13—18 日，与张丽珠去内蒙古大学访问和交流。

8 月 29 日—9 月 4 日，作为全国政协科技委小组成员，去大连调查科技界改革情况。

9 月 4 日，主持在天津南开大学召开的中国晶体学会“纪念伦琴发现 X 射线 100 周年暨第六届全国 X 射线分析学术会议”并做报告。

9 月 10 日，荣获北京大学首届自然科学研究突出贡献奖。

9 月 17 日，接待来北京大学访问的美国 A & M 大学的 D.W.Goodman

夫妇与德国的 H.Knoesinger 夫妇。

9 月 25 日，去沈阳东北大学访问，并参加理学院成立大会。

10 月 5—16 日，去江苏视察经济和科技发展情况。

10 月 28 日，接待来访的加州理工学院 R.Marcus 和夫人 Laura。

11 月 3 日，去南京大学访问并讨论科研项目。

11 月 9 日，接待来北京大学访问的英国 Sussex 大学的 M. Lappert 夫妇。

12 月，当选为中国晶体学会第一届理事会常务理事、理事长，任期四年。

12 月 2 日，参加九三学社教育医药委员会在清华大学甲所召开的研究生问题座谈会。

12 月 9—12 日，赴美国纽约访问。14 日，去纽约州立大学石溪分校拜访朱鹏年，18 日去波士顿学院访问潘毓刚，21 日，去 MIT 访问 Stephen Lippard 和 Alex Rich。30 日，西行去洛杉矶。

1995 年

1 月 7 日，赴 San Diego 参观 Scripps 研究所、Salk 研究所和加州大学分校并访问 Nguyen-Huu Xuong。

1 月 26 日，回到北京。

2 月 7—10 日，参加在北京大学勺园召开重大科学工程项目“功能体系的分子工程学研究”中期评议会。

2 月 20 日，受聘为中国科学院化学研究所“分子科学研究中心”顾问。21 日，去中科院化学所祝贺该中心成立。

4 月 17 日，在香山饭店参加 21 世纪基础研究发展战略研讨会，18 日下午发言。

4 月 24 日，中国化学会聘请其担任物理化学学科委员会主任。

4 月 30 日，赴清华大学参加叶企孙雕像揭幕仪式。

5 月，因“南瓜家族丝氨酸蛋白酶抑制剂的结构功能关系研究及改造”获得国家教委颁发的二等奖。

5 月 4 日，参加生物系七十周年庆祝会。

6 月 1 日，被聘为第四届国家自然科学奖评审委员会副主任委员，任期三年。

6 月 21 日，赴昆明视察云南科研机构改革情况。

9 月，被清华大学聘化学系兼职教授。

9 月 3—4 日，主持中国晶体学会在天津南开大学召开的理事会“纪念伦琴发现 X 射线 100 周年暨第六届全国 X 射线分析学术会议”，并发言。

9 月 5 日，参加 Roentgen 发现 X 射线百周年纪念会。

9 月 16 日，参加香港求是科技基金会颁奖典礼。

9 月 18 日，接待来北京大学访问、讲学的加州理工学院的陈长谦（Sunney Chan）教授。

9 月 19 日，在化学南楼召开物理化学研究所大会。

9 月 29 日，被北京大学任命为物理化学研究所所长，羌笛、林炳雄、杨培增为副所长。

11 月 4 日，在昆仑饭店与胡启恒一起代表全国政协接待英国议会与科学委员会代表团。简要介绍了政协科技组近年来在我国政治经济生活中实行“政治协商，民主监督”发挥作用的情况，并表示希望与英“议科委”进一步加强友好往来。

11 月 20—26 日，赴泰国曼谷参加亚太地区晶体学会举办的学术报告会。

12 月 18 日，被国家科委任命为国家科学技术奖励评审委员会委员，任期三年。

1996 年

1 月 16 日，在天竺苑参加学位委员会学科评议组会，博士点开始考虑按一级学科来评选。

1 月 19 日，中科院邀请参加“八五”基础性研究重大项目“材料表、界面和大分子的扫描隧道显微镜研究”的验收会议。

1 月 23 日，赴上海参加宝山钢铁公司发展战略讨论会。

4 月 12 日，赴上海访问同济大学。16 日，在同济大学做“化学科学的继往开来”报告。

5 月 21—24 日，赴沈阳参加辽宁省政协讨论科技兴省的会议。

5 月 26 日，在中科院客座公寓参加中国化学会召开的物理化学学科委员会全体会议。

6 月 3—8 日，参加中国科学院第八次院士大会。

6 月 21 日，接待来北京大学讲学的美国天主教大学的丘应楠。

7 月 29—31 日，攀登项目——生命过程中重要化学问题研究验收。

7 月，主编的《中国科技专家传略·理学篇·化学卷 2》出版。

8 月 2 日，赴美国洛杉矶。

8 月 8—14 日，参加在西雅图召开的第 17 届 IUCr 大会的开幕式。27 日访问美国波士顿科学馆。

8 月 20 日，为攀登项目——功能体系的分子工程学研究的验收做准备，召开专家委员会会议。

9 月 14 日，会见 Amgen 公司的林富坤夫妇。

9 月 15 日，会见加州理工学院的陈长谦夫妇。

9 月 25 日，中科院化学所举行建所四十周年庆祝会，前往祝贺并讲话。

10 月 5 日，与宋心琦、刘啸天、华彤文和张泽莹讨论《化学与社会》的编写和出版工作。

10 月 9—12 日，攀登项目——功能体系的分子工程学研究验收。

10 月 17 日，在北京接受何梁何利化学奖。

10 月 25 日，被聘为中国博士后科学基金会第三届理事会理事。

10 月 28 日，赴上海有机所参加了生命有机和有机合成实验室的学术委员会会议。

11 月 14 日，赴杭州浙江大学参加“高校 21 世纪科技发展战略研讨会”，与国家教委科技委管理学部同人一起讨论大学改革问题，为高校科技系统 21 世纪发展战略研究立项提供科学依据和研究思路。

12 月 5 日，国家教委聘请其担任“第一届韩中青年学术奖”中方审议委员会委员。27 日，参加在凯宾斯基饭店举行的中韩青年学术奖颁奖仪式。

12 月 13—17 日，赴深圳大学参加“内地同香港地区大学科研合作和人才培养研讨会”，提出今后加强两地高校在科研合作和人才培养方面可采取的合作内容和模式、实施措施及其有关政策性建议等，从而推动两地高校合作和交流更加有效地向前发展。

1997 年

2 月，受邀出席中科院“九五”基础性研究重大项目“分子电子学——分子材料和器件的基础研究”可行性论证会。

4 月上旬，与唐敖庆教授上书领导阐述化学学科之意义和作用。

4 月 27 日，赴西安参加光机所侯洵主持的学术委员会年会。

4 月，受邀参加香山科学会议第 75 次学术讨论会“关于中国科学政策”。

5 月 9—10 日，随中科集团去秦皇岛参观开发区。

5 月 14 日，赴上海参加同济大学 90 周年校庆，并在报告会中阐述了生命科学与化学的关系。

6 月 2 日，参加清华高等研究中心成立仪式。

6 月 23 日，赴上海有机化学研究所参加生命有机实验室学术会议。

6 月，与孙亦樑教授一起主编的《当代化学前沿》出版。

7 月，与王夔主编的为全国文管类各专业编写的化学教材《化学与社会》由高等教育出版社出版。

9 月 16 日，赴浙江大学参加求是奖颁奖仪式。

9 月 18 日，在北京列席党的十五大闭幕式。

10 月 31 日，赴香港中文大学访问，并做题为“生命科学与结构分析”的报告。

11 月 18 日，与教委同志座谈如何加强科技委作用的问题。

11 月 19 日，在北京大学勺园召开中国晶体学会理事会。

11 月 21 日，结合北京大学百年志庆，向学生讲生命科学进入分子水平的历史和展望。

11 月 26—29 日，应韩方邀请，率团赴韩参加“第二届中韩青年学术奖”颁奖典礼。

12月4日，攀登项目——生命过程召开新一届专家委员会，退居顾问。

12月7—17日，赴韩国首尔考察韩国科技方面成功经验。

12月19—21日，教委科技委开年会，科技委换届，退为国家教委科技委第四届委员会顾问。

1998年

1月23日，在全国政协总结考察韩国经济和科技发展模式的收获。

2月23日，在中科院物理所参加中科院五个所改革试点阶段总结交流会。

3月24日，接待为霍奇金写传记的女作家 Georgina Ferry。

3月28日—4月5日，赴日本访问，先到东京地区，然后去大阪大学，并参观新建的 Ring8 同步加速器实验基地。

4月，在政协会议上对工作草案进行讨论时发言，提出民主监督要落到实处。

4月22日，担任九三学社中央院士委员会委员。

5月2日，加州理工学院的 R. Marcus 应邀来北京访问。5日，在听鹂馆接待了 R. Marcus 等参加化学院学术报告会的化学家们。

5月3日，主持化学院的学术报告会，下午做了题为“展望今后化学之发展”的报告。

5月4日，在人民大会堂参加北京大学百年华诞庆祝大会。

6月17日，赴上海有机化学研究所研究有关攀登项目的情况和问题。

6月27—28日，九三学社院士委员会受哈尔滨东方集团邀请前往联系合作事宜。

7月20日，在化学研究生暑期学校开学典礼上作为学术委员会的代表发言。

8月4—5日，赴青岛参加《中国科学》和《科学通报》编委会。

10月11日，赴马来西亚参加亚太地区晶体学报告会。

10月27—30日，赴上海参加在华东师范大学举行的“大一化学教学研讨会”，并做题为“化学是个怎样学科”的报告。

12 月 1 日，在科技大会堂参加科技奖评委会大会。

12 月 14 日，赴美探亲。

1999 年

2 月 22 日，从东京飞北京。

2 月 24—26 日，参加在北京召开的基金委生命科学部与化学学部“九五”交叉重大项目“蛋白质组以及蛋白质结构动态变化与其生物功能关系”论证会。

3 月 30 日，在北京大学勺园召开中国晶体学会理事会。

4 月 9 日，去中科院化学所参加论证科研方向的会议。

5 月 25 日，赴大连化学物理研究所祝贺建所 50 周年，并做了题为“展望化学之未来：机遇与挑战”的报告。在舒玉英陪同下观看了大连的建设和发展。

7 月 11 日，赴昆明主持中国晶体学会第二次代表大会，会议选出了新的理事长和副理事长等，会后参观昆明世博会。

7 月 28 日，北京大学推荐《化学与社会》一书为教育部科学技术进步奖。

8 月 3—21 日，赴英国伦敦转往格拉斯哥（Glasgow）参加第 18 届 IUCr 大会。

9 月 8 日，教师节前夕，李岚清副总理、陈至立部长和林文漪副市长等在陈佳洱校长陪同下来燕东园家中看望。

9 月 12—14 日，参加在香山饭店召开的生物系统“973”研究项目评议会议。

9 月 22 日，去科学出版社庆祝成立 45 周年。

9 月 27 日，在北京大学勺园参加北京大学庆祝新中国成立 50 周年的招待会。

10 月 1 日，去天安门观礼，留下军容严整、文采多姿和物质无虞的深刻印象，多年不观礼，大有今非昔比之感。

10 月 2 日，去北京展览馆参观新中国成立 50 年成就展。

10月12—15日，参加中科院增补院士的会议。

10月23日，《光明日报》的徐昙和龚宇一到家中采访。

11月1日，在人民大会堂庆祝中国科学院成立50周年。

12月1日，在电化教室对北京大学同学做“原子分子史话”的演讲。

12月，主编的《中国科学技术专家传略·理学篇·化学卷3》出版。

2000年

退出所有行政职务。

1月20日，主编的《化学与社会》一书获得教育部的科技进步奖二等奖。

7月，被聘生为中国科学院化学研究所第九届学术委员会委员，任期四年。

7月，《物理化学学报》和《化学学报》发文庆祝其八十寿辰暨执教50周年。

2001年

1月8—10日，随中国专家网院士、校长交流访问团到香港访问。访问了香港大学、香港中文大学、香港科技大学、香港理工大学、城市大学等大学和香港土木工程署、香港环境保护署、香港贸易发展局等政府机关。

4月25日，北京分子动态与稳态结构国家重点实验室和学术委员会换届，退为名誉主任。

2002年

5月17—19日，在上海有机所参加“973”项目“创造新物质的分子工程学”中期检查评估预备会议。

12月3日，出席九三学社第八次全国代表大会开幕式。

2003年

3月6日，被任命为九三学社中央院士委员会委员。

9 月，《科学时报》创刊 45 周年，题词赠与《科学时报》："科教兴国既有赖于而又必将带动体制改革和人才培育。"

12 月，参加中国科协第二届"科蕾奖"颁奖大会。

2004 年

2 月 10 日，因"银、铜等金属簇合物及富勒烯金属配合物的合成和结构研究"项目，获得国家教委颁发的科学技术奖二等奖。

4 月 23 日，在北京大学做"展望化学之未来"的学术报告。

6 月，被聘任为中国科学院化学研究所第十届学术委员会委员，任期四年。

2005 年

6 月，接受北京大学校报记者采访，讲述一位化学工作者的风雨人生路。

10 月 25 日，赴海南博鳌参加会议。

被聘为《物理化学学报》第二届编委会主任。

2006 年

1 月 25 日，因"使用单层分散型 CuCl/ 分子筛吸附剂分离一氧化碳技术"项目而获得国家教育部一等奖（第二完成人）。

2 月 20 日，为纪念汪猷先生百年诞辰，题词"热爱祖国、勤奋治学，科研硕果、道德风范，良师益友、学习榜样"并撰写纪念文章。

3 月 7 日，与抗癌新药双环铂的发明人杨旭清等一起，到科技部徐冠华部长办公室向徐部长等汇报国家（"863"）抗癌新药西药 I 类新药双环铂概况、构思及 I 期临床情况等。

春，接受《科学与无神论》杂志记者访问，内容包括从 19 世纪末、20 世纪初的物理化学革命到科学发现和创新的关系、科学发展与人文环境、宣传科学精神、创建和谐社会等问题。

6 月，与夫人张丽珠接受北京电视台《世纪之约》栏目专访，谈如何做学问。

8 月，接受《中国化工报》记者采访。报道“中外化学连接键——中国科学院院士、著名化学家唐有祺印象”刊登在《中国化工报》2006 年 9 月 5 日第 11 版上。

9 月，参加腾讯科技院士访谈节目，接受郭桐兴的访谈，漫谈治学之道。

10 月，赴长春光技所访问。

12 月，为悼念张青莲先生，撰写《张青莲：五十五年的良师益友》一文发表在 2007 年 1 月 12 日的北京大学校报第三版上。

2007 年

8 月 16 日，在家中接待到北京访问的诺奖得主 Lipscomb 教授。

10 月，参观西柏坡革命历史纪念馆。

11 月 9 日，与谢学锦、黄志镗、戴立信等在中科院化学所参加“王葆仁先生百年诞辰纪念会”，纪念恩师王葆仁。

2008 年

3 月，在北京大学为北京大学化学与分子工程学院、物理化学研究所的师生做了一场“我的科教人生”的报告。

5 月 4 日，参加北京大学 110 周年校庆。

因“创造新物质的分子工程学研究”项目研究团队在“973”计划实施中做出突出成绩获表彰。

11 月 10 日，将鲍林在其著作《不再有战争》中撰写的一段关于大国称霸的话译出，赠予《科学时报》创刊 50 周年纪念。

12 月 22 日，收藏了 60 余年来的重要专著和原始论文的《唐有祺文集》赠书仪式在国家科学图书馆举行。将 4 套《唐有祺文集》赠送给中国科学院国家科学图书馆。

2009 年

9 月，作文回顾新中国成立 60 年，分别回顾新中国成立第一个 30 年和第二个 30 年的经历。

10 月 31 日，参加在陕西师范大学举办的物理化学学报第三届编委会会议暨创刊 25 周年纪念活动，做总结发言。

11 月，获得北京大学 2009 年度国华杰出学者奖。

11 月 6 日，张存浩、徐如人等推荐《唐有祺文集》入选经典中国国际出版工程。

2010 年

3 月，为《曾昭抡评传》撰写书名。

5 月,《对称性原理》入选《北京大学百年化学经典》，由科学出版社出版。

5 月，与张丽珠一起接受《新民晚报》记者采访，谈夫妇二人携手共进的一生。14 日，该文以《试管婴儿之母与化学大家的伉俪情》为标题刊登在《新民晚报》家庭周刊 B1 版上。

7 月，为庆祝其九十华诞和对祖国教育科研事业的巨大贡献，物理化学学报编委会在《物理化学学报》出版一期特刊。

2011 年

6 月，参加了中国科学院的征文活动，提笔写下科研历程，讲述“心中的中国科学院”。

11 月 1 日，获得“我心中的中国科学院”征文活动特别奖。

附录二　唐有祺主要论著目录

化学研究论文

[1] Hans Zinsser, You—Chi Tang. X-ray observations on single crystals of carbonmonoxyhemoglobin from human fetal blood [J]. *Archives of Biochemistry and Biophysics*, 1951 (34): 81-85.

[2] You—Chi Tang, Linus Pauling. The structure of alloys of lead and thallium [J]. *Acta Crystallographica*, 1952 (5): 39-44.

[3] You—Chi Tang, J. H. Sturdtvant. The crystal structure of the complex of hexamethylenetetramine with manganous chloride [J]. *Acta Crystallographica*, 1952 (5): 74-82.

[4] 唐有祺. 近代物理学方法在充实与提高有机化合物结构理论中的作用 [J]. 化学通报，1953 (11): 492-500.

[5] 唐有祺，沈家树. 锑的硫化物的研究 I. 锑的三种无定形硫化物及其差热效应 [J]. 化学通报，1955 (3): 285-302.

[6] 唐有祺. 单质的晶体结构 [J]. 化学通报，1955 (11): 641-648.

[7] 唐有祺. 无机化合物的结晶化学 I. 离子化合物通论 [J]. 化学通报，1956 (1): 12-24.

[8] 唐有祺，郝润蓉，周公度. 丙烯醛亚硫酸氢钠加合物的晶体结构 [J]. 化学学报，1956（5）：391–408.
[9] 唐有祺，桂琳琳. 论无水亚硫酸钠的晶体结构 [J]. 化学学报，1956（6）：572–577.
[10] 唐有祺，贾寿泉，邵美成，等. 三硫化四磷的晶体结构 [J]. 北京大学学报（自然科学版），1956（2）：233–246.
[11] 唐有祺，周公度，郝润蓉. 矾石矿中物相的研究 [J]. 化学学报，1957（1）：40–51.
[12] 唐有祺，华彤文，廖桂芬，等. 漂白粉的水分及其稳定性 [J]. 化学学报，1957（1）：52–67.
[13] 周公度，唐有祺. 二亚硒酸三氩钠 $NaH_3(SeO_3)_2$ 的晶体结构 [J]. 科学通报，1957（10）：299–300.
[14] 彭志忠，周公度，唐有祺. 葡萄石的晶体结构 [J]. 科学通报，1957（11）：330–331.
[15] 周公度，唐有祺. 亚硫酸盐和亚硒酸盐结构化学的研究 I ——二亚硒酸三氢钠的晶体结构 [J]. 北京大学学报（自然科学版），1958（2）：201–213.
[16] 彭志忠，周公度，唐有祺. 葡萄石的结构 [J]. 化学学报，1959（1）：56–64.
[17] 周公度，陆照发，唐有祺. 苯甲腈 Stephen 反应中间物的晶体结构 [J]. 化学学报，1959（1）：65–72.
[18] 唐有祺，韩德刚，赵国玺. 十年来我国物理化学的进展 [J]. 化学通报，1959（10）：9–26.
[19] 徐广智，唐有祺. 炭黑的电子磁共振谱 [J]. 科学通报，1962（2）：33–34.
[20] 徐广智，唐有祺. 芳胺与卤素的分子络合物的电子磁共振谱 [J]. 科学通报，1962（10）：35–36.
[21] 徐广智，唐有祺. V_2O_5 体系催化剂的电子磁共振谱 [J]. 科学通报，1963（1）：53–54.

[22] 徐广智，陈素明，唐有祺. $Na_2O-V_2O_5-P_2O_5$ 体系的电子磁共振谱 [J]. 科学通报，1963（2）：52-54.

[23] 徐广智，陈素明，唐有祺. 稳定在催化剂 $SiO_2-Al_2O_3$ 表面上的芳胺自由基的电子磁共振谱 [J]. 科学通报，1963（6）：49-51.

[24] 徐广智，黄寿龄，唐有祺，胡日恒. 简单的电子磁共振波谱仪 [J]. 化学学报，1963（6）：373-378.

[25] Shu Kwang-tze，Tang You-chi. Electron Spin Resonance Absorption Spectra of Aromatic Amine-Halogen Complexes [J]. *Science in China* (*Ser.*A)，1963（8）：1240-1241 .

[26] Shu Kwang-tze Tang You-chi . Electron Spin Resonance Spectra of Free Radical Salts of Tetrachloro-p-Benzoquinone[J]. *Science in China* (*Ser. A*)，1963（8）：1241-1242 .

[27] 唐有祺. 有机物的电子结构理论问题 [J]. 科学通报，1964（1）：35-48.

[28] 唐有祺. 晶体结构与分子的立体构型 [J]. 科学通报，1964（5）：395-405.

[29] 徐广智，陈素明，唐有祺. Electron Spin Resonance Spectra of the $Na_2O-V_2O_3-P_2O_5$ System [J] . *Science in China* (*Ser.*A)，1964（3）：520-522.

[30] 邵美成，唐有祺. EDTA 及其螯合物的结构化学 [J]. 化学通报，1979（6）：29-43.

[31] 唐有祺. 化学中共振的本质和键型变异原理 [J]. 科学通报，1980（17）：783-785.

[32] 杨清传，唐有祺，唐雯霞，等. 二异丙基胺丙二酸根合铂晶体结构和分子结构 [J]. 科学通报，1981（19）：1172-1176 .

[33] 杨清传，唐有祺，唐雯霞，等. 反式二氯二 L- 苯丙氨酸乙酯合铂分子结构和晶体结构 [J]. 物理学报，1982（11）：1558-1563.

[34] 唐有祺，李根培，金祥林，等. 鹤草酚的晶体结构和分子结构 [J]. 化学学报，1982（3）：193-200.

[35] 李根培，唐有祺. 棉酚·醋酸加合物的晶体结构 [J]. 科学通报，1982 (18)：1113–1118.

[36] Meicheng Shao, Xianglin Jin, Youqi Tang, *et al*. Remarks on the structural evidence of high reactivity of arsonium ylides bearing with an electron—withdrawing substituent [J]. *Tetrahedron Letters*, 1982, 23 (50): 5343–5346.

[37] 郭国霖，谢有畅，唐有祺. $TiCl_4$，$MgCl_2$ 和酯络合物的晶体结构和光谱性质——Ziegler–Natta 高效聚丙烯催化剂结构研究之一 [J]. 中国科学（B 辑），1983 (6)：481–489.

[38] 李根培，唐有祺. The cystal sructure of the 1–1 addition compound of gossypol with acetic acid [J]. *Science Bulletin*, 1984 (1): 45–58.

[39] 汤卡罗，金祥林，唐有祺. 钼硫原子簇新化合物 $(NH_4)_4[Mo_3(NO)_4S_{13}]\cdot 3H_2O$ 的合成和结构 [J]. 中国科学（B 辑），1984 (1)：17–23.

[40] 邵美成，王丽峰，唐有祺. 二乙酰丙酮氧钒与吡啶络合物的晶体结构 [J]. 科学通报，1984 (2)：86–90.

[41] 郭国霖，谢有畅，唐有祺. The crystal structure and spectroscopic properties of the complexes formed by $TiCl_4$ and $MgCl_2$ with esters—A Research on the structure of highly efficient catalysts for polypropylene [J]. *Science in China* (*Ser.*B), 1984 (1): 1–11.

[42] 邵美成，王丽峰，唐有祺. The crystal structure of sixcoordinated complex of vanadyl bisacetylacetonate with a sixth pyridine ligand [J]. *Chinese Science Bulletin*, 1984 (6): 759–764.

[43] 谢有畅，钱民协，唐有祺. The effect of additive La_2O_3 on the dispersion and thermostability of nickel in metheanation catalyst [J]. *Scientia Sinica* (*Series* B), 1986, (6): 549–557.

[44] 严友为，董贻诚，唐有祺. 叔丁氧羰酰 –L– 甲硫氨酰甘氨酸乙脂的晶体结构 [J]. 中国科学（B 辑），1985 (2)：128–135.

[45] 白春礼，傅亨，唐有祺. 3– 乙酰基 –8– 苯基辛三烯 –3，5，7– 酮 –2 的构象研究 [J]. 中国科学（B 辑），1985 (4)：289–294.

[46] 徐广智，王殿勋，唐有祺. 卤代甲烷、乙烷、乙烯、乙炔的 XPS 与 NMR 参数的关联 [J]. 科学通报，1985（1）：511-513.
[47] 郭国霖，徐小杰，唐有祺. 氯化镁和乙酸乙酯络合物的晶体结构 [J]. 科学通报，1985（20）：1548-1550.
[48] 周建威，徐广智，唐有祺. 自旋捕捉技术在 Ph_3M（M=N，P，As，Sb，Bi）光解反应中的应用 [J]. 物理化学学报，1985（1）：6-11.
[49] 郭国霖，谢有畅，唐有祺. 钛醚络合物对 $3TiCl_3 \cdot AlCl_3$ 催化剂表面结构的影响 [J]. 物理化学学报，1985（1）：57-65.
[50] 白春礼，傅亨，唐有祺. 4，4' - 二苯甲酰基联苯构象的分子力学研究 [J]. 物理化学学报，1985（3）：205-206.
[51] 桂琳琳，钟边笑，唐有祺. $MoO_3-\gamma-Al_2O_3$，MoO_3-TiO_2，MoO_3-SiO_2 的氨溶性质及表面状态的研究 [J]. 物理化学学报，1985（3）：222-231.
[52] 白春礼，傅亨，唐有祺，等. 导电高聚物的 EXAFS 研究（Ⅰ）铂氯酸（$H_2PtCl_6 \cdot 6H_2O$）掺杂的聚乙炔 [J]. 物理化学学报，1985（2）：162-168.
[53] 邵美成，唐有祺. 鲍林电价规则与键价理论 [J]. 大学化学，1986（1）：3-13.
[54] 金祥林，金奕彦，唐有祺. 三硫代 - α - 过萘甲酸基吡啶合铜的二聚体的合成和结构 [J]. 化学学报，1986（6）：580-583.
[55] 郭国霖，唐有祺. $3TiCl_3 \cdot AlCl_3$ 系催化剂表面结构研究——给电子体的络合诱导迁移作用 [J]. 中国科学（B 辑），1986（8）：795-804.
[56] 赵璧英，姚小强，唐有祺. $ZnO/\gamma-Al_2O_3$ 体系的状态和表面结构的研究（Ⅱ）[J]. 物理化学学报，1986（6）：569-572.
[57] 万超志，徐广智，唐有祺. 银电极的 SERS- 活性位与可逆吸附现象 [J]. 化学通报，1986（6）：21-22.
[58] 周建威，徐广智，唐有祺. 活泼中间体的自旋捕捉技术——高压液相色谱 - 电子自旋共振研究方法 [J]. 感光科学与光化学，1987（1）：25-29.

[59] 郭国霖，唐有祺. A Study on surface structure of $3TiCl_3 \cdot AlCl_3$ catalysis system—The coordination-induced migration effect of donor [J]. *Science in China* (*Ser.*B), 1987 (4): 355-366.

[60] 张泽莹，唐有祺，殷建国，等. η4-烯烃卡宾络合物的晶体结构和分子结构 [J]. 科学通报，1987 (9): 676-679.

[61] 郭国霖，尚振海，唐有祺. 甲醛在 Ni (110) 面上分解的分子轨道研究 [J]. 物理化学学报，1987 (3): 306-312.

[62] 廖代清，傅亨，唐有祺. 应用晶体结构数据进行化学反应途径研究 I 五配位钼化合物 $Mo(L)_5$ 的动态立体化学 [J]. 物理化学学报，1987 (5): 449-452.

[63] 邵美成，董迅，唐有祺. 三齿配体酰（氧）钒配合物的晶体结构研究——Ⅱ [J]. 中国科学（B 辑），1987 (11): 1142-1150.

[64] 毛希安，徐广智，唐有祺，等. 多核 NMR 在相图研究中的应用 [J]. 物理化学学报，1987 (5): 547-550.

[65] Youqi Tang, Nianzu Wu, Linlin Gui, *et al*. Application of XPS to studying of Y-Ba—Cu-O superconductor [J]. *International Journal of Modern Physics* B, 1987, 1 (2): 379-382.

[66] 唐有祺，吴念祖，桂琳琳，等. 利用 XPS 研究 Y-Ba-Cu-O 超导体（Ⅱ）[J]. 物理化学学报，1988 (2): 113-116.

[67] 唐有祺，林炳雄，张婉静，等. Preparative and structural studies on the supercpnducting phase $YBa_2Cu_3O_{7-d}$ [J]. *Science in China* (*Ser.*B), 1988 (5): 513-522.

[68] 邵美成，董迅，唐有祺. Crystal structure investigation of vanadyl complexes of tridentate ligend (Ⅱ) [J]. *Science in China* (*Ser.*B), 1988 (7): 789-799.

[69] 张泽莹，唐有祺，殷建国，等. Crystal and molecular structures of η4-Olefin carbene complexs [J]. *Science Bulletin*, 1988 (11): 1431-1435.

[70] 唐有祺，林炳雄，张婉静，等. 超导相 $YBa_2Cu_3O_{7-d}$ 的制备与结构研

究［J］. 中国科学（B辑），1988（11）：1123–1130.

［71］唐有祺，张玉芬，郑香苗，等. 高Tc $YBa_2Cu_3O_{7-\delta}$ 起导相生成的机理［J］. 物理化学学报，1988（3）：234–238.

［72］唐有祺，吴念祖，桂琳琳，等. 利用XPS研究Y–Ba–Cu–O超导体（Ⅰ）［J］. 物理化学学报，1988（1）：4–7.

［73］Qicheng Huang, Yanlong Qian, Youqi Tang, *et al*. X–ray crystal structures of bis（cyclopentylcyclopentadienyl）titanium dichloride and bis（cyclohexyl—cyclopentadienyl）titanium dichloride［J］. *Journal of Organometallic chemistry*, 1988（340）：179–185.

［74］Youqi Tang, Bingxiong Ling, Yufen Zhang. Preparative and structural studies on the superconducting phase YBa_2Cu30_{7-d}［J］. *Progress in High-Temperature Superconductivity*, 1988（7）：51–70.

［75］YOUQI TANG, BINGXIONG LIN, XIANGMIAO ZHENG, *et al*. Structural studies on the superconducting phase $Bi_4Sr_4Ca_2Cu_4O_{20-\delta}$［J］. *Modern Physics Letters*, 1988, B2（2）：551–557.

［76］YOUQI TANG, BINGXIONG LIN, WENJIE ZHU, *et al*. Preparative and structural studies on the superconducting phase $Tl_2Ca_2Ba_2Cu_2O_8$［J］. *Modern Physics Letters*, 1988, B2（6）：799–804.

［77］YOUQI TANG, BINGXIONG LIN, YUFEN ZHANG, *et al*. Preparative and structural studies on the superconducting phase $Tl_2Ca_2Ba_2Cu_{3010}$［J］. *Modern Physics Letters*, 1988, B2（10）：1143–1149.

［78］杨清传，唐有祺，钟维烈，等. $Li_{0.025}Na_{0.975}NbO_3$ 低温铁电相变及晶体结构［J］. 物理化学学报，1989（1）：7–9.

［79］朱永法，桂琳琳，唐有祺. 负载型 TiO_2 γ–Al_2O_3 体系的制备及其表面状态表征［J］. 催化学报，1989（2）：118–122.

［80］刘英骏，付立郡，唐有祺. NiO在 TiO_2 载体表面的分散状态［J］. 分子催化，1989（3）：173–180.

［81］TANG YOUQI, LIN BINGXIONG, ZHOU DINGYUAN, *et al*. Preparative and structural studies on the superconducting phase $Tl_2Ca_3Ba_2Cu_4O_{12}$

[J]. *Modern Physics Letters*, 1989, B3 (11): 853–858.

[82] 刘佐才，邵美成，唐有祺. 2，2′ –四甲撑二氧二（8–N– 水杨叉亚胺萘）铜配合物的晶体结构 [J]. 高等学校化学学报，1990（1）: 58–61.

[83] 桂琳琳，朱永法，唐有祺. MoO_3 负载在新型 Ti O_2– γ –Al_2O_3 载体上的表面状态与性质 [J]. 物理化学学报，1990（4）: 392–398.

[84] 唐有祺，桂琳琳. 晶体和表面结构研究 [J]. 大学化学，1990（4）: 19–21.

[85] 刘英骏，唐有祺. X 光衍射相定量外推法测定活性组分在载体表面的分散阈值 [J]. 化学通报，1990（10）: 35，19–41.

[86] 唐有祺，李根培，陈忠国，等. Crystal structure of the complex of Mung Bean trypsin inhibitor lysine active fragment with bovine trypsin at 1.8 A resolution [J]. *Chinese Chemical Letters*, 1990, 1 (1): 6l–64.

[87] Y.–C. XIE, Y.–Q. TANG. Spontaneous monolayer dispersion of oxides and salts onto Surface of supports: Application to heterogeneous catalysis [J]. *Advances in Catalysis*, 1990 (37): 1–44.

[88] 杨清传，李一莉，唐有祺，等. N– 苯基苯二甲酰亚胺和 2– 苯基喹噁啉晶态分子动力学行为研究 [J]. 物理化学学报，1991（1）: 77–81.

[89] 郭国霖，陈月华，唐有祺. 表面分散过程的分形研究 [J]. 物理化学学报，1991（2）: 202–206.

[90] 陈学安，傅亨，唐有祺，等. 结构调制对 $Bi_2Sr_2CuO_6$ 电子结构的影响 [J]. 物理化学学报，1991（4）: 396–399.

[91] 唐有祺. 分子工程学学科建设刍议 [J]. 功能高分子学报，1992（2）: 82–86.

[92] 陈学安，傅亨，唐有祺. 金属氧化物超导体晶体结构和电子结构计算的进展 [J]. 物理化学学报，1992（2）: 279–287.

[93] 唐有祺. 生命及其分子机器 [J]. 大学化学，1992（1）: 1–6.

[94] Q Huang, S Liu, Y Tang, *et al*. Amino acid sequencing of a trypsin inhibitor by refined 1. 6A X–ray crystal structure of its complex with

porcine β-trypsin [J]. *Federation of European Biochemical Societies*, 1992, 297 (1, 2): 143-146. .

[95] 谢有畅，汪传宝，唐有祺. 盐类在载体表面上自发分散的研究 [J]. 中国科学（B 辑），1993 (2): 113-119.

[96] 赵璧英，王秋霞，唐有祺. V_2O_5 在硅胶表面的分散及助剂 K_2SO_4 作用的研究 [J]. 物理化学学报，1993 (2): 187-192.

[97] 谢有畅，汪传宝，唐有祺. KCl、NaCl 在分子筛载体上的分散阈值研究 [J]. 物理化学学报，1993 (6): 735-739.

[98] 方晔，白春礼，唐有祺. 三链 DNA 的结构研究进展 [J]. 化学通报，1993 (11): 1-6.

[99] 谢有畅，汪传宝，唐有祺. 碱金属卤化物与 NaA 分子筛之间的固态离子交换反应 [J]. 化学学报，1993 (8): 774-779.

[100] 赵璧英，王秋霞，唐有祺. V_2O_5 在硅胶表面的分散及助剂 K_2SO_4 作用的研究 [J]. 物理化学学报，1993 (2): 187-192.

[101] 来鲁华，王任小，唐有祺. 有机化合物脂水分配系数 logP 的计算 [J]. 物理化学学报，1994 (11): 963-965.

[102] 唐有祺，黄其辰. 两种核糖体失活蛋白的活性中心几何构型和反应机理的结晶学研究 [J]. 自然科学进展，1994 (5): 523-531.

[103] 唐有祺，谢有畅，桂琳琳. 氧化物和盐类在载体表面的自发单层分散及其应用 [J]. 自然科学进展，1994 (6): 642-652.

[104] 张若蘅，徐筱杰，唐有祺. 基因调控中的 DNA 结合蛋白 [J]. 化学进展，1994 (4): 280-293.

[105] 郭国霖，桂琳琳，唐有祺. 纳米微孔与纳米技术 [J]. 大学化学，1994 (5): 6-9, 33.

[106] Yuan Wang, Lin-Lin Gui, You-Qi Tang. A strategy for synthesis of polymer —protective bimetallic colloids [J]. *Chinese Journal of Chemistry*, 1994, 12 (1): 11-18.

[107] 赵璧英，马华容，唐有祺. 制备方法对 MoO_3 / ZrO_2 结构的影响及 MoO_3 / ZrO_2 固体超强酸的结构特征 I. ZrO_2 的形态与样品比

表面的研究［J］. 催化学报，1995（3）：171–176.

［108］赵璧英，马华容，唐有祺. 制备方法对 MoO_3 / ZrO_2 结构的影响及 MoO_3 / ZrO_2 固体超强酸的结构特征Ⅱ. 活性组分存在形态的研究［J］. 催化学报，1995（3）：177–182.

［109］来鲁华，徐筱杰，唐有祺. 蛋白质的结构预测和分子设计［J］. 自然科学进展，1995（1）：2–6.

［110］Q.–C. Huang, S.–P. Liu, Y.–Q. Tang, *et al*. Studies on crystal structures, active—centre geometry and depurinating mechanism of two ribosome—inactivating proteins［J］. *Biochemical Journal*，1995（309）：285–298.

［111］Yue Hua CHEN, You Lin Guo, You Chi TANG. Nonlinear dynamics in the sol—gel process［J］. *Chinese Chemical Letters*，1995，6（7）：621–624.

［112］张若蘅，徐筱杰，唐有祺. 应用反相高效液相色谱法分析纯化化学合成肽［J］. 色谱，1996（3）：182–184.

［113］罗胜成，桂琳琳，唐有祺. TiO2–Al_2O_3 复合载体的比较研究［J］. 物理化学学报，1996（1）：7–11.

［114］罗胜成，桂琳琳，唐有祺. MoO_3 TiO_2–Al_2O_3 对 H_2S 吸附的 XPS 研究［J］. 物理化学学报，1996（4）：341–345.

［115］QC Yang, HM Li, WL Huang. 2，2–Dimethyl–6–nitro–3，4–dihydro–2H–benzo［b］pyran–4–one O–benzoyloxime［J］. *Acta Crystallographica*，1996（C52）：2920–2922.

［116］Tang K, Jing X, Tang Y. Insertion of CS2 into M–S Bond and its Application in Synthesis of Clusters［J］. *Reviews On Heteroatom Chemistry*，1996（15）：83–114.

［117］谢有畅，唐有祺. 氧化物和盐类在分子筛内外表面及孔穴中的自发分散及其应用［J］. 北京大学学报（自然科学版），1998（2–3）：302–308.

［118］唐有祺. 展望今后化学之发展［J］. 化学通报，1998（1）：6–9.

［119］曹傲能，来鲁华，唐有祺. 蛋白质全新设计的现状和展望［J］. 生

物化学与生物物理，1998（3）：197−201.

［120］谢有畅，钱民协，唐有祺. 添加剂 La_2O_3 对甲烷化催化剂中镍的分散度和热稳定性的影响［J］. 中国科学（B辑），1998（9）：788−795.

［121］徐筱杰，唐有祺. 晶体工程及其在化学中的应用［J］. 无机化学学报，2000（2）：157−166.

［122］王建锁，来鲁华，唐有祺. 化合物的预测毒理学和数据库开掘［J］. 科学通报，2000（4）：360−364.

［123］唐有祺. 展望化学之未来：挑战和机遇［J］. 大学化学，2000（6）：3−6.

［124］郭国霖，桂琳琳，唐有祺. 迎接分子机器［J］. 创新科技，2007（2）：42−43.

［125］唐有祺，徐如人，郭国霖，等. 分子工程学［J］. 化学通报，2011（11）：970−982.

化学教育、化学史、化学思想、译文及其他

［126］唐有祺. 对某一位教师的教学态度的意见［J］. 化学通报，1954（3）：123−124 .

［127］唐有祺. 关于化学书籍中表示电子的符号的问题［J］. 化学通报，1954（3）：137.

［128］唐有祺，柳正辉，卢凤才. 在布特列洛夫理论的光辉照耀下的有机化学的发展［J］. 化学通报，1954（3）：109−115.

［129］唐有祺. 第十一届国际晶体学大会［J］. 化学通报，1979（2）：34 .

［130］唐有祺. 努力培养又多又好的博士研究生［J］. 学位与研究生教育. 1985（1）：29−31.

［131］唐有祺. 总结新经验、研究新问题、不断改进研究生培养工作［J］. 学位与研究生教育，1985（4）：14−15.

［132］唐有祺. 谈谈双百方针与共振论［J］. 化学通报，1986（11）：11−13.

[133] 唐有祺. 漫谈对称性 [J]. 大学化学，1987（1）：1–12.
[134] 唐有祺. 我对基础研究的认识和感受 [J]. 中国科技论坛，1989（5）：14–16.
[135] 唐有祺. 化学之继往开来 [J]. 大学化学，1990（5）：1–3.
[136] 唐有祺. 培养学位研究生十年间 [J]. 学位与研究生教育，1991(1)：8.
[137] 唐有祺，唐立民. 对落实使博士生的培养立足于国内的建议 [J]. 民主与科学，1991（2）：17.
[138] 唐有祺. 结构化学及其发展和趋向 [J]. 百科知识，1991（5）：35–37.
[139] 唐有祺. 分子工程学学科建设刍议 [J]. 科学，1996（6）：8–10.
[140] 唐有祺. 向钱学森同志祝贺和学习 [N]. 人民日报，1992–11–04.
[141] 唐有祺. 漫谈结构化学 [J]. 化学通报，1992（9）：10–12.
[142] 唐有祺. 论化学学科的继往开来 [J]. 物理，1993（2）：65–67.
[143] 唐有祺. 中国的晶体学和晶体学界 [J]. 物理，1994（2）：65–67.
[144] 唐有祺. 饮水思源念故人忆往事 [J]. 中国科学院院刊，1994（4）：295–296.
[145] 华彤文，唐有祺. 化学的继往开来和化学教育 [J]. 中国高教研究，1995（3）：19–22.
[146] 唐有祺. 回忆我的恩师林奈斯·鲍林 [J]. 世界科学，1996（12）：36–37.
[147] 唐有祺. 世纪之交看化学之发展 [J]. 学会月刊，1999（5）：3–4.
[148] 唐有祺. 新中国学位制度二十华诞志庆 [J]. 学位与研究生教育，2001（1）：5.
[149] 唐有祺. 化学学科的发展历程 [J]. 化学世界，2002（10）：507–510.
[150] 唐有祺. 化学的回顾和展望 [J]. 世界科学，2003（4）：2–5.
[151] 唐有祺. 从劳厄发现晶体 X 射线衍射谈起 [J]. 物理，2003（7）：424–426.
[152] 唐有祺. 纪念劳厄发现晶体 X 射线衍射 100 周年 [J]. 物理，2012（11）：714–720.

著作

[153] 唐有祺. 结晶化学 [M]. 北京：高等教育出版社，1957.

[154] 唐有祺. 统计力学及其在物理化学中的应用 [M]. 北京：科学出版社，1964.

[155] 唐有祺. 对称性原理（一）[M]. 北京：科学出版社，1977.

[156] 唐有祺. 对称性原理（二）[M]. 北京：科学出版社，1979.

[157] 唐有祺. 化学动力学和反应器原理 [M]. 北京：科学出版社，1974.

[158] 唐有祺. 唐有祺文集 [M]. 北京：北京大学出版社，1998.

[159] 唐有祺. 分子科学和工程学 [M]. 石家庄：河北教育出版社，2003.

[160] 唐有祺. 唐有祺文集 卷一 [M]. 石家庄：河北教育出版社，2008.

[161] 唐有祺. 唐有祺文集 卷二 [M]. 石家庄：河北教育出版社，2008.

[162] 唐有祺. 唐有祺文集 卷三 [M]. 石家庄：河北教育出版社，2008.

[163] 唐有祺. 唐有祺文集 卷四 [M]. 石家庄：河北教育出版社，2008.

[164] 唐有祺. 唐有祺文集 卷五 [M]. 石家庄：河北教育出版社，2008.

[165] 唐有祺. 唐有祺文集 卷六 [M]. 石家庄：河北教育出版社，2008.

[166] 唐有祺. 唐有祺文集 卷七 [M]. 石家庄：河北教育出版社，2008.

[167] 唐有祺. 唐有祺文集 卷八 [M]. 石家庄：河北教育出版社，2008.

[168] 唐有祺. 生命的化学——生命过程中重要化学问题研究 [M]. 长沙：湖南科学技术出版社，1998.

[169] 唐有祺，桂琳琳. 逆向而行——功能体系的分子工程学研究 [M]. 长沙：湖南科学技术出版社，1997.

[170] 唐有祺，王夔. 化学与社会 [M]. 北京：高等教育出版社，1997.

[171] 唐有祺. 相平衡、化学平衡和热力学 [M]. 北京：科学出版社，1984.

参考文献

外文文献

[1] Fukui K. Role of Frontier Orbitals in Chemical Reactions [J]. *Science*, 1982, 218 (4574): 747–754.

[2] Hodgkin D C. Chinese Work on insulin [J]. *Nature*, 1975 (255): 103.

[3] Hoffmann R. Molecular Beauty [J]. *The Journal of Aesthetics and Art Criticism*, 1990, 48 (3): 191–204.

[4] Hoffmann R. How Should Chemists Think? [J]. *Scientific American*, 1993 (268): 66–73.

[5] Hoffmann R. The Same and not the Same [M]. New York: Columbia University Press, 1995.

[6] Huang Q C, Liu S P, Tang Y Q, et al. Amino Acid Sequencing of a Trypsin Inhibitor by Refined 1. 6A X–ray Crystal Structure of its Complex with Porcine β–trypsin [J]. *Federation of European Biochemical Societies*, 1992, 297 (1, 2): 143–146.

[7] Morris P J T. From Classical to Modern Chemistry: The Instrumental Revolution [M]. Cambridge: Royal Society of Chemistry, 2002.

[8] Noyes A A, Standish M. A Course of Study in Chemical Principles [M]. 2nd

ed. New York: The Macmillan Company, 1938.

[9] Pauling L, Wilson E B. Introduction to Quantum Mechanics with Applications to Chemistry [M]. New York: Dover Publications, 1985.

[10] Perutz M F. Linus Pauling 1901–1994, Obituary [J]. *Nature Structural Biology*, 1994 (1): 667–671.

[11] Segal S M, Busse T V, Mansfield R S. The Relationship of Scientific Creativity in the Biological Sciences to Predoctoral Accomplishments and Experiences [J]. *American Educational Research Journal*, 1980, 17 (4): 491–502.

[12] Tang Y C, Pauling L. The Structure of Alloys of Lead and Thallium [J]. *Acta Crystallographica*, 1952 (5): 39–44.

[13] Tang Y C, Sturdtvant J H. The Crystal Structure of the Complex of Hexamethylenetetramine with Manganous Chloride [J]. *Acta Crystallographica*, 1952 (5): 74–82.

[14] Tang Y Q. Nature of Resonance in Chemistry and Principle of Bond Type Variation [J]. *A Monthly Journal of Science*, 1980 (12): 997–1001.

[15] Xie Y C, Tang Y Q. Spontaneous Monolayer Dispersion of Oxides and Salts onto Surface of Supports: Application to Heterogeneous Catalysis [J]. *Advances in Catalysis*, 1990 (37): 1–44.

中文文献

[16] 陈敏伯. 唐有祺先生《统计力学及其在物理化学中的应用》出版 50 周年断想. 中华读书报 [N]. 2014–07–30.

[17] 陈祖怡. 上海各图书馆概览 [M]. 北京：中国国际图书馆，1934.

[18] 崔乃夫. 中华人民共和国地名大词典（第 1 卷）. [M]. 北京：商务印书馆，1998.

[19] 段木干. 中外地名大辞典（6–7 册）. [M]. 台中：人文出版社，1981.

[20] 国家教育委员会教材和图书情报管理办公室. 首届全国高等学校优秀教材评奖文件资料汇编 [C]. 北京：北京大学出版社，1989.

[21] 华彤文，唐有祺. 化学的继往开来和化学教育 [J]. 教学与教材研究，1995（3）：16.

[22] 江铭. 中国教育督导史 [M]. 北京：人民教育出版社，1994.
[23] 教育部科学技术委员会编. 教育部“跨世纪优秀人才计划”成果选编（第1辑）[C]. 北京：高等教育出版社，2002.
[24] 刘忠范. 前进中的北京大学物理化学学科 [J]. 物理化学学报，2012，28（10）：2231–2236.
[25]（美）L. 鲍林著，卢嘉锡等译校. 化学键的本质 [M]. 上海：上海科学技术出版社，1966.
[26]（美）斯特赖尔（Stryer，L.）著，唐有祺等译校. 生物化学 [M]. 北京：北京大学出版社，1990.
[27] 上海市地方志办公室编. 上海辞典 [M]. 上海：上海社会科学院出版社，1989.
[28] 上海市南汇县县志编纂委员会编. 南汇县志 [M]. 上海：上海人民出版社，1992.
[29] 邵美成，唐有祺. EDTA 及其螯合物的结构化学 [J]. 化学通报，1979（6）：29–43.
[30] 邵美成，唐曾仁，宋时英，等. 乙二胺四乙酸钡的晶体结构 [J]. 中国科学，1979（3）：261–273.
[31] 邵美成，徐筱杰，唐有祺. 分子结构会议纪盛——兼谈晶体学在近代自然科学发展中的地位 [J]. 化学通报，1987（6）：61–62.
[32] 翁智远. 同济大学史（第1卷 1907–1949）[M]. 上海：同济大学出版社，1987.
[33]《王葆仁先生百年诞辰纪念文集》编委会. 王葆仁先生百年诞辰纪念文集 [M]. 杭州：浙江大学出版社，2009.
[34] 彭志忠，周公度，唐有祺. 葡萄石的结构 [J]. 化学学报，1959，25（1）：56–64.
[35] 唐道海. 视察省立上海中学商工两科报告 [J]. 江苏教育，1936（7）：144.
[36] 唐有祺. 近代物理学方法在充实与提高有机化合物结构理论中的作用 [J]. 化学通报，1953（11）：492–500.
[37] 唐有祺. 对某一位教师的教学态度的意见 [J]. 化学通报，1954（3）：123–124.
[38] 唐有祺. 关于化学书籍中表示电子的符号的问题 [J]. 化学通报，1954（3）：137.

[39] 唐有祺. 单质的晶体结构 [J]. 化学通报，1955 (11)：641-648.
[40] 唐有祺. 催化反应与吸附作用中的电子现象 [J]. 科学通报，1955 (10)：70-73.
[41] 唐有祺，沈家树. 锑的三种无定形硫化物及其差热效应 [J]. 化学学报，1955 (3)：285-302.
[42] 唐有祺，郝润蓉，周公度. 丙烯醛亚硫酸氢钠加合物的晶体结构 [J]. 化学学报，1956 (22)：391-408.
[43] 唐有祺，桂琳琳. 论无水亚硫酸钠的晶体结构 [J]. 化学学报，1956 (22)：572-577.
[44] 唐有祺，华彤文，廖桂芬，等. 漂白粉的水分及其稳定性 [J]. 化学学报，1957 (1)：52-68.
[45] 唐有祺，周公度，郝润蓉. 矾石矿中物相的研究 [J]. 化学学报，1957(1)：40-51.
[46] 唐有祺，陆照发，周公度. 苯甲腈 Stephen 反应中间物的晶体结构 [J]. 化学学报，1959，25 (1)：65-72.
[47] 唐有祺，徐广智. 芳胺与卤素的分子络合物的电子磁共振谱 [J]. 科学通报，1962 (10)：35-36.
[48] 唐有祺. 有机物的电子结构理论问题 [J]. 科学通报，1964 (1)：35-48.
[49] 唐有祺. 结晶化学 [M]. 香港：商务印书馆，1975.
[50] 唐有祺. 唐有祺文集 [M]. 北京：北京大学出版社，1998.
[51] 唐有祺. 谈谈双百方针与共振论 [J]. 化学通报，1986 (11)：11-13.
[52] 唐有祺. 向钱学森同志祝贺和学习. 人民日报 [N]. 1992-11-04.
[53] 唐有祺. 论化学学科之继往开来 [J]. 物理，1993，22 (2)：65-67.
[54] 唐有祺，黄其辰. 两种核糖体失活蛋白的活性中心几何构型和反应机理的结晶学研究 [J]. 自然科学进展，1994 (5)：523-531.
[55] 唐有祺，谢有畅，桂琳琳. 氧化物和盐类在载体表面的自发单层分散及其应用 [J]. 自然科学进展，1994 (6)：642-652.
[56] 唐有祺. 分子工程学学科建设刍议 [J]. 科学，1996 (6)：8-10.
[57] 唐有祺. 唐有祺文集 [M]. 北京：北京大学出版社，1998.
[58] 唐有祺. 唐有祺教授八秩华诞志庆集 [C]. 石家庄：河北教育出版社，2000.

[59] 唐有祺. 分子科学和工程学 [M]. 石家庄：河北教育出版社，2003.
[60] 唐有祺，徐如人，郭国霖，等. 分子工程学 [J]. 化学通报，2011 (11)：970-982.
[61] 唐盛昌. 史品上中 菁英教育的缩影 [M]. 上海：上海教育出版社，2009.
[62] 汪大钧. 科学和友谊的盛会. 人民日报 [N]. 1978-08-06.
[63] 王秀花，李湘. 立足国内培养高质量的高层次专门人才——访国家教委科技委员会主任唐有祺教授 [J]. 中国高等教育，1996 (6)：14-15.
[64] 王学珍，王效挺. 北京大学纪事（1898-1997 下）[M]. 北京：北京大学出版社，1998.
[65] 国际流体力学和理论物理科学讨论会组织委员会. 科学巨匠师表流芳 [M]. 北京：中国科学技术出版社，1992.
[66]《现代科学技术简介》编辑组. 现代科学技术简介 [M]. 北京：科学出版社，1978.
[67] 谢有畅，桂琳琳，卜乃瑜，等. 聚乙烯高校催化剂的结构和机理研究 [J]. 中国科学. 1979 (7)：665-673.
[68] 新华社. 我国在世界上第一次人工合成结晶胰岛素. 人民日报 [N]. 1966-12-24.
[69] 熊卫民. 早期的胰岛素晶体结构测定工作——李根培教授访谈 [J]. 社会科学论坛，2005 (11)：125- 142.
[70] 徐广智，唐有祺. 炭黑的电子磁共振谱 [J]. 科学通报，1962 (2)：33-34.
[71] 徐广智，陈素明，唐有祺. 稳定在催化剂 SiO_2-Al_2O_3 表面上的芳胺自由基的电子磁共振谱 [J]. 科学通报，1963 (6)：49-51.
[72] 严伟. 南汇县续志 [M]. 上海：上海书店，1993.
[73] 严友为，毕汝昌，林政炯，等. 白鲢鱼胰岛素的晶体学研究 [J]. 中国科学，1984 (10)：897-902.
[74] 杨光荣. 彭志忠（1932—1986）[J]. 中国地质，1988 (2)：32-33.
[75] 杨清传，唐有祺，唐雯霞，等. 二异丙基胺丙二酸根合铂晶体结构和分子结构 [J]. 科学通报，1981 (19)：1172-1175.
[76] 张泽莹，邵美成，徐筱杰，等. 氟硅酸脲的晶体结构 [J]. 化学通报，1981 (3)：14-15.
[77] 赵匡华. 中国化学史（现代卷）[M]. 南宁：广西教育出版社，2003.

[78] 郑万钟，张铨. 扬州中学 [M]. 北京：中国大百科全书出版社，2009.
[79] 郑毅. 共和国要事珍闻 [M]. 长春：吉林文史出版社，2000.
[80] 中国科协学会学术部编. 学术建设与自主创新 [M]. 北京：科学技术文献出版社，2007.
[81] 中国科学院编. 2003 科学发展报告 [M]. 北京：科学出版社，2003.
[82] 中国科学院院士工作局. 科学的道路（上）[M]. 上海：上海教育出版社，2005.
[83] 邹承鲁. 对人工合成结晶牛胰岛素的回忆. 光明日报 [N]. 1998-01-30.

后记

对于北京大学的蓝旗营小区，课题组的成员有着特殊的回忆。2009 年进行徐光宪院士学术成长资料的采集时，我们第一次走进这个小区，感受到了与老一辈的科学家相识、结缘的那种不同一般的激动与鼓舞。在 2012 年春意渐浓的日子里，我们拜访了同住在蓝旗营小区的唐有祺院士。课题组成员叶青的一番话，很快就让唐先生对她产生了信任，并同意让我们参与采集工作。后来我们得知，这种信任，不仅源于课题组成员的化学、化学史学科背景以及在北京大学获得博士学位的教育背景，更源于课题组成员大部分都参与了徐光宪院士的资料采集工作并对此项工作投入极大的热忱与心血。

很快，我们就启动了对唐有祺院士学术成长资料采集工程的采集工作，这是中国科协课题“老科学家学术成长资料采集工程”的子课题。课题由中国科学院大学的李保滨博士负责，中国科学院现代化研究中心的叶青以及华东师范大学的朱晶等成员组成。课题于 2012 年 9 月份启动，主要任务分为三部分：访谈、采集资料和撰写研究报告。经过两年的努力，课题组完成了采集和研究工作。

访谈是我们最先启动的工作，每个周四，采集小组都会前往唐先生家。每次唐先生都会提前准备好茶点，从少年时代的求学一直到晚年对基础研究的关注；从小学时代对数学的特殊兴趣一直聊到晚年对劳厄发现 X 射线的再思考；从美国留学时的恩师鲍林一直聊到当今的化学教育；从江南水乡好玩的龙舟一直聊到今天的数字化摄像机。每次访谈，我们都能感受到唐先生对学术的热爱、对生活的激情、对物质世界的睿智探索、对中国科学发展的关切以及对科学教育与研究的深刻思考。让我们感受特别是的，唐先生是活跃在世界化学舞台上的来自中国化学界的一颗耀眼的明星，他不仅在学术研究领域硕果累累，还积极推动了中国晶体学界和整个中国科学的国际化进程。唐先生爽朗的性格、开阔的视野也让访谈变得轻松而愉快。

通过访谈，唐先生很快就喜欢上了采集小组的工作方式，并坦率直言，在晚年能对采集小组畅所欲言，是一件非常惬意的事情。不仅如此，叶青对工作的细致和认真，让唐先生从最初同意采集小组复制他保存的资料，一下转变到同意将资料捐赠，并放心地将他珍藏多年的照片让我们全部交给采集小组。这些也给采集小组的工作注入了极大的动力。

迄今为止，我们共采集的实物资料中，数字化 716 件，实物原件 703 件，总计 11833 页。唐先生捐赠了 4 份传记，63 份手稿，336 份通信，57 件档案，23 张照片，9 份著作，10 份论文以及 3 份学术评价资料，14 份新闻报道，86 份证书，85 份学习、生活和工作用品。比如，唐先生 1950 年完成的博士论文，多年收藏的全部证书，唐先生与诺贝尔奖得主鲍林、霍奇金和 Lipscomb 教授等的多封往来书信，尚未出版的《量子力学及其在化学中的应用》等多份手稿等悉数全部捐赠出来。

在本书撰写过程中，课题组成员多次对撰写思路和一些具体问题进行探讨，工作中分工合作、全力互相配合。课题中期检查和结题验收时，胡化凯、樊洪业、张藜、王春法等专家对研究报告的章节名称、对原始材料的利用等提出了宝贵的意见。访谈过程中中国科学院大学的硕士研究生胡泉始终跟进，提供摄像、录音等多种技术支持。北京大学生命科学学院的唐平则用他专业的摄像技术给予我们适时地帮助。整理资料的过程中中国科学院现代化研究中心的靳京给予了全力协助。特别是，唐先生在传记撰写过程中，对其框架和内容分布提出了具体意见。在初稿完成后，唐先生逐字逐句地进行了审读，并做了修改。杨培增教授也逐字逐句审阅了新稿，并提出一些有益的修改意见。本书的完稿凝聚了许多专家的心血。没有大家的帮助和鼓励，我们的研究难以顺利进行。在此，我们一并表达诚挚的谢意。

本书由朱晶执笔，叶青修订。

我们深知，本书还存在诸多错误和欠妥之处，期待得到专家们的批评指正。

朱　晶

2014 年 2 月 10 日

老科学家学术成长资料采集工程丛书

已出版（50种）

《卷舒开合任天真：何泽慧传》
《从红壤到黄土：朱显谟传》
《山水人生：陈梦熊传》
《做一辈子研究生：林为干传》
《剑指苍穹：陈士橹传》

《情系山河：张光斗传》
《金霉素·牛棚·生物固氮：沈善炯传》
《胸怀大气：陶诗言传》
《本然化成：谢毓元传》
《一个共产党员的数学人生：谷超豪传》

《含章可贞：秦含章传》
《精业济群：彭司勋传》
《肝胆相照：吴孟超传》
《新青胜蓝惟所盼：陆婉珍传》
《核动力道路上的垦荒牛：彭士禄传》

《探赜索隐　止于至善：蔡启瑞传》
《碧空丹心：李敏华传》
《仁术宏愿：盛志勇传》
《踏遍青山矿业新：裴荣富传》
《求索军事医学之路：程天民传》

《一心向学：陈清如传》
《许身为国最难忘：陈能宽》
《钢锁苍龙　霸贯九州：方秦汉传》
《一丝一世界：郁铭芳传》
《宏才大略：严东生传》

《此生情怀寄树草：张宏达传》
《梦里麦田是金黄：庄巧生传》
《大音希声：应崇福传》
《寻找地层深处的光：田在艺传》
《举重若重：徐光宪传》

《魂牵心系原子梦：钱三强传》
《往事皆烟：朱尊权传》
《智者乐水：林秉南传》
《远望情怀：许学彦传》
《没有盲区的天空：王越传》

《行有则　知无涯：罗沛霖传》
《为了孩子的明天：张金哲传》
《梦想成真：张树政传》
《情系粱菽：卢良恕传》
《笺草释木六十年：王文采传》

《妙手生花：张涤生传》
《硅芯筑梦：王守武传》
《云卷云舒：黄士松传》
《让核技术接地气：陈子元传》
《论文写在大地上：徐锦堂传》

《铃记：张兴铃传》
《寻找沃土：赵其国传》
《虚怀若谷：黄维垣传》
《乐在图书山水间：常印佛传》
《碧水丹心：刘建康传》